U0455554

BLUE BOOK

智 库 成 果 出 版 与 传 播 平 台

钧瓷产业蓝皮书

BLUE BOOK OF JUN PORCELAIN INDUSTRY

中国钧瓷产业发展报告（2022）

CHINA JUN PORCELAIN INDUSTRY DEVELOPMENT REPORT (2022)

主　编／符加林

副主编／张　省　王兴明

社会科学文献出版社

SOCIAL SCIENCES ACADEMIC PRESS (CHINA)

图书在版编目（CIP）数据

中国钧瓷产业发展报告. 2022 / 符加林主编；张省，
王兴明副主编. --北京：社会科学文献出版社，2022.12
（钧瓷产业蓝皮书）
ISBN 978-7-5228-0722-5

Ⅰ.①中… Ⅱ.①符… ②张… ③王… Ⅲ.①均窑-
陶瓷工业-产业发展-研究报告-中国-2022 Ⅳ.
①F426.7

中国版本图书馆 CIP 数据核字（2022）第 170556 号

钧瓷产业蓝皮书
中国钧瓷产业发展报告（2022）

主　　编／符加林
副主编／张　省　王兴明

出 版 人／王利民
组稿编辑／任文武
责任编辑／李　淼
责任印制／王京美

出　　版／社会科学文献出版社·城市和绿色发展分社（010）59367143
　　　　　地址：北京市北三环中路甲 29 号院华龙大厦　邮编：100029
　　　　　网址：www.ssap.com.cn
发　　行／社会科学文献出版社（010）59367028
印　　装／天津千鹤文化传播有限公司

规　　格／开本：787mm×1092mm　1/16
　　　　　印张：19.25　字数：288 千字
版　　次／2022 年 12 月第 1 版　2022 年 12 月第 1 次印刷
书　　号／ISBN 978-7-5228-0722-5
定　　价／128.00 元

读者服务电话：4008918866

河南省轻大钧陶瓷产业技术研究院项目

河南省高校人文社会科学重点研究基地"产业与创新研究中心"案例成果

河南省一流本科课程——市场营销 A 建设成果

河南省高等学校哲学社会科学应用研究重大项目（2023-YYZD-28）

编委会

主要编撰者简介

符加林　浙江大学管理学博士，现为郑州轻工业大学副教授，硕士生导师，主讲营销管理、公司治理、博弈论等课程。主要研究方向为声誉管理、信息经济学、数字经济与企业转型等。教研之外，致力于理论应用于实践，曾为河南宇通集团、河南思念食品、浙江华力集团等数十家公司做管理咨询或培训服务。近年来在河南省轻大钧陶瓷产业技术研究院具体负责"钧瓷产业创新与发展研究中心"运行与管理。

张　省　四川大学管理学博士，中共中央党校（国家行政学院）博士后，现为郑州轻工业大学副教授，硕士生导师，主讲商业模式创新、人力资源管理、组织行为学等课程。主要研究方向为创新创业管理、技术经济学、知识管理等。兼任中国软科学研究会理事、《郑州轻工业大学学报》（哲学社会科学版）责任编辑、郑州轻工业大学钧陶瓷研究院研究员。近年来主持完成国家社会科学基金项目"基于生命周期的产学研用协同创新激励机制研究""知识付费'柠檬市场'形成机理与治理机制研究"。

王兴明　管理学硕士，现为郑州轻工业大学副教授，主讲营销管理、消费行为学等课程。主要研究方向为企业管理、电子商务、数字经济等。曾为河南思念食品、河南卧龙酒业、河南卢氏钧瓷有限公司等数十家企业提供营销咨询或培训服务。近年来主要负责河南省轻大钧陶瓷产业技术研究院常务工作。

摘　要

钧瓷业分布最为密集的神垕古镇，是钧瓷行业皇冠上的明珠。2003年9月，神垕镇被国家授予"中国钧瓷之都"称号；2008年6月，神垕镇钧瓷烧制技艺入选国家第二批非物质文化遗产名录；2016年10月，神垕镇被列为首批中国特色小镇之一；2018年9月，神垕镇被批准为国家4A级风景区。近年来，因钧瓷产业的吸附力和政策的支持，神垕古镇吸引了大批的投资者、资金、管理和技术，逐渐形成了一个集创作设计、生产和商贸于一体的当代钧瓷产业中心。截至2020年底，禹州市钧瓷企业实现工业增加值65亿元，同比增长8.4%，占规模以上工业增加值比重为21.6%，对规模以上工业增加值的贡献率达25.3%。

近年来禹州市钧瓷产业规模逐渐扩大，凭借着技术出色、工艺精美等多种优势，在市场上表现出较强的竞争力，已形成"三园二区一群一基地"的产业布局。但与此同时，钧瓷产业发展也存在着集聚程度低、创新人才匮乏、营销手段单一、钧瓷精品珍品少、钧瓷企业品牌意识不强、钧瓷技术创新含量低、全行业利润低、钧瓷产业链条不完整等诸多问题。尤其2020年新冠肺炎疫情突袭而至，对钧瓷产业乃至整个陶瓷行业带来了巨大冲击，如何实施钧瓷产业精品战略、品牌战略、双创战略，倡导钧瓷品质化、创意化、大众化、生活化，推动大数据与钧瓷产业融合发展，促进钧瓷文化产业高质量发展，是每一个钧瓷从业者和政府产业政策制定者关心的问题。

鉴于此，本书将钧瓷产业发展研究分为总报告、行业发展篇、企业运营篇、品牌管理篇、技术创新篇和数字化转型篇六个部分。总报告梳理了钧瓷及钧瓷产业发展史，从宏观层面概括了钧瓷产业发展存在的问题与对策。行业发展篇分析了碳中和背景下钧瓷产业发展所面临的挑战和机遇，提出了整合区域内外部旅游资源、加大钧瓷文化旅游营销宣传力度、创意性开发钧瓷旅游产品、提升游客参与度和优化旅游环境等对策，以促进钧瓷文化创意产业集群健康可持续发展。企业运营篇分析了钧瓷企业与现代资本市场有效对接模式，提出了推进钧瓷企业转型升级和投融资市场发展的路径，并通过分析钧瓷工艺中传统与现代师徒制传承的特点与类型，深度剖析师徒制形式下钧瓷家族企业的创新路径，为钧瓷家族企业传承与发展提供启迪和借鉴。品牌管理篇从政府、行业和企业三个层面有针对性地探究了钧瓷行业声誉的提升策略，为改善钧瓷行业声誉以实现持续发展提供了可行思路，分析了传统钧瓷文化品牌重塑的内容方向，总结了市场参与者尤其是客户的主要特征，并在此基础上提出了传统钧瓷文化品牌的推广策略。技术创新篇分析了禹州市钧瓷起源和发展的天然独特优势，结合陶瓷工艺学原理，按照黏土类、石英类、长石类、钙镁质原料、熔剂原料和辅助原料、地方制备原料及熔块原料六大部分详细阐述了钧瓷制备所用原料的种类、作用及其矿产资源特点，并围绕钧瓷烧制技艺非物质文化遗产传承、钧瓷烧制过程中烧成制度、智能监测及控制技术、新型节能技术和绿色清洁排放技术等方面，系统阐述了新材料、新工艺、智能监测、智能控制、节能减排等技术。数字化转型篇分析了钧瓷的数字化营销创新及虚拟直播的价值与环境支持，结合禹州钧瓷营销现状，探讨数字化背景下钧瓷营销存在的问题，讨论了钧瓷虚拟直播的营销策略，提出了进一步做好顶层设计和战略规划、培养复合型人才、加强产业发展基础、丰富保护与传播形式等建议，以期推进钧瓷产业数字化赋能。

关键词： 钧瓷　钧瓷产业　文化产业　数字化转型

目 录 ↖ゝ

Ⅰ 总报告

Ⅱ 行业发展篇

Ⅲ 企业运营篇

Ⅳ 品牌管理篇

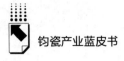

皮书数据库阅读 **使用指南**

总 报 告
General Report

B.1

钧瓷文化产业发展中的问题及对策研究

闫艳玲　张浩亮*

摘　要： 钧瓷文化产品带有独特的文化符号和时代烙印，是所属区域展现文化优势和经济优势的名片。如何利用好钧瓷文化产业，促进区域经济发展，拓宽文化旅游产业，是钧瓷文化产业发展亟待解决的重要问题。笔者通过文献梳理和实地调研发现：钧瓷文化产业存在工艺和创新人才短缺，产品供需信息不对称，市场营销乏力，产品粗放生产、行业无序竞争，未能形成规模效应、新兴企业融资难等问题，在此基础上提出了有针对性的钧瓷文化产业发展对策建议，以期实现钧瓷文化产业社会效益与经济效益一体化协调发展。

关键词： 钧瓷产业　文化产品　产业发展

＊ 闫艳玲，博士，郑州轻工业大学经济与管理学院讲师，主要研究方向为营销管理；张浩亮，西交利物浦大学国际商学院硕士研究生。

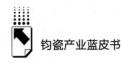

一 引言

2021年12月国家知识产权局经过综合评审，批准成立钧瓷国家地理标志产品保护示范区，有助于发挥示范区在助力区域经济文化发展、传承传统文化、开拓国内和国际大市场等方面的示范辐射和带动引领作用。2021年河南省工艺美术行业协会钧瓷艺术工作委员会成立，赋予钧瓷创新创意文化产业新的活力，也标志着钧瓷文化产业进入了一个新的发展阶段。2016年发布的中国品牌价值评价结果显示，钧瓷以240.7亿元的品牌价值在同类区域工艺品品牌中居第二位。钧瓷品牌的价值，是对钧瓷文化符号和独特工艺技术最好的证明。相关政府部门也积极举办钧瓷技艺大赛和嘉年华活动，进一步拓宽钧瓷文化企业的内需市场，拉动当地经济。同时，钧瓷老字号代表企业禹州市卢钧窑艺术品有限公司生产的卢钧，已经通过博览会、嘉年华等平台走向国际。2017年在"中国国家博物馆当代瓷器捐赠收藏仪式"上，禹州卢钧窑5件作品入选收藏。钧瓷文化产品凭借独特的传统制作技艺、弥足珍贵的历史文化底蕴，具有较为广泛的群众基础和巨大的品牌价值、经济价值和文化价值，在助推文化旅游产业构建、推动地域特色品牌发展中起到了积极作用。

我国瓷器消费市场呈现从"国礼"到"家礼"、从"欣赏摆件"到"家用用品"转变的趋势。"千禧一代"对于传统物件的喜爱也与日俱增，文化创意产品受到当下消费者的追捧。不过，钧瓷产品虽然推出了众多家用器件和文化创意用品，但是依然没有一件爆款产品赢得广大年轻消费群体的热烈追捧。纵观近十年，钧瓷文化产品不断开发家用钧瓷产品，创新钧瓷使用场景。但是，生活美学和传统工艺品结合过程中，总是存在信息不对称和供需之间的矛盾。同时，钧瓷文化传承的道路上，也缺少创新力量推动钧瓷文化产业结构调整，手工艺文化品牌的现代化任重而道远。

二 钧瓷文化产业发展概述

许昌是著名的"陶瓷文化之乡"，钧瓷产业一直是许昌市经济文化生活的一张名片。钧瓷产业作为一项传统产业，近年来在向第三产业转型升级进程中，河南省政府等部门大力支持许昌钧瓷产业发展，尤其在钧瓷国家地理标志产品保护示范区的建设工作中，提供多方位的指导和帮助。另外，钧瓷产业也是一项文化产业，钧瓷作为许昌乃至河南的文化符号，承载了太多时代烙印。在政府的支持和领导下，许昌已成功举办钧瓷文化旅游节，建设了中国钧瓷文化园、许昌（神垕）钧瓷文化创意产业园，与此同时，神垕国际陶瓷文化艺术中心已审批通过。禹州市坚持"传承、创新、提升"并重，截至2021年初，钧瓷生产制造企业已达320余家，主要位于神垕镇，年产量200余万件，年产值达到24亿元，钧瓷产业产值占神垕镇GDP的60%。无论是钧瓷企业的规模和数量还是现存的就业人员，都达到了历史的高峰。

同时，禹州培育了一批如孔家钧窑、大宋官窑、荣昌钧窑、星航钧窑、天合坊、周家钧窑、神州钧窑等龙头钧瓷企业，这些企业生产的钧瓷无论是产量还是质量都相对突出，多件作品曾作为国礼赠送给国际友人，部分作品还被中国国家博物馆及地方博物馆收藏。另外，还培养了一批国家级工艺美术大师、国家级陶瓷艺术大师、省级工艺美术大师，他们不断改进钧瓷技术、研发新的钧瓷产品，成为引领神垕镇钧瓷文化企业发展的模范，为推动神垕镇经济的快速发展做出了突出的贡献。

三 钧瓷文化产业的现存问题

钧瓷文化产业作为许昌经济发展进程中的独特优势，面对现存问题，亟须加快钧瓷产业转型，调整产业结构，推进供给侧结构性改革，发掘钧瓷产业的文化优势和经济优势。本文从人才供给、产品供给、产品营销、行业内外部环境等方面梳理许昌市钧瓷文化产业的现存问题。

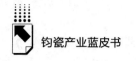

（一）钧瓷工艺和创新人才短缺

正如中国民间文艺家协会主席冯骥才所言"民间文化的传承人每分钟都在逝去"，钧瓷工艺技术的传承方式一直以师徒制为主，即师徒共同劳动，在共同劳动的过程中，师傅"口口相传"和"手把手"教授，逐步让徒弟领会该手艺。钧瓷作为手工艺品，主要的传承方式有两种：一是围绕着血缘关系展开的家族传承；二是不具备血缘关系的民间拜师学技。在现代文明和物质社会的发展进程中，受现代价值观念的影响，以及在城市化进程加快和外来文化的驱使下，传统传承方式受到了前所未有的冲击和挑战，这使得愿意参与传承钧瓷手艺的年轻人越来越少。钧瓷手艺具备颇高的艺术性和独特的文化性，对手艺人的人文思想和美学鉴赏有一定要求，符合这类条件的传承人较少。钧瓷手艺又具有工序烦琐性、流程复杂性和技艺学习长期性等特点，使得主动学习的年轻人稀缺，钧瓷手工技艺传承面临着青黄不接的危机。

人才一定是一个行业的宝贵财富。本文讨论的人才包括钧瓷手艺人、外观设计者、管理者、钧瓷职业教育者。手艺人的传承，是钧瓷产品走向未来的关键因素，流传悠久的钧瓷技艺是钧瓷产品的时代灵魂，优秀的钧瓷传承人才是钧瓷产品走进千家万户的中坚力量；外观设计的从业人员能够进一步帮助钧瓷文化产品更加丰富和多元；钧瓷企业的管理者，影响未来钧瓷产品的市场广度和深度；钧瓷职业教育者更是钧瓷技术推广和创新的推动力。

上述四种不同类型的人才短缺有多方面的原因。一是在传承进程中，钧瓷手艺人的"青黄不接"，钧瓷产业未能展现巨大的市场潜力，不被年轻从业人员看好，年轻人对于这门手艺兴趣不高，愿意从事该行业的年轻手艺人少，以钧瓷产业自己培养和家族式培养的手艺人为主；二是从事该项工作的年轻人较少，传统从业人员缺少对目前网络市场的洞察力和对产品设计的敏锐市场嗅觉；三是销售管理团队立足于、扎根于钧瓷产业的较少，缺少精进于挖掘钧瓷市场的营销团队，未能挖掘钧瓷的市场潜力；四是钧瓷技艺的职业教育没有形成完善的理论和教辅系统，高等教育对于瓷器工艺教育的体系不够完善，高层次科技人才和技术人才不足，导致创新能力欠缺。

（二）钧瓷产品供需信息不对称

1. 钧瓷产品难以满足家庭需求

目前钧瓷生产商对于钧瓷产品结构做出了调整，例如将钧瓷和生肖结合，推出生肖纪念款等，但是产品结构依然存在诸多矛盾。一是用途矛盾，所生产的钧瓷产品和现代生活中大众必需的瓷器用品之间存在矛盾；二是外观设计的矛盾，传统瓷器外观与人们追求的多样新式外观之间存在矛盾。关于瓷器用途，现代家庭中人们对于瓷器的需求已经和花瓶、酒器、餐具、香器、摆件、壁挂瓷器、灯具等功能性家用器件相融合，但是钧瓷生产商生产的瓷器，依然只具有观赏性摆件功能，不具备真正的家庭实际用途。钧瓷文化产品的观赏性一定强于实用性，但是脱离实用性的观赏性物件，已经无法吸引广大消费者购买。甚至由于长期以来功能性、实用性产品的欠缺，普通大众对钧瓷的印象依然停留在观赏性奢侈摆件的刻板印象上，导致钧瓷产品所延伸出的家庭日常消费品也未能真正走入大众生活。

2. 钧瓷产品设计缺乏创意

钧瓷产品一直被当作"文化产品"，背负太多文化符号和传统文化内涵。钧瓷产品首先是文化产品，其次才是工艺产品。但就目前的钧瓷产品而言，人们对于主打文化符号的钧瓷产品并不买账，市场对其产品的不认可和工艺无关，而是产品外观设计与大众现代审美相左。大部分消费者购买钧瓷产品，考虑的是产品外观设计与其审美的契合性、与其家居风格的匹配性。钧瓷产品过多文化符号的堆砌和滥用，并不会让消费者买单。钧瓷产品只有从外观设计入手，和现代审美融合，才不会被当下市场抛弃。

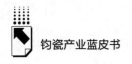

（三）钧瓷市场营销乏力

1. 营销观念落后，新媒体营销未被较好利用

第一，新形式营销渠道不成熟，尚未建立成熟的电商平台，没能获得庞大而又稳定的瓷器市场基础，也尚未开发出巨大的市场消费潜力。第二，不善于利用当下火热的自媒体进行营销，单纯地依赖传统地方官方媒体报道钧瓷，弘扬钧瓷文化，比如《许昌晨报》一周两版的《鉴藏》栏目。地方媒体受众群体有限，未能利用媒体优势协同省级媒体和国家级媒体进行报道，宣传的广度和深度成为制约钧瓷推向全国的难题。

2. 实体体验营销起步晚、发展慢

体验消费在文化产品营销中起着重要作用。每一个享受文化产品场馆体验的顾客，都有可能成为文化产品的推广者。但钧瓷文化产业依然停滞在粗放制造阶段，陶瓷文化教育、陶瓷文化鉴赏、陶瓷文化遗址旅游、陶瓷制作沉浸体验等相关衍生产业还处于萌芽阶段。陶瓷文化旅游产业虽然借助陶瓷品牌的影响力，已经开发一定的时间，但仅在河南省内有一定知名度，旅游市场受到区域限制，相关宣传工作乏力，经营效果不理想。在实际的钧瓷旅游消费体验中存在以下问题。第一，较有名的钧瓷厂的作品大多数是在作坊里进行展出和销售的，作坊生产商会自留钧瓷精品，不对外公开销售和展示，这导致消费者在文化旅游过程中接触的产品质量不高，缺乏感官刺激，不利于产生文化共情。第二，家家户户的钧瓷虽然风格不同，但是同一店铺内商品重复率较高，钧瓷精品数量不多，顾客在游逛过程中，容易产生审美疲劳和消费疲软。文化产品背后厚重的历史文化，是消费者和文化产品共情的重要媒介。如何利用好体验消费进行宣传和营销，是行业内需要思考的命题。

（四）钧瓷产品粗放生产，行业无序竞争

由于钧瓷企业以家庭作坊为主，销售途径狭窄，销售渠道闭塞。以家庭为单位的作坊既要负责生产也要负责销售，这就导致钧瓷企业面对大额订单

时，难以自行完成，有一定的生产压力，有的厂商索性不接单，有的想接单但没有生产能力。作坊式经营一方面使得钧瓷的影响力和知名度受到限制，另一方面产品的销售、产品的包装、客户的定位等都有局限性。由于钧瓷产品生产成本低，有些商家依靠模仿和抄袭，廉价倾销产品，造成好的产品无法获得好的市场。导致这些现象的部分原因是钧瓷厂商受制于小型作坊，生产经营自给自足，管理营销过于注重短期效益，没有凝聚力。

钧瓷产品市场混乱。政府已经出台相应的钧瓷产品标准，例如河南省颁布了《河南省钧瓷艺术标准》和《河南省钧瓷地方质量标准》，旨在提高行业质量，为钧瓷产品的质量建立统一的标准。然而，在现实情况中，钧瓷企业以小作坊居多，严守国家标准的作坊甚少，违背传统制作方法，偷工减料，甚至使用现代工业颜料染色取代钧瓷最为关键的自然"窑变"染色技术。流入市场的钧瓷产品质量不一，有的以次充好，正是这些残次品和不合格产品使得消费者逐渐对钧瓷产品的质量认知发生错乱，造成钧瓷市场混乱，甚至出现"劣币驱逐良币"的现象。在销售过程中，存在伪造钧瓷鉴定证书、假借国家级工艺大师作品等噱头的现象，损坏钧瓷的声誉。这些问题的本质一方面是生产者的急功近利，另一方面是生产者缺少对钧瓷文化产品的敬畏心和对钧瓷文化的深刻理解。

产品外包装粗制滥造，简单模仿。钧瓷产品作为走亲访友的佳选，外包装的档次和品位也会影响消费者的选择。钧瓷作为蕴含文化内涵和民族特色的产品，作为走出国门赠送国际友人的见面礼，其外包装的设计更要体现传统文化和中华文明的特色。但是市面上钧瓷产品的外包装无论是美观度还是包装质量，都影响钧瓷产品的定价和消费者的选择。目前，许昌钧瓷主要的生产企业有几百家，但拥有技术创新、外包装独树一帜的生产商甚少，大多数依赖于模仿其他商家的产品外观和包装。市场上流通的钧瓷文化产品，过于相似甚至相互抄袭照搬，某个工厂的独特设计和新产品一旦流出，就会被竞争对手快速模仿和抄袭，造成了恶性竞争的局面，没有形成良性的竞争环境和知识产权保护环境。

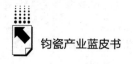

（五）钧瓷产业未能形成规模效应

首先，禹州市钧瓷产业以小作坊生产居多，各个生产主体间相互独立，信息共享不畅，技术交流与合作难以达成，公共基础设施不互通，物流体系不连通，钧瓷产业未能形成良好的集聚效应。其次，单一生产率低下，难以满足国际国内大单需求。许昌境内的钧瓷生产商各自为政，管理分散，不利于打造许昌钧瓷文化品牌，钧瓷的宣传力度有待提高。许昌作为陶瓷文化的发源地，享誉世界和全国的钧瓷品牌寥寥无几，大多数钧瓷企业缺少品牌塑造意识和品牌保护意识，企业一直停滞不前，没能发展壮大，制约企业向更大市场渗透。

禹州钧瓷产业现阶段缺乏龙头企业，整体上处于自我摸索和闭塞的发展困境中。大多数企业从事低端廉价的加工制造工作，企业部门也大多分为采购、制造、运输、营销等，管理模式单一，缺乏科研环境和原创设计环境。企业之间存在无序竞争，未能形成集聚效应。

（六）新兴钧瓷文化企业融资难

首先，由于银行贷款审批程序烦琐，且对文化产业不看好，很多新兴钧瓷文化创意企业的融资申请被拒或者额度过小。一方面，文化产业没有商业银行所要求的抵押物，机械设备等固定资产占比小，这是文化产业的融资劣势；另一方面，文化产业无形资产是巨大的，但是对于初创公司而言，变现的能力是有限的，因为无形资产不是商业银行所认可的抵押物。虽然文化产业申请的专利和知识产权的确可以创造价值，但这些无形资产的变现需要基础资金的投入。目前，金融机构没有一套完整的融资信用评级去衡量文化产业的风险，所以只能"一刀切"将钧瓷文化产业拒之门外。其次，产业融资方式单一，钧瓷文化产业的主要融资方式还是依靠银行贷款、找个人投资、向政府申请补贴和优惠融资等。融资的形式有限，融资难度大，处在发展上升期的钧瓷文化企业急需融资，但是有投资能力的机构和个人对于前期投资大、风险高的钧瓷文化产业存在疑虑，保持观望态度。

四 钧瓷文化产业发展对策建议

（一）协同省内优质高校优势，加快高等钧瓷人才建设

在陶瓷手工技艺培养和传承工作过程中，职业院校和高等院校要有文化使命和责任。在改革开放进程中，由于计划经济向市场经济转型，全国97%的公有制工艺美术企业倒闭或改制，相关职业院校和本科院校也相应改革，教学内容重视理论而非实践。在经济全球化和文化多元化的时代背景下，让优秀的传统文化活起来、传下去也成为高等教育的使命和责任。钧瓷文化产业的发展离不开职业院校和本科院校教育资源的投入和支持，钧瓷文化产业的经营管理者需要具备过硬的专业知识、创新能力、先进科学的市场管理能力和敏锐的市场嗅觉，这些方面的实现需要高校资源的参与。因此，许昌市相关企业和部门要深入挖掘陶瓷专业相关高校的教学资源，协同高校师资力量，利用好民间资本、社会、高校共建的文化产业研究机构，拓宽钧瓷文化产业的发展路径，加快钧瓷文化产业相关人才的培养。

1. 教学模式方面

目前，许昌市已经有两所极具代表性的钧瓷专业院校——以陶瓷艺术为强势学科的许昌陶瓷职业学院和开设陶艺专业的许昌学院。其中，许昌陶瓷职业学院设有陶瓷工程和陶瓷设计与工艺专业，着力打造陶瓷艺术文化产业链，实行"1+N"证书模式，重视学生的工艺技术水平，构建"课堂教学+实践教学+技能实训"的教学模式。并且，其立足地方陶瓷文化，以区域资源为办学资源，以经济优势为发展优势，以地方文化特色为学校特色，紧密和时代文化、行业发展需求结合。今后，相关高校可以开展以"现代传承人"为培养目标的人才培养模式，实行师资"N+1"制度，N代表专业知识、通识教育体系中的若干个老师，"1"指的是陶瓷师傅，使得学生既是学生又是学徒。老师负责"理论"教育，师傅负责"技能"培训。这种合作教学，可以提升理论教学团队的教学水平，提升教学团队的传承创新能

力，培养专业带头人和职业传承人。在教学实践过程中，"N+1"的教学模式也有利于创新思维的形成及创新产业和成果的产生。通过合作授课，把理论与实践紧密结合起来，多方参与授课，让学生深入企业流动站，身临其境地参观学习，提高学生职业化、专业化技能水平。许昌学院作为许昌境内唯一一所本科院校，更要担负起产学研结合的重任，打造教育、科研、生产相结合的办学模式，要整合学校科研力量，开展陶瓷文化、陶瓷工艺、陶瓷材料研究，成立陶瓷研究工作室，在陶瓷成果转化、陶瓷文化传承和人才培养方面贡献自己的力量。

2. 产学研结合方面

河南省内的河南大学和郑州轻工业大学等优质大学，也要和许昌市陶瓷文化产业有进一步的产学研合作。许昌市钧瓷产业要借助省内高校平台多方位开展人才培养等方面的改革创新。例如，郑州轻工业大学作为主打工学、理学、艺术设计学的省内特色高校，其陶瓷美术学院的建设和钧瓷产业发展息息相关，在助力钧瓷发展中，许昌市政府可以协同高校积极开展"禹州钧瓷双创设计人才培养项目"，运用高校教学涉及的现代设计理念和方法，赋予钧瓷艺术新的时代生命力，增强钧瓷艺术新的艺术感召力，以促进优秀传统文化的创造性转化与创新性发展。

郑州轻工业大学开办的陶瓷烧制技艺研修班在钧瓷的釉料、技法、色彩、设计风格等方面也有所涉及，更加奠定了产学研结合项目的合作基础。郑州轻工业大学在许昌设有禹州陶瓷实习实训基地，主要开展陶瓷艺术和陶瓷材料研究。在研究中，要营造良好的技术成果转化和科技创新开发的环境，不能让科研人失去研发动力，不能让科研平台成为摆设。

钧瓷的未来，必须让手工艺传统传承和现代工艺教育相融合，必须保留其传统手工艺的本质，必须赋予其当代艺术的意义。所以，在高等院校参与钧瓷产业建设的过程中，要进一步挖掘钧瓷文化的价值内涵，激发新时代背景下陶瓷文化的新活力，进一步探索中华传统文化传承和当代创新的发展路径。

3. 全方位管理人才团队建设方面

充分利用许昌钧瓷产业的区位优势。地方高校要开设市场营销类相关专业，打造优势学科，积极培育钧瓷特色营销人才。目前，钧瓷管理人才的培养道路依然艰辛，因为一个优秀的钧瓷管理人才不仅要懂得鉴赏钧瓷，还要拥有钧瓷文化内涵、经济管理、专业外语等多方面的知识。首先，懂得鉴赏钧瓷是一个"钧瓷人"成为钧瓷管理人才的首要前提，其对于钧瓷产品的品质要有鉴赏能力。在此基础上，管理团队要让钧瓷走向市场并占有市场，就必须赋予钧瓷丰富的传统文化内涵和时代内涵，同时还要契合许昌当地的民间文化，这样才能让一款产品实现从商品到优质特色文化产品的质变。其次，管理人才所掌握的经济营销知识可以为产品赋能，通过商品外观与包装设计，利用科学的定价和对消费人群的精准定位把商品投放于市场，可以在极大程度上开拓市场，提高钧瓷文化产品的利润。最后，管理人才利用专业的外语能力，积极带队参加国际性博览会，开拓钧瓷的国际市场，这也有助于传播优秀的传统文化，拓展钧瓷文化的受众人群。改善现有的人才选拔体系，为钧瓷特色营销管理人才提供创造性舞台，才有可能找到懂钧瓷、热爱钧瓷行业的"千里马"。

4. 高校就业方面

高校可以组织学生前往钧瓷企业参观实习，并给予一定的转正机会。实习是每个大学生的必修课，也是高校实践教学过程中重要的一部分。实习项目在进行中基于学校理论知识，开展相关实践教学的项目研究，布置相关实践教学任务，并对学生进行一定的考核，计入学分。前往钧瓷企业实习是学校引导学生充分全面了解钧瓷产品的过程，也是在就业形势严峻的当下，为学生提供更多就业平台的一项举措。

（二）培育适销对路产品，迎合新流行元素

1. 深挖消费需求，培育极具市场竞争力的新文化产品

钧瓷产品未能走入千家万户，就在于缺少一件家喻户晓的实用型钧瓷消费品。钧瓷产品一直承载过多的传统文化符号，甚至被视为高端贡品，但在

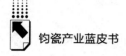

现代市场,消费者对于消费品的选择更加贴合现代审美、现代文化流行元素和时代潮流。实用家庭消费品系列的推出,能占据一定的大众市场,激发潜在的消费力。钧瓷企业要开发有市场竞争力的新文化产品,从实用性考虑,让产品贴近大众生活;从潮流考虑,让产品契合现代审美需求,这样才能赢得更加广泛的消费群体。

除此之外,要结合主流的传统文化,面向收藏市场、拍卖市场、旅游市场、海外市场打造适销对路的多元化高端钧瓷文化产品、极具标志性的国礼等高档商品,满足高端消费人群的需求,这不仅体现钧瓷文化产品的历史底蕴优势,也提高了钧瓷文化产品的国际化水平。两条产品线路共同推进,才能正确引导大众进行钧瓷文化消费,激发钧瓷文化产品的市场潜力。

2.结合文化流行元素,打造新文化产品

目前,钧瓷企业的集聚率较低,没有形成良好的集聚效应,也就没有完善的供应链管理系统。钧瓷行业相关企业和地方政府可以聘请专业化人员,打造专业的电商运营团队,帮助企业找对销路。首先,在产品特色营销方面,可以结合河南博物院的文创盲盒产品,将钧瓷产品作为其中一项文创产品,借助河南博物院的影响力和号召力,吸引省内外游客了解钧瓷文化和许昌民间文化。其次,钧瓷产业可以把握时下热门元素,打造联名款产品,比如冬奥主题的纪念品等,制造话题,吸引流量,从而吸引年轻消费者认识钧瓷、了解钧瓷、爱上钧瓷。最后,还可以推出叙事性文创钧瓷套装,让钧瓷产品成为历史故事的载体,使具有相似历史情怀的人产生购买欲望。以上措施都有助于树立和打造许昌钧瓷文化产业的品牌形象,也有助于扩大钧瓷文化产业原产地的知名度。

(三)紧跟新媒体营销步伐,打造文化旅游产业链

1.创新营销手段,紧跟碎片化时代潮流

钧瓷行业亟须搭建电商运营平台,巧妙利用微信、微博、今日头条、小红书等App吸引更多的潜在消费者。第一,主打线上推广,结合短视频抓住潜在消费者的眼球,视频要注重文化性、精准性、新颖性和短暂性;第

二，在媒体的选择上，可以结合视频自媒体、新闻自媒体，内容可以是历史故事、工艺记录、生产视频、"传承人的一天"，也可以是消费者的好评、网红使用笔记等；第三，在微博、豆瓣、微信等社交平台创建官方的自媒体频道，打造自己的话题讨论区，发表有关话题，加强品牌宣传；第四，可以联系当地文化部门，拍摄具有教育意义和文化意义的钧瓷宣传片和纪录片，一方面展示独特的钧瓷文化，完整地记录钧瓷的生产过程和讲述其历史渊源，另一方面可以提升品牌形象，增强品牌的宣传力。

利用电商拓展客户，尝试进行个性化定制。通过多元的电商渠道，鼓励企业推陈出新，构建本企业的电商店铺，和属于自己的客户群体形成黏性，生产制造符合客户群体审美和消费需求的钧瓷产品。借助电商平台，钧瓷设计师和客户之间交流沟通，让客户参与到钧瓷产品的研发和设计中；在设计过程中，客户可以实时反馈，设计师根据客户的需求对设计方案做出实时的调整，增强客户对产品的满意度。民间钧瓷企业可以尝试优势化生产、个性化定制生产以及专门化生产。目前，大多数高端消费者对于钧瓷产品有很强的消费欲望和消费需求，这部分客户追求钧瓷产品的独特设计和精致的工艺水准，同时也追求钧瓷产品独一无二的收藏属性，钧瓷企业的个性化定制服务可以更好地满足这部分消费群体的需求。

2. 拥抱文旅市场变化，打造"文化+创意+钧瓷"新型旅游线路

首先，以钧瓷文化为载体，顺应现代年轻消费者的潮流，尝试发展 DIY 钧瓷经济，让游客沉浸式参与钧瓷制作过程。让顾客参与 DIY 钧瓷作品的设计，既是钧瓷技艺的传承，也是旅游线路的一大卖点，企业也可以从众多游客 DIY 的作品中汲取创意和新思路，从而形成创意的良性互动。

其次，要拓宽旅游资源的开发空间，迎合旅游市场的变化。相关部门可以借助钧瓷文化资源，发掘优秀的钧瓷相关遗址和历史故事，发挥钧瓷文化在城市旅游中的作用。钧瓷历史文化旅游品牌的打造，可以更好地宣传钧瓷文化，提升游客对钧瓷的了解和认知。神垕作为钧瓷的故乡，承载了钧瓷文化的历史记忆，见证了钧瓷产业的兴衰，该地遍布历代钧瓷窑厂的遗址。如

果该地文化旅游资源能得到更好的利用和开发，吸引更多历史文化爱好者前来参观，也能带动当地经济增长，促进当地居民就业。

（四）严格把控，营造和谐营商环境

1.创新创意方面

政府和协会可以举办相关竞赛，建立钧瓷创新创意的交流空间和平台。地方文化行业的发展离不开当地政府的正确引导和支持，政府要多学习借鉴欧美国家文化行业和国内景德镇瓷器行业的发展经验。要坚持举办钧瓷文化节，不断发掘文化节的新形式和新创意，努力开发文化旅游项目，加强钧瓷文化产业的宣传。除此之外，钧瓷的创新创意主要还是依赖于钧瓷的手艺人和传承人，所以政府要积极开展人才保护工作，落实人才保护政策，比如对钧瓷技艺的传承人提供人才补贴等。

2.品质把控方面

协会加强品质把控。首先，协会要发挥好协调作用，进一步制定和完善钧瓷质量标准体系，引导和组织龙头企业制定钧瓷产品地方标准、产业标准和国家标准。其次，协会要发挥好监督作用，对本行业的产品和服务质量、竞争对手、经营营销手段进行监督，维护行业形象和信誉，鼓励公平竞争，打击违法和违规行为。最后，建立公平竞争的质量平台，严厉打击无产品名称、无厂名厂址、无质量合格证等标识的"三无"钧瓷产品。

3.知识产权方面

创新技术是钧瓷文化产业的主要竞争力量，培养员工创新能力的前提是员工的知识产权受到保护和尊重。为了培养员工保护知识产权的意识，企业要开展"知识产权"主题宣讲，宣传知识产权法律法规，不鼓励不默许员工侵害其他同行知识产权的行为。

地方政府应做到：第一，积极出台相关政策保护钧瓷知识产权，为钧瓷技能人才和科研人才提供知识产权保护；第二，政府切实履行好保障知识产权的职能，严格执行相关法律法规，加强市场监管，打击市场上对文化产品的侵权与盗版行为；第三，品牌的价值是企业的灵魂，对于创新开发优质钧瓷原创产品的企业，政府要加大力度保护其品牌，规范市场竞争秩序，还要对创新企业实施减税，为"大众创业，万众创新"营造良好的知识产权保护环境，以促进优秀的创新成果不断涌现；第四，在政府构建的知识产权交易平台上，降低钧瓷文化企业交易知识产权的成本，加快陶瓷文化产业信息交流平台建设。

（五）打造产业集聚区，利用产业集群优势

目前钧瓷企业分布较为分散，没有形成产业集群效应，主体之间信息不共享、资源不互通。这样的竞争环境不利于相关产业做大做强，所以政府亟须牵头开展产业集聚区内部合作。产业集聚区内部企业的合作，有助于共享基础设施，凝聚企业力量打造区域钧瓷品牌。在以下方面，集聚区能发挥更大优势打造钧瓷品牌，壮大钧瓷产业规模。

1. 规模效应方面

产业集聚有助于将钧瓷企业集中在某一个特定的区域内进行生产经营。由于产业集聚区内有大量公司组织，各组织可以通过分工合作，以最佳的方式参与协同工作，在极大程度上提高生产效率，满足国内外市场大单需求。此外，钧瓷产业集聚，可以缩短满足加急单、临时大单的时间，更快地响应客户的订单需求。从而，让集聚区内的企业都能在一定程度上享受到集聚红利，获得外部规模效应，达成集聚共赢。

2. 节省空间交易成本方面

各个商家之间获取商业信息的成本、商业谈判成本、合同执行成本、原材料及运输成本等均属于空间交易成本。由于各个主体企业均位于产业集聚区内，地理位置接近，各个主体间可以加强合作，共享商业信息，形成良好的信誉机制，彼此建立信赖关系，这样有助于营造钧瓷良性竞争和良性互动的氛围。

3. 创新和学习效应方面

钧瓷产业集聚区是一个独立的、理想的为钧瓷产业创新和学习赋能的工业区域。它在一定程度上可为创新企业管理、创新企业生产技术、创新简化

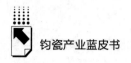

生产流程、员工主动创新和学习带来新的生命力和活力。由于企业间距离较短，知识和信息传达较快且真实，为行业间竞争带来压力，促使各个主体企业不甘落后，将压力变动力，主动变革，为客户提供更为优质和全面的一体化服务，从而进一步提升生产效率，降低生产成本，完善服务体系。产业集聚区内部的企业家不断地学习和创新，也有利于让外部新的企业看到企业集聚的活力和红利，吸引其加入产业集聚区，不断为产业集聚区注入创新活力。

4. 品牌效应方面

产业集聚区的形成，有助于打造城市名片，建立许昌历史文化名城、钧瓷古都的形象。品牌形象是消费者衡量一件产品的重要标准，良好的品牌形象有助于刺激消费者的购买欲望。品牌形象的树立也有助于产业下游的拓展，例如延伸文化旅游、钧瓷个性化定制、DIY钧瓷等商业模式。

5. 基础设施建设方面

产业集聚区的形成，有助于改善工业园区内的公共基础条件，助力完善城市基础建设。基础设施建设的完善，也有助于招商引资，吸引更多文化产业的投资者和投资机构。目前，当地政府还是要努力提升城镇供水、道路、绿化等基础条件，处理好钧瓷生产制作过程中的窑炉燃烧废气、污水、原料堆场扬尘、生产废渣废土等污染问题。

（六）政府参与，促进融资

钧瓷产业是一个具有民族代表性和民族自豪感的文化产业，一个能展现中华优秀传统文化的个性化产业，同时也是能展现地方文化特色的产业。钧瓷文化产业要与当地文化资源和文化特色相匹配，最大限度地发挥市场机制的优势。政府作为钧瓷文化产业的推进者，一方面要发挥好财政资金扶持作用，积极推进钧瓷文化创意产业的发展与进步；另一方面，要利用好政府角色，帮扶起步晚的小微企业和发展陷入瓶颈的老牌企业。

首先，文化产业面临的投资风险较高，对社会资本的进入有一定限制作用。政府有必要对钧瓷企业的规模、风险、运营等方面进行评级，必要的情形下政府可以做企业的担保人，从而缓解小微钧瓷文化企业融资难的问题，为企业营造良好的金融环境，进而营造友好的区域营商环境。其次，可以设立钧瓷文化产业专项基金，并对基金设立一定的标准和门槛，钧瓷企业满足一定条件可以根据自身需求申请基金的支持。再次，对符合条件且契合政府发展观念的企业，政府要给予一定帮助；对经营困难的企业要给予一定的税收优惠和政府资金支持。最后，合理分配政府的各项支持资金，通过财政补贴的形式，引导社会资本的投入。

结 语

文化产业是朝阳产业，也是国家目前大力扶持的新兴产业，它顺应了弘扬中国传统文化、彰显民族特色、提升文化自信的时代潮流。钧瓷文化是许昌城市历史的见证。钧瓷文化产业对于许昌市塑造城市品牌和提升影响力起着至关重要的作用，其发展和繁荣对许昌地区的未来发展也有着重要的作用。许昌在市政府的领导和行业协会的引导下，结合当下市场环境，积极顺应新常态，推进市场结构性改革，丰富产品的文化内涵，增加产品附加值，将钧瓷产业转变成支柱性产业，将历史文化资源转化为产业资本，进一步塑造产业品牌和企业品牌，从而推动许昌市政治、经济、社会文化全面发展。

参考文献

[1] 吴岳军：《现代学徒制背景下陶瓷传统手工技艺传承人才培养研究——以无锡工艺职业技术学院为例》，《教育理论与实践》2018 年第 6 期。
[2] 宁峰、余浩然：《非遗文化产品的文化营销研究》，《吕梁学院学报》2015 年第 5 期。
[3] 郑永彪：《以供给侧改革促进钧瓷文化创意产业转型升级》，《人民论坛》2016 年第 8 期。
[4] 邓雷：《都市报在地方文化产业发展中的角色扮演——以〈许昌晨报〉钧瓷报

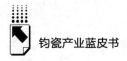

道为例》,《青年记者》2018 年第 3 期。

[5] 兰燕华、叶云:《供给侧改革视角下景德镇陶瓷文化创意产业融资研究》,《景德镇学院学报》2021 年第 4 期。

[6] 郑兴我:《基于现代学徒制的陶瓷绘画技艺传承》,《工业技术与职业教育》2016 年第 4 期。

[7] 古桂琴:《责任政府视角下许昌钧瓷产业整合与开发问题研究》,《许昌学院学报》2013 年第 6 期。

[8] 苗艺晗:《新媒体环境下的钧瓷文化创意产业发展研究——以神垕镇为例》,《新闻研究导刊》2019 年第 4 期。

[9] 朱新亚:《神垕镇钧瓷文化产业集聚现状及发展态势分析》,《牡丹江教育学院学报》2013 年第 5 期。

[10] 彭舟、曹珺:《景德镇现代瓷器的行业发展与保护利用》,《文物鉴定与鉴赏》2018 年第 11 期。

[11] 周婉丽、程文亮:《神垕镇钧瓷文化产业发展状况及优化升级》,《现代商贸工业》2018 年第 24 期。

[12] 闫宁宁、杨怡涵:《知识协同视角下景德镇陶瓷文化产业集聚的发展分析》,《现代商贸工业》2021 年第 4 期。

行业发展篇
Industry Development

B.2
禹州钧瓷产业文旅融合发展研究

刘凤伟　刘贺凯*

摘　要： 禹州市拥有依托钧瓷产业推进文旅融合发展的独特优势。在推进钧瓷产业文旅融合发展的过程中，禹州市面临着品牌效应不突出、宣传力度弱、旅游资源整合度低、旅游高级人才匮乏、旅游基础设施和服务能力不足等问题。为推进禹州钧瓷产业文旅融合高质量发展，应整合区域内外旅游资源、加大钧瓷文化旅游营销宣传力度、创意性开发钧瓷旅游产品、提升游客参与度和优化钧瓷旅游环境，提升钧瓷文化影响力和旅游产业发展水平。

关键词： 禹州　钧瓷　文旅融合

文旅融合作为一种文化产业和旅游产业融合发展的新兴业态，近年来在

---

* 刘凤伟，博士，郑州轻工业大学副教授，硕士生导师，主要研究方向为区域经济理论与政策；刘贺凯，郑州轻工业大学硕士研究生。

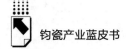

我国得到了快速发展。2021年，文化和旅游部出台了《"十四五"文化和旅游市场发展规划》，以推动文化和旅游产业高质量发展、促进文化旅游市场繁荣为主题，描绘了新时代我国文旅市场发展的新蓝图。禹州市拥有文旅融合发展的天然优势，推进禹州市钧瓷产业文旅融合发展顺应了我国构建经济发展新格局的大趋势。将传统钧瓷文化资源与旅游开发相结合，有助于提升禹州钧瓷文化影响力和提高禹州旅游产业发展水平，对于禹州市充分发挥钧瓷的独特品牌效应，将文化资源优势转变为经济发展优势，推动区域经济高质量发展具有重要意义。

一　文旅融合概述

（一）文旅融合的概念

文旅融合，即文化产业与旅游产业有机融合发展，文化为里，旅游为表，是基于文化资源发展旅游产业的一种新业态。游客通过参加与文化享受、文化欣赏有关的旅游活动来实现放松身心、开阔眼界和提升自我的目的，这一过程被称为文化旅游。从某种意义上来讲，文化旅游体现的是旅游者的一种经历，游客通过旅游活动来享受生活乐趣，感受、了解和认知特有文化，在享受旅游过程的同时，也让自己在精神上得到满足。

（二）文旅融合在我国的发展态势

1. 文旅一体式产品融合趋于常态化

文旅一体式产品融合是文化与旅游产品之间实现从交互到共生的必然结果。我国文化和旅游产品的融合大致经过了三个阶段：初期阶段以文化符号与旅游产品之间的浅层次嵌入式融合为主，中期阶段以功能属性之间的互补性融合为主，后期阶段以价值效用为基础的共生式融合为主。在由嵌入到互补，再到共生的持续推动下，文旅一体式产品融合走向常态化。

在文化与旅游产品的生产、营销和消费过程中，每个环节都能体现文旅一体式产品融合的常态化趋势。在消费市场的推动下，文化和旅游产品越来越强调从生产源头出发来集成两类资源，推出同时具有文化特性和旅游特性的新型产品。这样就突破了原先单一类型产品的固有边界，通过原有两类独立产品的结构特征、功能属性和使用价值之间的有机整合，形成一体化的文化旅游产品。譬如近年来出现的文化旅游综合体项目，就是在文化旅游融合发展的大背景下，由文化旅游部门推出的一种综合性文旅一体式融合产品，全国很多地方都在打造旅游全产业链产品和一站式旅游服务平台，推动文创与旅游相互促进、深度融合。同时，新技术创造了更为复杂而独特的生产方式，不仅赋予了产品数字化、智能化的特征，还推动了文化旅游产品的创新与迭代，使文化与旅游产品在营销方式、营销渠道上的差异逐渐弱化甚至消失，促进文旅一体式产品的消费模式向共时性体验方向发展；共时性体验消费对文化和旅游产品的同一时空要求，又反过来推动了文化和旅游产品的一体化发展。

2. 文旅多业态跨界融合日渐显著

多业态跨界融合是指文化、旅游、科技、餐饮等多种产业跨越原有边界的重新"混搭"，形成多业态融合新发展领域。2019年，国家发改委、文化和旅游部、农业农村部等多部门陆续发文鼓励文化旅游和交通、体育、健康等产业进行跨界融合。"文旅+乡村"不断激活地方经济，"文旅+康养"为居民打造生活消费新模式，这些文化旅游多业态跨界融合的产物，充分彰显了新时代"跨界融合"的发展理念。文旅多业态跨界融合日渐显著，反映了文化、旅游之间以及文旅与其他产业之间新融合业态不断生成，融合趋势不断深化，成为提高文旅产业竞争力的重要方式。

在居民消费不断升级的过程中，多业态跨界融合的形态也随着人们对文化旅游消费需求、消费习惯的变化而变化，消费者对于文化的体验感也在不断升级，呈现出"由表及里"式的升级体验。同时，不同类型的人群对文化、旅游和多业态融合型产品有着不同的消费需求，为了尽可能获得不同受众的一致满意，简单体验、差异体验、综合体验的多循环文化旅游消费体验

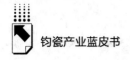

的形成就迫在眉睫。在此过程中，文化、旅游与其他产业融合，形成一种新型业态。例如，属于科技范畴的手机 App 开发与应用，通过"科技+旅游"的系统化升级，智慧语音导览、特色景区数字展览馆、云直播等科技服务可以集成到文化旅游中，形成一种独特的科技文化旅游业态。

3.文旅市场融合的多维共生态势显现

市场融合是文旅融合的直接驱动力，也是衡量文旅融合发展程度的一大标准。文化与旅游在产品形态、流通渠道、消费人群等方面从一开始就存在着不同程度的交集，随着文旅市场融合不断推进，文化与旅游由局部交互迈向了共生互融的统一市场，建立了以市场共生为基础的需求共生、供给共生和环境共生的市场关系，使文旅市场融合进一步深化。

随着社会大众对文化和旅游产品消费需求的不断升级，文旅市场融合的需求共生态势得以形成。在文化旅游消费逐步向三级（场域、品牌价值、精神体验）细分的背景下，游客对旅游体验的要求越来越高，旅游目的地选择正在发生变化，具有文化标识、内涵和故事的旅游景点（区）愈发具有吸引力和感染力，文化旅游需求共生态势逐渐增强。2019 年，《中国青年报》社会调查中心的一项调查显示，在制定旅游路线时，82.1%的受访者会选择具有大文化 IP 的景点（区），其中有 18.6%的受访者表示会经常去。可以看出，景点（区）的文化旅游品牌是否具有故事性、体验性和文化性，成为人们进行路线规划和选择的首要考虑因素，这种市场需求直接促进了文旅市场的融合。同时，在供给侧和需求侧的双重驱动下，文旅市场已成为各参与者共生、共存的场所，环境共生态势逐渐显现。

4.价值创新逐渐主导文旅融合进程

在文化与旅游由交互到共生的发展进程中，文旅融合所形成的价值和溢出效应也越来越明显，价值维度在文旅融合体系中的主导地位也越来越明确。文旅融合发展正逐步实现由工具理性向价值理性的过渡，并在文化与旅游领域中谋求更大空间的价值补偿，从而转化为价值创造的主体与价值生产的源泉，这也是价值创新逐渐主导文旅融合发展方向的有力佐证。这一结果的出现，得益于文旅融合由交互到共生的变化过程，它从根本上促进了文化与旅游在价值创新推动下的协同发展。

政府、企业、公众等主体为了自身价值的获取不断参与到文旅融合的发展中，同时，文旅融合的意义也通过多元价值的生产、流通及消费得以体现。正是由于价值激励的存在，文旅融合从交互到共生的发展进程才得以持续，它有赖于价值创新，也体现在价值创新。价值创新的主导作用，不仅反映在文化和旅游原始值的量化加和，还体现在产品创新、业态升级和结构优化所推动的新价值的不断生成。

二 禹州钧瓷产业文旅融合发展面临的机遇与挑战

（一）禹州钧瓷产业文旅融合发展面临的机遇

1. 地方政府的大力支持

河南省委、省政府提出要把禹州建设成为具有文化影响力和知名度的钧瓷文化旅游试验区；许昌市提出要将"中国唯一活着的古镇"——神垕镇，打造成为"北方周庄"；同时，禹州市在《旅游发展总体规划（2015～2030年）》中也提出，在市域旅游规划中，推进"一心一核两带三区"建设，其中的"一核"即神垕旅游发展核，彰显了神垕镇作为文化旅游型城镇的核心地位。近年来，禹州先后建成禹州钧官窑址博物馆、中国钧瓷文化园等旅游景点，并进一步建设和完善了各种旅游配套基础设施。2015年，《神垕镇旅游发展总体规划》提出要时刻紧扣神垕镇旅游发展实际，充分利用钧瓷、古镇、古街、古庙、古玩等旅游资源，规划设计"一带一环双核四区"旅游空间布局，提出将神垕古镇建设成为国际钧瓷旅游名镇的目标，充分体现了钧瓷文化在神垕旅游业中的核心地位。

2. 钧瓷文化旅游资源丰富

禹州是中国唯一的钧瓷产区，拥有丰富的钧瓷文化旅游资源。历经百年绵延不绝的钧瓷精神文明、技艺精湛的钧瓷大师、稀有珍贵的钧瓷珍品、历史悠久的钧瓷遗址、现代钧瓷专题博物馆和主题文化公园等，共同构成了禹

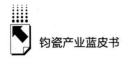

州丰富独特的钧瓷文化旅游资源。禹州市是河南省首批历史文化名城之一，现拥有全国重点文物保护单位9处，禹州钧窑遗址、神垕钧窑址和扒村窑址三处钧瓷旅游资源位列其中。禹州拥有国内唯一一座以钧瓷为主题的博物馆——禹州钧官窑址博物馆，该博物馆已成功挂牌国家4A级旅游景区，也是全国唯一展示钧瓷文化和钧瓷发展历史的钧瓷专题博物馆；国内唯一的钧瓷主题公园——中国钧瓷文化园，在第八届钧瓷文化节期间首次投入使用，是国家发展改革委"大项目办"确定的河南省重点文化项目，具有较强的吸引力。

3. 城市文化旅游环境日益改善

2009年，河南省首批规划了包含禹州市在内的八大文化改革发展试验区，加快了河南省由文化资源大省向文化强省前进的步伐。省委、省政府对禹州市的规划定位为"钧瓷之都"，这既是对钧瓷作为禹州市地域文化符号的肯定，也是充分发挥钧瓷文化影响力带动禹州市乃至河南省经济发展的必然选择，为钧瓷文化产业与旅游产业融合发展奠定了良好基础。近年来，禹州市抓住国家新型城镇化试点的机遇，城镇化率由"十二五"期末的43.2%提高到2020年的52%。城镇化进程推进了禹州市产业结构升级和现代服务业蓬勃发展。"十三五"期间，第三产业增加值从183.9亿元提高至344.6亿元，年平均增长率为8.4%，成为拉动全市经济增长和促进就业的生力军。新型城镇化和产业结构升级，在宏观环境上为钧瓷产业文旅融合的发展提供了新的机遇。

4. 信息化带来的机遇

2015年，国家旅游局在《关于促进旅游业与信息化融合发展的若干意见》中提出，到2030年实现让旅游业融入互联网时代、用信息技术武装中国旅游全行业的目标，到2050年实现中国旅游业的信息化、现代化和国际化，为建设人民更加满意的现代服务旅游业和世界旅游强国提供更加坚实的保障。互联网信息技术为禹州文旅融合发展提供了良好发展机遇。一方面，微博、微信、抖音等新媒体平台为禹州扩大钧瓷文化旅游受众面、提高钧瓷文化旅游知名度提供了支持。与此同时，国内外多个景点（区）都在尝试利用互联网推进智慧旅游，为禹州充分挖掘钧瓷文化旅游资源、广泛借鉴国内外经验推进文化旅游智慧化发展提供了基础保障。另一方面，在当今大多数钧瓷文化旅游从业者的专业知识体系并不健全的大背景下，互联网的普及提高了学习的便捷性，为钧瓷从业人员提供了更多的交流学习机会，提升了从业者的基本素质和能力。

（二）禹州钧瓷产业文旅融合发展面临的挑战

1. 国内众多瓷文化旅游城市的竞争

中国是瓷器的故乡，有悠久的制瓷历史，瓷器是中国最为出名的文化符号。禹州钧瓷作为中国古代五大名瓷（汝、官、钧、哥、定）之一，在千百年的历史传承中占据了重要地位，是我国瓷器中的瑰宝。当前中国三大瓷都为福建德化、江西景德镇和湖南醴陵，此外，河北定州、陕西铜川、浙江金华和广东佛山等地也有瓷窑，且都将瓷器产业与旅游产业进行融合发展。然而，不同陶瓷产地的瓷器各不相同，在文化影响和流行程度上也都有自己的特色，无形之中就形成了相互竞争的关系。钧瓷从唐宋皇家御用瓷器到民国时期的一度断烧，再到新中国成立后的复烧，近年来在政府的大力支持下，钧瓷产业快速发展，在国际上有了较大影响力，但远未达到昔日的辉煌。当今陶瓷文化旅游城市的发展不尽如人意，钧瓷文化旅游的融合发展面临着巨大挑战。

2. 地方经济社会发展的压力

禹州作为资源型城市，区域经济在发展的同时，也对自然环境造成了一定的污染，颍河、石梁河等流域水环境质量有待进一步改善，污染防治工作任重而道远，生态环境保护任务艰巨。与此同时，脱贫攻坚成果有待持续巩固拓展，"十三五"期间，全市农村贫困人口全部脱贫，53个贫困村全部脱贫，但在此情况下，公共服务保障的现实水平与群众对美好生活的期盼之间仍有较大差距，基本公共服务水平、教育质量和居民受教育程度以及卫生健康体系亟待进一步提高与完善。随着各类景点（区）的不断开发与开放，交通拥堵问题也进一步加剧，景点（区）较为分散，相关性

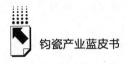

不高，缺乏更科学、便捷与完整的旅游线路。近年来，新冠肺炎全球大流行和外部环境存在诸多不确定性，部分政府部门及钧瓷文化旅游工作人员创新意识与能力素质较低，还不能完全满足文化旅游产业融合发展的现实需要。

3.周边区域古都阴影效应的影响

中国八大古都，河南省占有四席，拥有夏商古都郑州，十三朝古都洛阳，八朝古都开封以及七朝古都、殷墟所在地安阳。2020 年，该四地接待旅游总人数 28650.6 万人次，占全省当年旅游总人数的 52.03%，旅游资源吸引力较大。而所谓的旅游业阴影效应是指在一定范围内，地理位置接近、旅游资源相近的景点（区）之间，等级和知名度较高的旅游景点（区）会对等级和知名度较低的旅游景点（区）产生一定的阻滞或屏蔽，造成该景点（区）几乎被无视，就好像活在阴影之中。靠近古都是一把双刃剑：一方面，古都旅游资源的优势，可能会带来更多的游客；另一方面，也可能会因此而失去游客。游客在两个旅游景点（区）之间进行选择时，大多会直接选择名声远扬、有着良好旅游基础设施的景点（区），放弃知名度低、旅游基础设施不完善的景点（区）。

三 禹州钧瓷产业文旅融合发展存在的问题

（一）钧瓷文旅品牌效应不突出

禹州市拥有丰富的钧瓷文化旅游资源，但近年来建立的钧瓷文化旅游品牌效应并不突出。在新经济时代，全球各种消费都向理性消费转变，旅游消费自然也包括在内，品牌已成为行业内最大的竞争优势，景点（区）只有建立起符合自身发展实际的品牌，同时适时推出能够赢得良好声誉的品牌产品，才能有效提升消费者的认可度和满意度，进而在激烈的行业竞争中立于不败之地。目前禹州市在钧瓷文化旅游的公共品牌、企业品牌、产品品牌等建设方面均有待提高，相关部门和从业人员对旅游品牌建设的重视程度不够，缺乏清晰明确的旅游品牌，钧瓷文旅品牌效应不突出。

（二）旅游宣传力度不足

目前，禹州市主要依靠在中国钧瓷文化园举办的钧瓷文化旅游节对钧瓷文化旅游进行宣传，宣传方式较为单一。虽然近年来，钧瓷文化旅游节取得了较好成绩，但在活动宣传上仍存在较大的现实局限性，除研究钧瓷文化的专家学者和有意签订投资合同的商人外，社会大众对该活动的感知并不强。同时，钧瓷文化旅游节这一文化性事件，在社会大众的记忆中停留时间短，认同感不足，旅游宣传缺乏针对性，未能形成较强的文化、地域宣传影响力，宣传效果并不理想。

另外，11 届钧瓷文化旅游节连续举办下来，真正形成的文化影响力还略显不足。禹州的多数旅游产品具有不可移动性，外界对于钧瓷及钧瓷文化节的了解还仅限于开幕式的新闻报道，同时也没有形成相应的"亮点"。总体而言，只言片语的新闻内容在海量信息的网络时代很快就被淹没，这样"一次性"的宣传往往深度不足，对互联网宣传平台的整体利用率较低，没有达到"蜚声中外"的宣传效果。

（三）旅游资源整合度低

尽管禹州钧瓷文化旅游资源丰富，区域特征明显，但整体资源整合度较低，不同的景点（区）在发展过程中缺乏协调性。一方面，不同景点（区）的开发经营管理主体一般不同，如禹州钧官窑址博物馆，位于宋官窑遗址保护区内，由禹州市政府和大宋官窑共同开发保护；被誉为"钧瓷文化第一园"的中国钧瓷文化园，主要投资方为孔家钧窑；被评为"中国钧瓷之都"和"中国历史文化名镇"的神垕古镇，其开发和保护主要依靠禹州市政府。禹州各类钧瓷文化旅游资源开发主体的不同，给资源的整合带来了一定困难。另一方面，市内一些旅游资源没有得到合理的开发利用，而另一些旅游资源却存在重复开发的现象，在浪费人力、物力和财

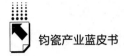

力的同时，旅游资源的集成度仍处于较低水平，阻碍了禹州钧瓷文化旅游的融合发展。

（四）旅游高级人才匮乏

现代钧瓷文化旅游教育水平的落后，以及一线文化旅游从业人员专业化、职业化能力的欠缺，成为制约钧瓷文旅融合发展的重要因素。禹州市钧瓷文化旅游融合发展尚处于初级阶段，缺乏科班出身的旅游高级人才，虽然近年来地方政府大力引进高素质、高层次人才投身于钧瓷文旅融合建设，但钧瓷遗址、偏远村落等艰苦的工作环境和较低的薪酬福利，使有知识、会管理的青年才干从事该行业的意愿并不高，往往是"能来，不能留"，人才外流较为严重。服务业发展水平不高，在神垕古镇等部分景点（区），周边村民甚至可以从事相关旅游服务，而他们对新兴事物的理解与应用能力较差，对他们进行的职业技术教育培训也只是做做"表面文章"，并没有落到具体实处，游客想要更加深入了解钧瓷文化、获得高水平旅游服务的实际需求并未得到有效满足，这从根本上制约了禹州钧瓷文化旅游产业的融合发展。

（五）旅游基础设施和服务能力不足

与禹州钧瓷产业文化旅游融合发展的愿景相比，城市整体旅游基础设施相对落后，相关旅游服务单位数量不足。部分景点（区）文化旅游开发较晚，相关旅游基础设施较少，卫生间、路标、景区道路、服务中心等基础设施和公共服务设施不完善。在商品销售空间上，纪念品、工艺品的销售主要集中在市场街，形态上与村镇市场相似，路边集市现象突出（如关爷庙、红石桥、北大地区等地），严重影响景区交通。与此同时，截至2019年底，全市拥有旅游经营单位69家，旅游定点接待单位21家，旅游商品旅游车队1支，旅游星级酒店6家，国内旅行社15家，以及国际旅行社2家。但在旅游旺季，服务单位的承载能力明显不足，与游客方便、舒适的旅游需求存在一定差距。

四 禹州钧瓷产业文旅融合发展的推进策略

（一）整合区域内外旅游资源

钧瓷文化旅游资源的多样性是影响游客满意度最为重要的因素，可通过区域内外旅游资源的整合，促进多元文化旅游融合的可持续发展。

在整合区域内旅游资源方面，首先，将钧瓷生产制作、市场销售、工艺展览等予以一体化整合，开展钧瓷生产旅游、购物旅游、观光旅游等多种旅游方式；其次，将禹州钧瓷文化与中医药文化、大禹文化等相结合，以促进钧瓷产业文旅融合的发展。与此同时，文旅局和城市规划等政府部门应当对各个景点（区）加强规划指导，在保持各自优势的基础上，要避免资源的重复开发和浪费，为游客制定科学合理的观光路线，充分利用旅游资源。

在整合区域外旅游资源方面，禹州市可以充分利用自身与周边其他旅游城市的异质性、独特性，在区域地理优势的基础上整合周边旅游资源。钧瓷在宋代达到顶峰，而不远处的八朝都城开封（原名汴州、汴梁、汴京）在宋代也达到了鼎盛。在此情况下，禹州市可以与开封市合作。例如，宫廷珍奇的宋代钧瓷可在清明上河园、龙亭公园、开封博物馆等著名景点展出，使游客在游览开封的同时，也更容易了解禹州、了解钧瓷文化。另外，可以与旅行社合作，规划多种多样的文化旅游路线，将距禹州市只有 65 公里的五岳之一嵩山等自然风光景区加入旅游路线，推进区域内外旅游产业的协同发展。

（二）加大钧瓷文化旅游营销宣传力度

充分利用禹州市现有硬件、软件资源，在宣传力度及手段两方面加强营销宣传。在宣传力度上，目前影响力较大的钧瓷文化旅游节已连续举办 11 届，但仍存在举办时间间隔较长、举办日期不固定、宣传受众面单一等问题，宣传效果有限，进步空间较大。而要想把钧瓷文化旅游节打造成为禹州钧瓷产业文旅融合发展的亮丽名片，首先要固定其举办日期，同时根据实际发展需要，适时提高举办频率，将举办周期缩至每年一次，并在旅游节举办之前将活动以多种形式公布在各主流网站首页、街头广场和景点（区）附近，以达到更好的宣传效果。在宣传手段上，要充分把握互联网受众基数大、信息传递快的优势，通过网络扩大钧瓷文化旅游节的受众面，尤其在极为重要的开幕式中，参与者不能仅限于相关领导、钧瓷学者及业内有关人士、新闻记者等，也要通过视频网站、新闻和电视台转播等途径使社会大众能够观看与了解这一盛况，提高禹州钧瓷文化的知名度；同时，尽快加强与团购网站的合作，在提高钧瓷文化影响力的同时，也能促进文化旅游消费，实现双赢；也可与百度地图、高德地图等应用软件开发商进行合作，开发禹州专属钧瓷文化旅游地图，充分囊括禹州市热门和较为冷门的钧瓷文化景点，通过区域交通地图的建设来加大旅游推广力度，同时方便游客进行自驾游。

（三）创意性开发钧瓷文化旅游产品

通过开发丰富多样的创意性钧瓷文化旅游商品，改善禹州钧瓷文化旅游现状。一方面，首先大力传承传统钧瓷制作技艺，提高"精品率"，尽量减少残次品；其次，在近年来造型、釉料配方、烧制技术不断改进的基础上，充分运用现代科学技术，加快钧瓷艺术造型、装饰工艺等方面的前进步伐。另一方面，积极开发禹州钧瓷特色旅游商品。首先，针对不同经济水平的游客，开发高、中、低档旅游产品；其次，在造型方面，要考虑到游客的不同身份、不同行业、不同年龄、不同文化水平所带来的不同偏好；再次，创意性地将禹州钧瓷元素融入旅游用品（如水杯、背包等）上，在提高钧瓷旅游商品创意性的同时，也刺激了旅游和消费；最后，应考虑现代旅游主体大众化、形式内容多样化、目的娱乐化等特点，将合适的人物、动物或植物造型予以具体化、卡通化，尝试设计现代文化旅游形象的识别符号——文旅吉祥物。禹州市可结合自身特色设计出具有创意文化含量的文旅吉祥物来供游客选购，运用其所具有的文化和美学价值为禹州旅游业带来经济效益，进一步提高禹州钧瓷的知名度，推动钧瓷文化旅游的融合发展。

（四）提升游客参与度

当前，游客对禹州钧瓷文化旅游项目的参与度不高。在此情况下，可以通过设计更多创造性的钧瓷文化旅游体验项目，来提高游客的参与度和满意度。首先，加强游客体验中心建设，不断进行技术改进，缩短钧瓷制作时间，设计更多简单而富有内涵的钧瓷款式，让游客更深入地参与钧瓷的制作过程，得到自己喜爱的瓷器作品；其次，禹州市还可以开发如传承千年的"拜窑神"仪式等新的体验项目，借助神垕老街中的窑神庙，定期举办由现场游客互动参与的"拜窑神"活动，满足游客的好奇心，提升游客的参与度；再次，对于窑厂烧出的残次品，钧瓷历来都有"砸瓷"这一传统，可以让游客亲身体验拿锤砸、挖坑埋的"砸瓷"活动，增加其旅游体验感，更加深入感受钧瓷文化的魅力；最后，充分利用微信、微博、抖音等社交平台，定期发布钧瓷相关知识，组织有奖竞猜活动，充分发挥游客在钧瓷文化旅游中的主体作用，提高游客的认知度和满意度。

（五）优化钧瓷旅游环境

目前，游客对禹州旅游目的地的生态环境、员工素质、餐饮住宿条件的满意度并不高，景点（区）的自然和人文环境等旅游形象亟待提升。在自然环境方面，地方人民政府、生态环境保护部门、农业农村局等相关单位可以出台并完善相应法规来整治当前的环境污染问题，在煤炭资源的开采过程中尽可能实施新的技术和方法，严格控制污染物的排放；提倡居民采用步行、公共交通等绿色出行方式，鼓励购买新能源交通工具，减少传统汽车有害尾气排放量，还要加大城市和景区绿化覆盖面积，优化全市生态环境。

在人文环境方面，首先要强化禹州特有的钧瓷文化氛围，适时在图书馆、会议厅或学校举办钧瓷讲座，鼓励年轻一代了解、感受、学习禹州钧瓷文化。其次，完善旅游接待基础设施，提升服务水平。在餐饮、住宿等硬件方面，禹州市拥有的星级酒店较少且大多集中在市区，缺乏高档酒店服务的主观能动性，神垕古镇等景点（区）旅游接待服务水平不高，所以应当加

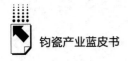
强星级酒店的建设，同时向以钧瓷文化为主题的新型酒店或依山傍水的乡村民宿等方向进行多元化发展；在软件方面，主要措施包括钧瓷文化旅游行业人才的培养和信息网络的不断应用。其中，行业人才包括钧瓷行业人才和旅游行业人才。在钧瓷行业人才培养方面，政府部门可与许昌陶瓷职业学院、神垕陶瓷职业中学等学校和大宋官窑等钧瓷龙头企业合作，将其作为钧瓷制作技艺传承培训基地，选拔人才到国内外知名瓷文化圣地交流学习，培养钧瓷行业的综合性高素质人才；在旅游行业人才培养方面，禹州市旅游业整体水平较低，可以通过提高福利待遇等措施来吸引高素质旅游行业人才。信息网络方面，在互联网信息化愈发普及的当下，禹州市应与时俱进，积极构建一套较为完整的旅游信息保障体系，以推动钧瓷文化旅游的智慧化发展，消除信息不对称给游客带来的不便，利用先进信息技术，将吃、住、行、游、购、娱等多方位信息整合到钧瓷文化旅游信息数据库中，促进网络营销和游客服务。

参考文献

［1］ 王秀伟：《从交互到共生：文旅融合的结构维度、演进逻辑和发展趋势》，《西南民族大学学报》（人文社会科学版）2021 年第 5 期。

［2］ 于秋阳、王倩、颜鑫：《长三角城市群文旅融合：耦合协调、时空演进与发展路径研究》，《华东师范大学学报》（哲学社会科学版）2022 年第 2 期。

［3］ 厉新建、宋昌耀、殷婷婷：《高质量文旅融合发展的学术再思考：难点和路径》，《旅游学刊》2022 年第 2 期。

［4］ 李任：《深度融合与协同发展：文旅融合的理论逻辑与实践路径》，《理论月刊》2022 年第 1 期。

［5］ 侯天琛、杨兰桥：《新发展格局下文旅融合的内在逻辑、现实困境与推进策略》，《中州学刊》2021 年第 12 期。

［6］ 杨丁丁、郭雅晴、孟喜悦：《神垕乡村振兴路径的启示与思考》，《农村经济与科技》2021 年第 19 期。

［7］ 张少义：《文旅融合让幸福再升级》，《红旗文稿》2020 年第 14 期。

［8］ 许多：《文旅融合视域下瓷产业发展的思考》，《旅游纵览（下半月）》2020

年第 8 期。

［9］ 马阳、周凹凸、周俊良：《基于城市旅游文化视角下古瓷器艺术与旅游文创产业融合发展探析——以天津"瓷房子"为例》，《陶瓷》2019 年第 12 期。

［10］ 张秋月、李皓文、陆煜彤：《文化旅游产业发展现状及策略研究——以禹州钧瓷为例》，《中国集体经济》2019 年第 8 期。

［11］ 祁峰、周向阳、彭月玉、徐拥华：《文化创意产业与旅游文化发展融合发展研究——以景德镇为例》，《知识经济》2018 年第 15 期。

B.3
碳中和背景下钧瓷产业发展路径研究

李程宇*

摘　要： 钧瓷源于唐朝，盛于宋朝，因其"入窑一色，出窑万彩"的窑
变艺术特点为世人所称赞，钧瓷具有深厚的文化传承和历史底
蕴，精美的制作工艺赋予钧瓷名贵典雅的艺术魅力。碳中和目标
的提出强调了环境保护对于国家发展的重要性，而烧制钧瓷需要
消耗大量化石能源，不利于碳中和目标的实现。为了探索碳中和
背景下钧瓷产业发展路径，本文首先分析碳中和背景下钧瓷产业
面临的挑战和机遇，结合钧瓷产业特点对阻碍其发展的因素进行
分析；之后运用文本分析方法寻找钧瓷产业所具有的文化精神并
对其进行详细介绍；最后，结合马克思主义经济理论从生产、供
给侧入手，从马克思主义经济学生产、分配、交换和消费的辩证
关系视角，探索禹州市钧瓷产业发展的路径。

关键词： 碳中和　钧瓷　《许昌晨报》

钧瓷因其变幻莫测的窑变艺术特点著称于世。由于北方特有的瓷胎土强
度较弱，为了增强钧瓷产品的机械强度，使其具有更强的热稳定性和观赏
性，钧瓷艺人在施釉过程中通常会采用分层挂釉的方法。在低温烧制后挑选
出优质素胚，经过分层挂釉和高温釉烧处理，创作出美轮美奂的钧瓷。钧瓷
属于传统陶瓷产业，有着陶瓷产业共有的高投入、高耗能、高污染等特点。

---

* 李程宇，博士，郑州轻工业大学经济与管理学院副教授，主要研究方向为低碳管理。

我国经济进入新常态，为了有效地保护环境、节约资源，需要大力推进节能减排。碳中和成为全世界关注的焦点，各个领域也都需要进行大调整，迎来低能耗、低排放、高效率的时代。在如此大环境下，钧瓷产业作为高耗能、高排放产业，探索新发展路径刻不容缓。

钧瓷产业无论是家庭作业还是瓷厂，所排放的废气和固体悬浮物都严重污染了环境，所用原料也多为不可再生资源。为响应国家碳达峰、碳中和政策，钧瓷产业作为高投入、高耗能、高排放产业，理应寻求新的发展路径，减少污染与排放，打造低排高效的钧瓷产业链，建立绿色、环保、低碳的产业体系。

纵观钧瓷历史沿革，近年来可称得上是经历了一个高速发展、鼎盛辉煌的时期。民间生产高速增长，地方政府提供政策资金扶持，钧瓷产业寻求新发展，寻找可再生能源，进行可持续发展。降低产品生产成本、环境处理成本，提升钧瓷产业经济效益，有利于推动中国经济发展。

一 碳中和背景下钧瓷产业面临的挑战与机遇

"提高国家自主贡献力度，采取更加有力的减排措施"是习近平总书记2020年在第75届联合国大会上发表的重要讲话。在这届大会上，中国提出了"3060"计划，该计划主要分为两步：第一步是控制中国碳排放量，使其在2030年达到峰值，第二步是通过采取相应措施，使得中国在2060年实现碳中和目标。2020年气候雄心峰会上，中国再次向全世界表达了控制碳排放、实现碳中和的想法，并计划通过大力发展可再生能源，提高可再生能源发电量占比来缓解电力部门对环境造成的压力。这些不仅展示出中国积极解决环境问题的决心，同时也表达了我国探索可持续发展道路的意志。

（一）碳中和背景下钧瓷产业面临的挑战

钧瓷的原材料以石英、陶土、长石等矿产资源为主，它们大多属于不可再生资源。此外，传统的钧瓷烧制需要消耗木料、煤炭以及天然气等，同时

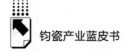

会产生对环境有害的废水、废气等污染物。这就导致以碳中和为核心的环境保护政策将会给钧瓷产业发展带来巨大压力。禹州钧瓷企业的产品生产成本随着能源价格提高而持续增加，而环境保护政策将会进一步对能源价格产生刺激作用，钧瓷产业将面临更加严峻的挑战，这些可以从以下三个方面进行讨论。

1. 企业低碳意识薄弱

从微观角度来看，中国要想实现碳中和目标，企业需要具备低碳发展意识，不仅需要重视低碳生产技术，同时还需要将发展低碳经济以及实现绿色发展纳入企业发展战略当中，在原材料采购、环保设施建设、资源回收利用等环节切实把好低碳生产准入关卡。加大清洁生产技术和末端治理技术的研发力度，发挥尖端科技在低碳发展中的引领作用。然而，绝大部分钧瓷企业尚未意识到低碳化生产的意义。作为低碳技术之一的气烧无法还原出炭烧赋予钧瓷的强劲艺术表现力以及柴烧赋予钧瓷的釉面温润如玉的特点，老一辈钧瓷匠人也更加青睐于使用煤烧、柴烧烧制钧瓷。这就导致钧瓷企业员工低碳化生产意识淡薄，不仅会在生产过程中大量消耗化石能源，同时还会产生资源浪费的情况。此外，传统经营模式已经在钧瓷企业根深蒂固，要想做出经营模式的改变，需要在环保装置上投入大量资金，这将会造成企业短期内资金紧张且收益不明显的情况。出于短期利益考虑，部分企业改变经营模式的积极性较弱，整个行业的低碳化发展也将受到阻碍。

2. 生产工艺落后

科学技术是第一生产力，企业提高生产技术水平不仅能解决能耗高、能效低的问题，从而达到政府相关政策法规对企业的要求，而且能够帮助企业改善外部形象，塑造良好信誉，赢得政府和社会对企业的支持与认可。然而，生产技术的提高需要大规模的资金和人才投入，当前禹州钧瓷企业仍以中小企业为主，它们不仅不具备资金和人才方面的优势，同时还容易面临融资难、招工难、人才匮乏等方面的问题。

3. 缺少统一的行业碳排放管理标准

为了有效控制碳排放，相关主体可以根据低碳发展制度体系中的具体需求以及低碳减排经验构建一套合理的碳排放标准，并依据该标准对生产过程中各个环节可能产生的碳排放进行有效管控。禹州钧瓷产业要想实现低碳化发展，需要解决生产过程中存在的能耗高、污染重等问题，而一套健全的碳排放管理标准能够很好地对企业的生产活动进行约束和管理。然而，由于钧瓷产业管理水平较低，多数大小作坊有一套自己的生产工艺，缺乏统一的行业制造标准，产品制造过程不规范，工艺参数参差不齐，资源使用率较低，生产过程中出现不同程度的碳排放，不符合低碳发展的要求。

（二）碳中和背景下钧瓷产业面临的机遇

经济社会的发展总是在各种制约条件下进行的，经济社会发展的初期总是受到资本、技术、管理制度等方面制约因素的影响，而现阶段经济社会发展的主要约束条件是生态环境的承受力不足以及不可再生资源的消耗，碳中和理念的提出体现了中国高质量发展的坚定决心，同时表明中国各产业在能源转型和绿色低碳技术发展上充满信心。碳中和理念的提出在给钧瓷产业带来挑战的同时也带来了一些机遇。

1. 推动钧瓷产业低碳转型升级

当前，全球经济与社会发展的大趋势已然向"低碳""环保""绿色"靠拢。作为传统高耗能产业的钧瓷产业，发展低碳经济意味着需要转型与升级。这可以通过一些外部动力来实现，包括政府激励与政策扶持、技术水平的进步和市场对低碳产品的青睐等。"碳中和"目标的提出，可以通过政府的公共政策引导企业转变生产模式，约束企业的碳排放行为。环保政策的提出可以规整行业、规范市场，剔除一些粗放型、不正规经营的企业，促使钧瓷企业低碳转型，为钧瓷产业发展提供绿色环境和绿色市场。钧瓷产业可以抓住大环境机遇，推动产业低碳转型升级。

2. 助力钧瓷产业自主创新

自主创新在国家战略中被多次提及，对我国的经济发展起着关键作用。多年来，钧瓷的发展并非一路坦途，在产业的不断演变中，需要不断创新，破解一个又一个难题，推动钧瓷行业发展。尤其在碳中和背景下，迫于形势

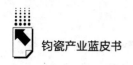

的压力，对于部分生产技术落后、生产效率低下、高耗能高排放的企业，自主创新更是其首要任务。在当代钧瓷产业的发展中，新科技、新艺术将融入传统钧瓷的生产经营中。"碳中和"目标的提出可以促进钧瓷企业进行自主创新，通过自主创新优化生产结构、降低企业成本，从而提升企业的竞争力。

二 面向生态文明建设的绿色钧瓷环保文化

在"碳中和"目标提出之前，钧瓷产业已经进入发展瓶颈。图 1 反映了 2008~2015 年钧窑瓷器拍卖的总成交额、上拍量和成交量。可以看出，2008~2010 年钧窑瓷器成交额大幅下降，上拍量和成交量偏低，2010 年之后产品成交额明显回升并达到一个相对稳定的状态。然而，通过对比上拍量和成交量可以看出，2013 年以后钧窑瓷器上拍量虽然明显提升，但是成交量的增幅并不显著，说明钧窑瓷器市场处于供大于求的状态。

"碳中和"目标的提出以及环境保护政策的出台会对钧瓷产业发展造成压力，然而该产业所具有的独特文化精神将会帮助其更好地实现健康协调发展。

在文化体制改革的过程中，文化体制改革与文化精神弘扬息息相关。只有将社会效益放在首位，并令其与经济效益发展相互配合，文化产业才能得到更好的发展，文化事业也才能够吸引更多的人才。作为许昌市重要的地方媒体，《许昌晨报》自创刊伊始就将推动地方文化产业发展作为其重要责任和使命。在其不断努力之下，禹州市传统特色文化和钧瓷文化产业都得到了有效保护，具有较高文化价值的珍贵文物和文化遗产也得以传承下去。《鉴藏》版面是 2004 年《许昌晨报》正式创刊时为了宣传钧瓷文化，报道禹州市钧瓷产业相关资讯专门设计的版面，累计刊登 1077 篇报道，它成功地弘扬了钧瓷历史文化，使得钧瓷历史文化内涵被更多人了解和学习。

在过去的十几年里，《鉴藏》版面不仅成为钧瓷产业对外宣传的主要阵

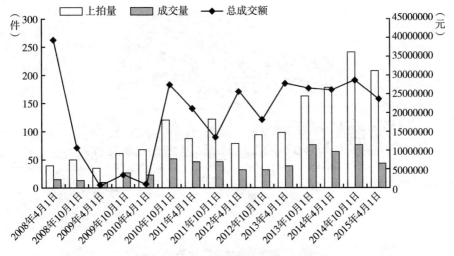

图1　2008~2015年钧窑瓷器拍卖走势

资料来源：雅昌艺术市场监测中心（AMMA）。

地，同时也是人们了解钧瓷文化的重要窗口，在钧瓷产业长远发展过程中起到了举足轻重的作用。为了对钧瓷绿色文化精神进行深度分析，本文首先运用文本挖掘方法对《许昌晨报》中的钧瓷相关报道进行了文本分析，之后根据文本分析结果进一步展示禹州钧瓷所具有的丰富文化精神。

（一）基于文本挖掘的钧瓷文化识别

本文首先运用 MATLAB 软件爬取《许昌晨报》中与"钧瓷"相关的1077 篇报道并将其转化为 EXCEL 文档，对数据进行以下整理：一是去除文档中存在的数字和标点符号，二是运用哈工大停用词表对年报内容进行分词并去除停用词，三是创建词袋并对文本挖掘结果进行储存，四是统计文本挖掘结果中词频排名前 50 的关键词及其频数（其中不包含"禹州市""神垕镇"等地名），并依据该结果绘制词云图，具体结果如图 2 所示。

"钧瓷""文化""发展"等关键词出现频率较高，除了与经济效益有关的"旅游""产业""经济"等关键词外，"创新""生态""项目"等与

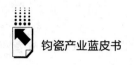

图 2　"钧瓷"词云

资料来源：笔者自行测算。

绿色效益有关的关键词也具有较高的频数，这表明禹州市钧瓷产业发展不仅能够给地区经济带来良好的刺激作用，同时也说明其在一定程度上响应国家政府号召，在实现"碳达峰""碳中和"的目标上，作为传统耗能产业积极向"绿色""低碳"转型。为了进一步分析钧瓷文化所蕴涵的环保绿色文化精神，本文对文本挖掘结果进行整理，总结出"绿色创新求变""优化产业结构""传承环保思想"三种重要文化精神，并根据与这三种文化精神相关的关键词及其频数绘制词云图，结果如图 3~图 5 所示。

（二）钧瓷绿色文化特征分析

钧瓷的兴衰历史、制作方法、造型设计、色彩搭配、民间传说中均包含了其艺术丰富的文化精神，展示出先进的价值观念、思维方式和深刻的思想理念，这是该产业传承至今的瑰宝，也是钧瓷产业发展所必需的力量源泉。本文依据文本挖掘结果从以下三个方面进一步分析钧瓷绿色环保文化所蕴涵的精神内涵。

图3 "绿色创新求变"词云

资料来源：笔者自行测算。

图4 "优化产业结构"词云

资料来源：笔者自行测算。

1. 与时俱进的绿色创新精神

提到钧瓷，人们首先想到的就是窑变，作为钧瓷产品的核心艺术特征，窑变展现出了"绿色创新"的钧瓷文化精神，钧瓷爱好者最常讨论的就是

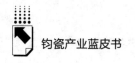

图 5　"传承环保思想"词云

资料来源：笔者自行测算。

窑变赋予钧瓷多彩的艺术特色。"入窑一色，出窑万彩""千钧万变，意境无穷""钧瓷无对，窑变无双"等都是对钧瓷色彩变化多端、巧夺天工的概括，这也是钧瓷能够在中华瓷器文化中脱颖而出的重要原因。窑变的出现打破了唐代中国陶瓷以青白瓷器为主的格局，使其进入釉色斑斓多彩的新时期。窑变的诞生主要来源于钧瓷艺术大师坚持不懈的努力和天马行空的想象，正是由于一代代钧瓷艺术大师不懈努力探索，钧瓷工艺才能够不断蓬勃发展。虽然窑变是钧瓷艺术中重要的组成部分，但是钧瓷的发展并不局限于此，在当今社会发展背景下，创新不局限于工艺上的改革，与时俱进的绿色创新也是工匠大师们所极力追求的目标。

在控制钧瓷品质的同时，钧瓷产业追求更"绿色"、更"低碳"的生产模式。钧瓷行业作为传统能源高消耗产业，能耗占钧瓷生产成本的 30% ～ 40%，高耗能意味着高污染，这与我们所提出的"碳中和"目标不相符。针对钧瓷生产过程中产生的废气污染、废水污染、固体废物污染，钧瓷行业分别在原辅材料、工艺技术及设备和生产过程管理方面进行绿色创新。在生产上，可以采取各国普遍采用的清洁生产作为环境战略。在使用原料、工艺技术以及专业设备上不断进行设计创新。使用清洁低碳的能源和原料，在源头上减少污染，避免资源的浪费。使用高效的工艺技术和管理手段，提高产品在生产过程中的资源利用率。与时俱进的绿色创新求变精神在钧瓷行业发展中起到了至关重要的作用。

2. 加快调整优化产业结构

钧瓷之所以能够流传至今，钧瓷文化精神中勇于探索的精神起到了至关重要的作用。这对于钧瓷产业应对调整优化产业结构时面临的挑战也起到了非常关键的作用。在图4中，"推动""发展""积极""规划"这样的词语多次出现，频次非常高。由此可见，作为传统能源高消耗产业的钧瓷，在迫不及待地寻求调整优化产业结构的最优路径。为尽快实现国家低碳目标，钧瓷产业将实行更有力的措施减排。钧瓷产业积极响应国家政策，在调整优化产业结构上也做出了改变。在制造技术结构上，对工艺技术和工艺设备进行优化创新。在工艺设备上进行优化，如窑炉结构的优化、提高燃烧装置的供能效率、使用长寿高能的筑炉材料等；在工艺技术上进行优化，提高出炉产品的成品率，在生产中减少原材料的浪费。在供给结构上，对产业结构进行数字化转型，生产过程中进行数字优化控制，对生产时间、物料消耗等进行更加规范化的控制和优化；加强对相关人员的专业技术培训，减少人员操作不规范引起的不必要资源损耗，节约成本，高效生产。

3. 环保思想的艺术传承

艺术大师们在综合唐代瓷种以及五代柴窑技术的基础上创造了世界上唯一的高温窑变瓷——钧瓷。它集合了各家的优点，从诞生之日起就具有兼容并蓄、海纳百川的胸怀，在历史长河之中，寻求生存发展之道。正因如此，钧瓷在陶瓷文化数千年的发展历程中能够不断将传统艺术与当代理念进行结合，永远体现出钧瓷特有的文化底蕴。

绿色环保已经成为当今一个重要的议题，近年来环境污染越来越严重，人们也逐渐意识到牺牲环境追求短暂的经济效益是行不通的。但显然环保的思想不是现代才有的，人类进入文明社会之后，朴素的环保思想就已经萌

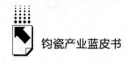

芽。《史记》记载，黄帝曾教导大家"节用水火材物"，帝喾也教导百姓"取地之材而节用之"。周文王临终之时也嘱咐其子孙，渔猎等活动要适时而行，不可过度汲取自然资源。古代的环保意识和今天的环保理念有异曲同工之妙，都是对自然资源的保护，但也不可同日而语，今天的环保理念是有完备的体系和科技的支持的。

但对作为中国古代五大名瓷之一、一直使用传统能源生产的钧瓷产业来说，无疑遇到了巨大的挑战。艺术大师们在工艺上精益求精，结合当前形势，在原辅材料、工艺技术和生产过程上寻求新的发展，努力将环保思想、绿色理念糅进钧瓷的生产当中。

三　钧瓷产业绿色发展路径研究

为了缓解环境保护政策带来的压力，钧瓷产业需要发挥其独特文化精神优势。钧瓷产业应当摒弃传统宣传手段，满足消费者对钧瓷产品的文化需求，结合要素禀赋优势，创新文化表达方式，寻求具有地域特色的供给侧结构性改革路径，推动产业高质量发展。马克思主义经济理论认为，文化产业供给侧结构性改革总是在生产、分配、交换以及消费的矛盾中不断发展的，生产、分配、交换和消费四者构成一个总体的各个环节。基于"碳中和"背景下钧瓷产业所面临的挑战和机遇，以及对《许昌晨报》"钧瓷"报道进行文本分析所得到的文化精神优势，本文从生产和供给侧的角度入手，从马克思经济学的生产、分配、交换和消费的辩证关系视角，尝试提出禹州市钧瓷产业发展的路径。

（一）解决产品市场供需错配和失衡

除了提高直接生产过程中生产要素配置的水平，还需要提升对生产成果的货币化分配水平及对最终产品和服务在不同市场的分配水平。首先，在禹州市钧瓷文化产业发展过程中，对生产成果的分配必然要遵循以按劳分配为主体、多种分配方式并存的分配制度。在市场经济条件下，更应强调"多种分配方式并存",分配给劳动者的财富应足以补偿其体力与脑力付出。除了物质生产要素的投入外,精神文化产品的生产也需要大量智力和精力的投入,这些产品需要更为具体的量化指标来衡量绩效,依据相关规定严格分配给其等价值的物质财富。在精神和物质上满足文化传承者的需求,在提高知识产权保护意识的同时,提高了生产者的收入,激励创作者更加积极地参与到文化产品的创新中。除此之外,可以在激励制度上进行改革,对生产者的工龄、贡献度以及绩效进行更为具体的量化,将其作为新的指标进行劳务分配。可以采取分红、奖金、升职以及分配股份进行激励,这样不仅可以缩小不同分工劳动者之间的报酬差距,更可以形成良性的竞争关系,使其更加积极负责地投入产品的创造。

其次,钧瓷作为文化产品,最终是要流向市场的。由于不同地区经济发展差距较大,钧瓷产业需要面对的消费者群体具有不同的消费能力和消费观念。因此,钧瓷产业在生产过程中需要为应对各种细分市场采取物质或非物质的形式利用相同的精神文化创造出不同的文化产品。在科学合理规划产品结构上,不仅需要关注文化产品需求的普惠性和均等性,开发出性价比较高的产品,同时还需要针对那些对精神文化产品品质要求较高的消费群体,从外观造型和内在表达上进行更有深度的创作,以满足消费者更高层次的需求,打造更加具有特色和文化内涵的高端精品。

(二)加强数字技术与绿色转型的结合

随着钧瓷产业的发展,绿色文化的重要性愈发显著。在产品生产过程中需要提高要素的使用效率,实现资源的最大化利用;以消费者需求为导向,满足人们日益增长的物质和精神需求。钧瓷文化中所包含的各种意识、符号和精神能够刺激供给侧和需求侧进行生产活动和消费活动,从而为推动产业发展和社会进步提供新的思想、激情、智慧和创造力等。钧瓷产业作为文化产业必须重视绿色发展理念、加快钧瓷产业绿色转型,不断解放和发展生产力。首先,构建生产前的需求反馈机制。在"碳中和"背景下,可以通过互联网技术和大数据分析对消费者的喜好进行调查。在此基础上,超前捕捉

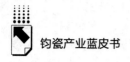

消费者"口味"，生产符合广大消费者需求的产品和服务。其次，在产品生产过程中不断研究钧瓷文化的内容和载体，并通过创新手段打造全新的文化传播方式。充分利用数字技术，推动数字产业化与钧瓷产业化相结合，促进数字经济与实体经济相融合，实现钧瓷产业高质量发展。推进能源企业各环节数字化转型，提升能源企业的生产效率，降低碳排放；提高生产设备智能化水平，在生产过程中进行实时数据检测，精准预测能源、设备以及人力需求，减少不必要的资源浪费，降低能耗和碳排放；加快构建清洁低碳、安全高效的能源体系，推进绿色能源在钧瓷行业中的应用。

最后，通过完善内部管理机制确保生产过程的规范性，保证钧瓷产业在生产过程中实现各类生产要素的合理分配。补齐钧瓷产业生产过程中要素错配的短板，提升钧瓷生产分工协作的协调性。完善管理机制以保证各生产要素的价值转换，保证产品高质量完成。不断优化钧瓷产业结构，吸引更多高水平、高技术的人才加入，为实现钧瓷精品的打造奠定人才基础。

（三）提高产品绿色价值，刺激消费需求

钧瓷作品的价格首先是由创作者的知名度决定的，其次才是作品本身的价值。表1展示了2021年11月中国最具有影响力的十位钧瓷匠人排名及其作品价格指数。2006年11月，由晋佩章亲手设计制作的柴烧钧瓷珍品"铺耳尊"在北京的一次拍卖会上以18万元的高价拍出，创下了现代单件钧瓷的最高价纪录。而由没有名气的创作者、没有品牌效应的企业制造的钧瓷作品只能依据产品本身价值定价，作为生活性消费品进行售卖。

表1　2021年11月中国最具影响力的前10位钧瓷匠人排行榜及其作品价格指数

名次	姓名	作品价格指数	名次	姓名	作品价格指数
1	晋佩章	4.09	6	苗长强	1.07
2	刘富安	3.84	7	刘建军	0.98
3	孔相卿	2.06	8	晋晓瞳	0.69
4	任星航	1.96	9	张怀强	0.67
5	杨　志	1.79	10	刘志军	0.64

资料来源：钧瓷内参，钧瓷数据库。

根据马斯洛需求层次理论，当消费者的物质生活得到满足时，其精神消费需求将会提高。随着中国经济的不断发展和人民可支配收入水平的提高，消费者的需求不再停留在衣食住行上，而是追求更高层次的精神需求。在"碳中和"背景下，这意味着人们更倾向于绿色消费。钧瓷产业必须通过各种途径提高产品的绿色价值，满足人们的高质量消费需求。

参考文献

［1］李凤：《唐山陶瓷产业低碳化发展之路》，《江苏陶瓷》2019 年第 2 期。

［2］张会恒：《关于发展低碳经济的几点思考》，《财贸研究》2011 年第 1 期。

［3］杨雷、杨秀：《碳排放管理标准体系的构建研究》，《气候变化研究进展》2018 年第 3 期。

［4］张宏娟：《基于微观主体行为的传统产业集群低碳转型升级机制分析》，《商业经济研究》2017 年第 9 期。

［5］覃光广等编《文化学辞典》，中央民族学院出版社，1988。

［6］邓雷：《都市报在地方文化产业发展中的角色扮演——以〈许昌晨报〉钧瓷报道为例》，《青年记者》2018 年第 3 期。

［7］张自然：《钧瓷文化精神探析》，《河南大学学报》（哲学社会科学版）2012 年第 3 期。

［8］苗锡锦主编《钧瓷志》，河南人民出版社，1999。

［9］王根发、张天惠、周占林：《中国钧瓷文化》，中国文联出版社，2006。

［10］李春梅、张文霞：《生产、分配、交换、消费视角下的文化产业供给侧结构性改革——兼论山西省文化产业的发展路径》，《经济问题》2020 年第 6 期。

［11］顾建红、管爱花：《文化自信的三维视角及其审视》，《江西师范大学学报》（哲学社会科学版）2019 年第 6 期。

［12］贺汉魂：《马克思财富分配正义思想的基本内容及其精神实质探析》，《东南大学学报》（哲学社会科学版）2018 年第 3 期。

［13］焦斌龙：《新常态下我国文化产业供给侧结构性改革的思考》，《经济问题》2017 年第 5 期。

B.4
钧瓷文化创意产业集群创新发展研究

薛 龙*

摘 要: 伴随着知识经济时代的到来,文化创意产业在全球范围内迅速崛起,并以其特有的魅力吸引着各国政府及企业的关注,成为当今世界最具发展潜力的新兴产业之一。随着国家对文化产业重视程度的不断提高以及互联网时代的到来,文化创意产业发展迅速。基于文化创意产业兴起的大背景,本文就钧瓷文化创意产业集群创新发展存在的问题进行了分析和研究,并由此提出了钧瓷文化创意集群创新发展的对策与建议,以促进钧瓷文化创意产业集群健康可持续发展。

关键词: 钧瓷 文化创意产业 产业集群 创新发展

引 言

21世纪,我国进入了知识经济时代,"创新"成为这个时代的主旋律。创新是民族进步的灵魂、国家发展的不竭动力,对于一个企业而言是提高行业竞争力的核心力量。当前我国脱贫攻坚战已经取得全面胜利,全面建成小康社会取得历史性伟大成就,人民生活水平有很大提高,日益重视对精神生活追求,审美意识得到提高,消费层次也在发生改变。在国家政策的号召下,近年来以"知识"和"文化"为引领的"新经济"逐渐进入大众的视

---
* 薛龙,博士,郑州轻工业大学经济与管理学院讲师,主要研究方向为宏观经济管理。

野，伴随而来的文化创意产业集群也迅速发展起来，日渐成为新经济的核心产业。

本文所称文化创意产业集群是由文化创意领域内许多既独立又联系在一起的文化创意产业及其相关支撑机构按照专业化分工和协作关系在一定地域内聚集所形成的产业组织。近年来，文化创意产业集群在不断扩大，从业人数也在不断增多，文化创意产业集群在创造良好的经济效益和社会效益的同时，同样也需要创新的推动力量。

瓷器文化是我国传统文化的重要组成部分，因其浓郁的艺术气息颇受人们喜爱。作为"五大名窑"之首的钧瓷，历来被人们称为"国之瑰宝"，素来享有"纵有家财万贯，不如钧瓷一片"的美誉，饱含时代的印记，具有极高的艺术价值。作为凸显河南文化特色的一张名片，钧瓷在挖掘传统工艺技术的基础上不断进行创新。本研究基于我国文化创意产业集群快速发展的背景，以钧瓷文化创意产业集群为研究对象，对其发展现状、在创新中存在的问题以及针对问题提出相应的建议三个层面进行剖析，以期能够在知识经济时代的创新活动中对钧瓷文化创意产业集群的市场发展提供借鉴意见，促进钧瓷文化的传播和钧瓷产业的发展。

创意产业集群是一种新兴事物，目前国内外对于其的研究过多地关注制造业方面，而对于文化创意产业集群的研究不足。我国作为世界四大文明古国之一，文化的传承和创新对提升中国国际知名度具有特别重要的意义，而文化创意产业作为中国经济发展转型中的一个重要行业，更是增强中国综合国力的一个重要元素。文化创意产业作为文化创新的载体，将文化精神内涵和经济价值有机融合在一起，成为增强文化再生能力、发挥产业优势的主渠道。钧瓷作为我国重要的文化符号，承载着悠久的历史与厚重的文化积淀，对于促进中原地区的经济发展有着极为重要的作用。随着"陶瓷之路与丝绸之路"同非物质文化遗产的有机融合，我国应该在知识经济时代的宏观环境下对钧瓷文化创意产业集群进行创新，进一步扩大钧瓷在国际舞台上的传播与文化输出，增强国际市场对中国传统文化的认同感。

文化创意产业作为一个新兴概念在全球范围内兴起，其内涵和外延不断深化和扩展，已逐渐从发达国家蔓延到发展中国家，并逐渐成为推动世界各国经济发展的重要力量。在文化市场繁荣的同时，中国文化创意产业集群也得到了快速发展，为文化创意市场提供了新生动力。近年来，为有力促进文化创意产业集群发展，我国学者对文化创意产业集群展开了系统的研究。

杜杨研究文化创意产业集群内涵，引出文化创意产业集群及其发展模式的含义与特征。[1] 刘懿璇、何建平基于后现代空间的视域，在分析粤港澳大湾区文化创意产业城市数据的基础上，对该地区的文化创意产业集群的发展进行分析，通过收集整理相关材料，为我国文化创意产业集群的发展提供数据参考。[2] 高思捷研究了我国文化创意产业集群发展创新现状及问题，从创新主体、环境与支持三个层面剖析了影响文化创意产业集群能力发展的主要因素，在此基础上为政府、创意集群组织及有关机构等定量测评文化创意产业集群创新能力提供新思路。[3] 肖艳、孟剑在大数据视角下对文化创意产业集群进行研究，探讨如何运用大数据这一信息技术推动中国文化创意产业发展，具有一定的理论价值与现实意义。[4] 朱辉对文化创意产业集群化发展优势进行分析，并对如何提升文化创意产业集群竞争力提出了相应的对策与建议。[5] 时迎健、林向义、罗洪云从知识共享的角度，探讨了文化创意产业集群创新能力的影响因素。结果表明，知识互补性、企业空间邻近性和企业竞争秩序对文化创意产业集群的创新能力有正向影响。[6]

钧瓷作为我国非物质文化遗产中的一朵奇葩，在文化创意产业集群领域具有良好的发展前景。围绕钧瓷文化创意产业集群的发展，邓贞以文创产业

---

[1] 杜杨：《文化创意产业集群内涵研究》，《商》2016年第13期，第291+290页。

[2] 刘懿璇、何建平：《后现代空间视域下文化创意产业集群发展研究——基于粤港澳大湾区文化创意产业实证数据分析》，《哈尔滨师范大学社会科学学报》2019年第5期，第167~171页。

[3] 高思捷：《文化创意产业集群创新能力评价研究》，硕士学位论文，西安建筑科技大学，2019。

[4] 肖艳、孟剑：《大数据视域下文化创意产业集群化发展研究》，《福建论坛》（人文社会科学版）2017年第12期，第76~81页。

[5] 朱辉：《文化创意产业集群化发展优势探析》，《长江丛刊》2017年第27期，第50~51+56页。

[6] 时迎健、林向义、罗洪云：《知识共享视角下文化创意产业集群创新能力影响因素研究》，《大庆师范学院学报》2021年第1期。

为背景，对禹州钧瓷文化创意产业的传承困境和突破进行研究，寻找推动钧瓷文化创意产业集群创造性转化和创新性发展的路径，为钧瓷文化创意产业在新经济时代的发展提供新的动力。[①] 郑永彪、周栩、李如楠通过分析钧瓷文化创意产业在新时代发展中遇到的困境和瓶颈，找到钧瓷文化创意产业高质量发展新途径。[②] 苗艺晗在分析钧瓷文化创意产业现状、消费者理念和互动性必要性的基础上，研究了钧瓷文化在新媒体环境中的创意产业趋势。[③] 焦拥军通过对禹州钧瓷艺术的发展现状进行分析，对文化创意产业背景下钧瓷艺术创新发展的问题提出对策建议，帮助其构建一种包容性与创造力并存的钧瓷艺术创新体系，使钧瓷文化产业的发展步入良性轨道。[④] 王静论述钧瓷艺术在文化创意产业条件基础上进行创新的方式，对于开拓钧瓷艺术创新的范围、推动其传承与发展具有重要意义。[⑤]

综合以上文献，随着人们越来越注重文化传统的传承，目前国内学者逐渐将注意力转移至文化创意产业集群研究上，对文化创意产业集群的内涵、发展现状以及在知识经济时代的创新路径等进行相关研究。作为重要的非物质文化遗产之一的钧瓷也逐渐走出中原、走出国门。学者们基于不同的视角对钧瓷文化创意产业集群的创新发展进行研究，但是由于我国文化创意产业起步较晚，对于文化创意产业的研究大多集中在案例分析基础上，现有的研究对于文化创意产业集群发展的趋势和变化不能及时地把握，从而在知识经济时代未能紧随新时代的步伐进行文化创意产业集群的创新。因此，本研究将突破现有研究的局限，从宏观角度出发，以钧瓷文化创意产业集群为案例，探究其发展状况以及在创新中存在的问题并提出相应的对策建议，从而

---

① 邓贞：《文创产业背景下非物质文化遗产传承困境及突破——以禹州钧瓷为例》，《百花》2021 年第 9 期。

② 郑永彪、周栩、李如楠：《试论新时代钧瓷文化创意产业创新发展》，《艺术教育》2019 年第 7 期。

③ 苗艺晗：《新媒体环境下的钧瓷文化创意产业发展研究——以神垕镇为例》，《新闻研究导刊》2019 年第 4 期。

④ 焦拥军：《禹州钧瓷文化产业发展方式转变与创新研究》，《工业设计》2016 年第 3 期，第 69~71 页。

⑤ 王静：《文化创意视域下的钧瓷艺术创新探究》，《芒种》2015 年第 1 期，第 140~141 页。

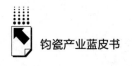
完善钩瓷文化创意产业集群创新体系，提升文化创意产业创新能力，为钩瓷文化创意产业集群寻找到更好的发展路径。

一 钩瓷文化创意产业集群发展概况

（一）钩瓷文化创意产业集群发展动因

文化创意产业在我国国民经济中一直占据着重要地位，从"八五"到"十四五"时期我国都针对文化创意产业制订相应的发展计划。钩瓷作为五大名瓷之首，钩瓷文化创意产业日渐受到国人重视，在新时代的背景下，促进钩瓷文化创意产业集群发展的动因主要有以下几个方面。

首先，优越的资源环境为钩瓷文化创意产业集群的发展提供了丰富的原材料。钩瓷名镇——神垕位于禹州市西南方向，山岭纵横，四面环山，境内瓷土、釉药和耐火材料等原材料资源十分丰富，为钩瓷文化和创意产业的集群发展储备了丰富的陶土资源。禹州市作为钩瓷产业之乡，历史悠久，自唐、宋以来就在禹州取土造瓷，历经多年，自然资源仍旧取之不尽用之不竭，瓷土原料中含有40多种微量元素，形成了地方特色。此外，当地的适宜气候和湿度也是钩瓷制造的根本保障。实践表明，钩瓷文化创意产业若没有这些原材料的支持，很难生产出精致的钩瓷成品。钩瓷制作所采用的原材料大多源自本地，运输成本较低，同时钩瓷产业以个体户为主，劳动成员大多是自己的家庭成员，厂址常建在自家住宅，因此钩瓷文化创意产业的管理成本和运营成本都比较低，这也加强了钩瓷文化创意产业的集群趋势。

其次，专业技术人才为钩瓷文化创意产业集群的发展提供了技术支持。禹州作为中华瓷都，历史悠久，是我国古代重要的制陶中心和外销瓷源之一。为大力宣传钩瓷文化，禹州近年来先后举办了钩瓷文化旅游节、唐钩文化节，在禹王祠内举办大禹拜祭活动和以具茨山岩画史前文明为主题的座谈会等，禹州市每年都会举办陶瓷精品研讨和名师带高徒活动以及全市钩瓷行业各窑口拉坯动员大赛。此外，钩瓷行业人才和技术骨干共计500人参加禹州市陶瓷行业人才专题研修班，以提高钧瓷制作工艺水平。钧瓷文化深深根植于神垕镇的土地上，其制作流程历经几辈人的传承形成纯熟的工艺，为钧瓷文化创意产业集群提供了必要的条件。

最后，政府为钧瓷文化创意产业集群的发展提供了政策支持。党的十九大报告提出，要完善现代文化产业体系和市场体系，创新生产经营机制，完善文化经济政策，培育新型文化产业等，这一要求同时也为钧瓷文化创意产业集群深入发展指明道路。钧瓷作为禹州市重要地理标志文化产品，当地政府高度重视钧瓷文化创意产业集群的发展。为了弘扬钧瓷文化，提高钧瓷在瓷器市场上的竞争力，带动当地的经济发展，政府制定了相应的扶持政策，加大对钧瓷文化的宣传力度、促进钧瓷文化创意产业的发展。近年来，禹州市委、市政府围绕"阳春白雪，国之重器""走进百姓，融入生活"的产业发展方向，强力推动钧瓷文化产业高质量发展。

（二）钧瓷文化创意产业集群发展现状

钧瓷的制作主要需经历原材料加工、外观设计、制模、成型等八道工序。其中最重要也是最关键的工艺就是釉面装饰技术，它不仅关系着钧瓷成品的外观质量，而且决定着钧瓷在市场竞争中能否取得优势地位。从钧瓷制作流程来看，禹州现已形成以钧瓷制作烧制为主，以产品外观设计、原料供应，产品彩印包装、物流、市场销售等为辅的产业链。禹州聚集了一批全国钧瓷工艺大师、钧瓷烧制技艺传承人以及钧瓷民间艺人等，初步形成了以神垕镇为中心，产业向周边十多个乡（镇）辐射，钧瓷的历史文化、技术工艺及产业互为依托聚集发展，具有独特地方根植性特征的文化产业集群。据统计，禹州市钧瓷产品达970多种，年创产值60亿元，年出口创汇3.4亿元，创汇5000万美元以上，钧瓷文化创意产业已成为区域内重要支柱产业。当前钧瓷文化创意产业集群主要呈现以下特点。

产业集群的发展具有根植性。产业集群是区域经济增长的重要源泉之一。随着全球化趋势不断增强和知识经济时代到来，产业集群在促进地区竞争力提升中发挥了越来越大的作用，而这种效应往往会体现在区域人文环境之中。

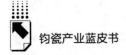

文化创意产业是现代文化产业的重要组成部分，与当地的人文环境有着密切的联系。文化创意产业集群需要立足于本地域特有的文化底蕴和氛围，并对其进行创造性的开发和利用。禹州作为钧瓷产业的发源地，有着深厚的钧瓷文化历史底蕴，当地工艺技术人员的工匠精神也营造出良好的人文环境。与此同时，为传承钧瓷文化而举办的各种宣讲活动以及当地政府对钧瓷文化创意产业集群的支持政策，都为钧瓷文化创意产业集群的发展奠定了社会环境基础。

产业集群过度依赖地方历史资源。禹州当地丰富的资源和源远流长的制瓷历史为钧瓷产业的聚集提供了先天性的优势条件，通过当地钧瓷艺人的亲身传授和世代相传，钧瓷的制作工艺在产业集群内能够迅速传播，形成一种共享的地方文化技艺。但正是由于这种历史文化资源与传承传统，人们在对钧瓷生产的认知、加工制作等方面形成了对地方历史资源的过度依赖，缺乏资源开发和技术创新的能力。同时，钧瓷的制作工艺以区域性传承为主，逐渐形成了当地钧瓷文化创意产业集聚成长壮大的自我强化机制。

（三）钧瓷文化创意产业集群发展优势

钧瓷文化创意产业所依托的文化资源具有鲜明的地域特色、民族特色和历史特色，要求地域上的相对集中，同时也要求生产和创作之间的协调。通过产业柔性聚集而快速发展起来的钧瓷文化创意产业往往具有更强的创新能力和竞争力。

1.产业集群能够降低区域创新成本

由于学习曲线效应的存在，钧瓷文化创意产业集群内的企业之间能够更加便捷地学习新技术，而钧瓷企业之间相互信任的竞合机制也可以推动彼此间的技术创新合作，从而降低新产品研发和技术创新的成本。另外，在钧瓷文化创意产业集群中，创新者比较容易获得所需的设备、人才、资金和技术，而相关企业间的协作不仅能分散风险、降低创作难度，还能提升创新速度。

2.产业集群能够激活区域创新系统

钧瓷文化创意产业集群间密切的联系，促使产业集群和有关单位形成互相学习、共同进步的氛围，减少学习和创新成本。随着产业集群程度的加深，钧瓷文化创意产业集聚区域专业化程度不断提升，行业间贸易关系日益紧密，相关企业数量不断增多，钧瓷企业为了扩大市场、提升竞争能力，势必会加强技术交流与合作。创新丰富了集群区的知识，增强了集群的创新能力。此外，钧瓷文化创意产业集群能够有效降低创业风险，增加企业的经济效益，从而使得创新体系更加高效。

3. 产业集群能够促进区域生产率的提高

钧瓷文化创意产业集群通过专业分工和便捷的交易促使钧瓷产业发展和区域经济发展有效融合，并形成高效的生产组织方式。企业在产业集群中发展，既可以共享分工所带来的高效收益，又因为其地理位置接近，企业之间的贸易成本大大降低。此外，由于钧瓷产业的特殊性，钧瓷文化创意产业集群中各个经济主体往往能够对钧瓷文化背景和价值观形成共识。这种以社会网络为基础的合作分工，可以有效地减少集群合作中的欺骗行为，从而保持钧瓷文化创意产业集群的稳定性，提高生产效率。

二 钧瓷文化创意产业集群创新存在的问题

钧瓷文化创意产业集群的功能在于满足人们强烈的精神文化需求，随着人们生活水平逐步提高，其精神文化需求也呈现出多样化、多变性的特征，这就需要钧瓷文化产业及时跟踪消费者需求的变化，充分发挥丰富的创造力以增强钧瓷文化创意产业集群的竞争能力。但是，钧瓷文化创意产业集群在创新活动中难免也暴露出来一些问题，具体问题如下。

（一）产业结构趋同，缺乏统一的产业布局政策

钧瓷文化创意产业集群的形成，主要是依据国家、地方政府的扶持政策和会议精神，忽略了当地的市场需求和地区文化等条件。为了大面积建设创意园区，开发的重点集中在新技术、新能源、新材料等领域，必然会使钧瓷文化创意产业的产业结构趋于统一。此外，产业集群内部缺乏合理的分工协作，使得钧瓷文化创意产业集群内很多中小企业丧失创新空间和创新活力。在钧瓷

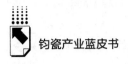

产业市场化进程中，区域间的优惠政策差异不断减小，使得企业在钧瓷文化创意产业集群之间不断流动，相似企业之间的产业结构更加趋于统一。

（二）集群的技术创新能力总体上处于较低水平

目前，钧瓷文化创意产业集聚的主体是缺乏核心技术的中小企业，其自身技术创新的内驱力较弱，集群技术创新模仿程度较高，消化吸收能力较弱。当专利技术保护加强、技术隐私性复杂性增加等因素导致仿制成本居高不下时，模仿策略已不适合钧瓷企业的发展。这样的产业集群在短期可能处于盈利状态，但是长期看来，就会陷入技术闭锁导致的产业发展停滞，最终将会濒临模仿无能、创新无力的境地。

（三）产业关联度低，协同创新网络不完备

近年来，伴随着钧瓷文化创意产业集群规模的壮大，新成立的钧瓷厂家数量也在不断增加。但是从钧瓷文化创意产业的整个市场现状来看，中小型企业居多，而大型企业数量较少，带动作用不强。由于创新技术以及企业资金等条件的限制，钧瓷文化创意产业创新活动大多是由大型企业组织展开的，而中小型企业主要通过采取后发制人战略，对大型企业的新产品进行学习模仿。当前，钧瓷文化创意产业的关联度较低，行业内的互补分工与合作不够完善，特别是大型企业与中小型企业的业务联系较少，不能实现大规模生产的规模效益，缺少集群的社会基础，使钧瓷文化创意产业集群整体效率无法提升，协同创新网络环境难以形成。

（四）集群技术创新具备的基础能力不强

首先，在各基础能力中，缺陷最为明显的就是人才资源。进入知识经济时代，人才资源成为十分重要的竞争力量，钧瓷文化创意产业集群的健康发展离不开对专业技术人才的培养。目前，钧瓷文化创意产业集群由于缺少研发和设计人才，没有足够的自主研发能力，造成了产品附加值较低，在市场中缺乏竞争优势。

其次，由于融资环境不完善、融资渠道不畅通，大多数钧瓷文化创意产业集群中的企业研发资金不足。融资结构单一，主要依靠银行贷款，且融资期限较短，融资风险较大。财务能力的缺失进一步造成钧瓷产业集群内企业在技术研发方面的投资力度不够。

（五）缺乏产业集群创新的良好环境

因钧瓷加工的特殊性，所以对其创意产业集群的生产环境有着较高的要求。目前，钧瓷文化创意产业集群内部缺乏创新动力，不利于增强其竞争优势。首先，由于创新投资风险大，钧瓷生产的基础设施、教育知识、对其知识产权的保护、信息、研发技术、企业信誉等公共产品的投资与建设都存在着很大的外部性，因此，在产业集群中，钧瓷企业的核心技术是通过引进和模仿来实现的，其模仿的动机远多于创新。而在产业集群中，中小企业常常会选择"免费搭便车"，不愿意进行自主创新，整体而言缺乏持续创新的动力。其次，政府的过度介入，加上公共基础设施的供给不足，使得钧瓷文化创意产业的发展缺少一个良好的创新环境与文化氛围。

三 推进钧瓷文化创意产业集群创新发展的建议

（一）制定统一的产业布局政策，优化集群产业结构

针对钧瓷文化创意产业集群内产业结构趋同的现象，地方政府必须制定统一的产业规划，实现产业的合理布局。建立科学合理的评价指标体系对钧瓷文化创意产业进行实证分析，可以为制定科学的产业政策提供理论依据，同时也可发现目前钧瓷文化创意产业发展所面临的诸多困境。进一步完善钧瓷创意产业集群产业结构，使其由劳动密集型集群向创新型、技术型、特色型集群发展，并积极引导企业开展技术创新，推动成长期与成熟期产业集群升级改造与技术进步。

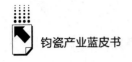

（二）正确处理自主创新与模仿的关系

自主创新是指企业利用其独有的核心技术开展创新活动，企业自己拥有知识产权。模仿创新是指企业模仿领先企业的技术而进行的一种创新。目前，钧瓷文化创意产业集群中的中小企业主要通过借鉴知名钧瓷厂商先进技术实现自身技术的进步和升级，模仿创新对于产业集群内中小企业在发展远为滞后时是非常有效的。钧瓷文化创意产业集群发展的关键在于创新，钧瓷产品的价值同样集中于产品创意和创新方面。从长期盈利的角度来看，中小企业要充分利用自身的优势，克服劣势，进行升级，由模仿向自主创新转变，从而成为我国钧瓷产业的中坚力量。

（三）培养合作竞争意识，推动钧瓷企业的关联和协同创新

产业集群技术创新的一个重要特征是协同竞争性，因此，为了推动钧瓷文化创意产业集群的创新发展，要培养集群内各成员企业之间的协作、竞争意识，以达到共赢的目的。"竞争合作"的概念，不仅是行业内的一种规范，更是在整个钧瓷产业集群中，上下游企业应树立的"竞争与合作"意识。这种合作意识不仅表现为企业间交流与分享知识和信息，而且体现在企业间为了共同目标而结成战略联盟。产业集群作为一种组织形式能够促进企业形成良好的竞争优势。产业集群中企业之间出现了新型竞争关系，该新型竞争关系推动了产业集群专业化分工与合作，增强了企业的合作关联意识，构建了健全的协同创新网络。

（四）加大技术创新人才培养力度

一个地区文化创意产业的快速发展得益于人才队伍的壮大，这一点对于钧瓷文化创意产业集群的发展也尤为重要，人才是决定企业能否持续发展的重要因素。为此，钧瓷产业应加强对创新型人才的培训。通过各种方式吸引优秀人才，为钧瓷文化创意产业集群的创新发展提供有利的环境和条件。

具体而言，首先，在人才培训方面应该进行针对性地分类培养，如技术

人才、创意人才、经营人才等，以多类型系统化人才培育方式来满足钧瓷产业对人才的需求；其次，可以通过举办多种形式的有关钧瓷文化的设计大赛、知识竞赛、展览会等，并设置不同等级的奖励，来多渠道、广范围地招纳人才，激发创意人才创作钧瓷文化作品的动力；最后，钧瓷文化创意产业集群可以与开设钧瓷专业的院校进行订单式合作，以此来培养钧瓷行业的创意人才。通过建立完善的人才培训政策来储备推进钧瓷文化创意产业集群创新的后备力量。

（五）多渠道筹集资金，切实保障科技投入

目前，钧瓷文化创意产业集群的创新发展已经进入一个重要阶段，亟须突破产业融资障碍，推动其创新发展，增强其支撑能力。因此，在现有条件的基础上，利用钧瓷文化创意产业集群的整体资源优势，构建多元化融资体系，通过多种渠道、多种方式筹集资金，保证科技投入。

加强钧瓷文化创意产业集聚发展的政府投入。第一，鼓励钧瓷企业通过市场化渠道融资，财政投入发挥引导性作用。在发展过程中，政府财政的首要任务是支持创业型企业，而对于成长型、成熟型的企业而言，其要在市场中寻求生存和发展。第二，要在发展过程中给予钧瓷文化创意产业税收等方面优惠政策。此外，政府也要建立严格的准入标准，防止一些打着"发展钧瓷文化创意产业"旗号的公司骗取政府的税收优惠政策。

充分激发民间资本对钧瓷文化创意产业的投资热情。钧瓷的发源地在河南禹州神垕镇，有着浓厚的民间气息。随着钧瓷文化创意产业集群的进一步发展，越来越多的民间资本投入钧瓷文化创意产业。但目前我国地方政府对钧瓷文化创意产业的支持还存在很多问题，如融资渠道狭窄、政策扶持力度不足等，这些问题制约着民间资本对钧瓷业的投资。各级地方政府应在民间资本对钧瓷文化创意产业进行投资时，提供较为完备的公共服务，并通过完善市场体系来降低民间资本对钧瓷的投资风险，增强民间资本参与钧瓷文化创意的热情。

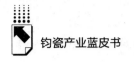

（六）创新钧瓷文化创意产业集群发展的保护机制

切实加强组织领导。为解决钧瓷文化创意产业集群多头管理问题，建立文化产业发展领导小组，统筹、协调、指导和推进钧瓷文化创意产业的发展、重大项目谋划和政策措施落实，统筹协调解决钧瓷文化创意产业发展中的重点问题以及对发展钧瓷文化创意产业的各项措施进行绩效评价等。各部门要责任明确、各司其职。组建钧瓷文化创意产业集群促进委员会，对钧瓷发展现状、发展要素保障、政策条件、发展趋势进行研究和分析，帮助中小企业解决发展中的问题，畅通钧瓷产业国内与国际渠道，保护企业的合法权益，为钧瓷文化创意产业集群创新营造良好的发展环境。

基于以上分析，钧瓷文化创意产业集群创新发展给文化传承带来机遇的同时也暴露出一些问题，钧瓷文化创意产业集群快速发展并走向国际化，仍需要产业集群的创新力量，对未来的发展策略和方法也应该进行深入分析研究。

参考文献

［1］邓贞：《文创产业背景下非物质文化遗产传承困境及突破——以禹州钧瓷为例》，《百花》2021年第9期。

［2］时迎健、林向义、罗洪云：《知识共享视角下文化创意产业集群创新能力影响因素研究》，《大庆师范学院学报》2021年第1期。

［3］郑永彪、周栩、李如楠：《试论新时代钧瓷文化创意产业创新发展》，《艺术教育》2019年第7期。

［4］苗艺晗：《新媒体环境下的钧瓷文化创意产业发展研究——以神垕镇为例》，《新闻研究导刊》2019年第4期。

企业运营篇
Business Operation

B.5
传统钧瓷企业与现代资本市场对接路径研究

田　珍*

摘　要：在激烈的文化产业竞争环境中，传统钧瓷企业面临融资吸引力不足、融资渠道窄、融资模式单一、金融中介匮乏、融资人才缺乏等问题，本文基于投资原则、技术手段、制度保障等风险控制策略，提出钧瓷企业应通过艺术品产权交易市场、艺术品证券化交易、艺术品信托市场、艺术品保险市场、艺术品电子商务市场以及引入VC、IPO或并购等方式实现与现代资本市场的有效对接，推进钧瓷企业转型升级和投融资市场发展，促进文化业态创新、消费创新及经济高质量发展。

关键词：钧瓷企业　资本市场　艺术品

---

* 田珍，博士，郑州轻工业大学经济与管理学院副教授，研究方向为资本运作。

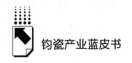
一 传统钧瓷企业融资的重要性

目前，大多数钧瓷企业处于发展初期或中期的快速成长阶段，面对复杂的多层次资本市场，如何积极引导钧瓷企业加快对接现代资本市场，推动钧瓷企业高质量发展，以获得资本双翼，已成为当代钧瓷企业亟须考虑的问题。传统钧瓷企业融资重要性主要体现在如下方面。

（一）能够有效提升传统钧瓷企业的综合竞争力

现代资本市场的崛起，有效推动了传统钧瓷企业的融资，大大增强了企业综合竞争力。《中国社会统计年鉴》数据显示，2020年我国居民人均教育文化娱乐消费支出为2032.2元，占当年居民人均消费支出的9.58%，比例相对较低，由此可见，中国文化企业的发展空间较为广阔。目前，融资渠道不畅通、吸引力不足已成为制约传统钧瓷企业创新发展的主要因素。随着经济体制的不断革新，将投融资机制融入传统钧瓷企业的发展进程，推动传统钧瓷企业乘现代资本市场之"东风"，可实现企业与现代资本市场的优化组合和自身长远发展。此外，现代资本市场下的投融资行为，有利于传统钧瓷企业通过对自身资产的评估，达到上市目的，从而防止企业资产流失，有效提升企业综合竞争力。

（二）壮大传统钧瓷企业规模的基础和前提

传统钧瓷企业只有在创新和发展中不断进行有效的融资，才能够进一步壮大企业规模。对传统钧瓷企业而言，资金尤为重要，充足的资金能够完善整个企业的生产系统，形成上下一体的生产线，它是壮大钧瓷企业规模的基础和前提，能够促进钧瓷企业发展。因此，传统钧瓷企业在创新和发展进程中，建立投融资机制是十分必要的。

（三）培育钧瓷企业资本要素市场的动力

在现代资本市场中，钧瓷企业的投融资机制是培育企业资本要素市场的直接动力，可以在很大程度上促进企业的创新发展。在世界经济一体化趋势下，与中国资本市场处于发展的初级阶段类似，文化企业的发展也处于初级阶段。随着社会经济和文化的日益繁荣，包括中国在内的世界金融市场得到了长足发展。在此新形势下，我国文化企业积极把握投融资发展机遇，为自身发展提供了相对稳定的环境，同时，与其他类型企业的实业投资相比，钧瓷企业的投融资行为可以享受一定的政策福利，从而为文化企业资本要素市场的发展提供动力。

（四）能够提高钧瓷企业在同行业中的知名度

传统钧瓷企业在发展和转型阶段进行投融资，能够在一定程度上提高企业在同行业中的知名度，促进企业的创新发展与转型。投融资机制是传统企业在创新和发展过程中必不可少的手段，尤其是对钧瓷企业这样的传统文化企业而言。投融资机制在钧瓷企业创新发展进程中的有效实施，能够使钧瓷企业充分发挥自身文化优势，满足其在发展中的基本需求，由此促进钧瓷产业的不断进步与发展，提高钧瓷企业在同行业中的知名度。

二　传统钧瓷企业在融资方面存在的问题

（一）融资吸引力不足

传统钧瓷属于高风险、高收益行业，生产周期长、生产成本高且资金回收慢。同时，民营中小型钧瓷企业大多存在公司治理结构不规范、财务管理制度不健全、信息不对称等问题。因此，金融机构主要关注运营相对成熟、有担保或抵押的项目，不愿介入钧瓷企业早期的内容或创意开发，企业对金融机构的融资吸引力明显不足。

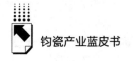

（二）融资渠道窄

我国证券市场上市门槛较高，致使众多发展势头良好的钧瓷文化企业在融资时面临诸多困难。可靠的资金支持是企业创新发展的基本保障，可以从根本上为文化企业的发展提供动力，而目前，国内资本市场尚未成熟，即使企业达到上市门槛募集到了所需资金，资金来源也不一定完全可靠。总体来说，现有的宏观文化产业投融资渠道并不能有效解决企业的融资难问题，钧瓷企业要结合钧瓷文化的神、奇、妙、绝等特点，根据自身特点定制配套投融资渠道，提升与现代资本市场的对接效率。

（三）融资模式单一

近年来，企业融资渠道逐渐增多，包括政府融资、银行贷款、私募融资、民间资本等方式在内的融资模式日渐丰富，但由于钧瓷文化产业的独特属性，资金需求巨大的钧瓷企业中的较多重要项目主要依靠政府资金支持，只有少数资金来自企业留存收益或商业银行贷款，融资模式相对单一，缺乏筹集资金的主动性。

（四）金融中介匮乏

金融中介是钧瓷企业融资的重要枢纽，由于钧瓷的自身特性，相关文化在整个产业中主要以无形资产形式存在，一些有创意的设计思路并不能直接给企业带来所需资金，在此情况下，作为金融中介机构的无形资产证券化和评估机构，甚至保险等金融中介机构就显得尤为重要。但河南禹州作为全国唯一的钧瓷产区，目前仍缺乏钧瓷文化产品的权威评估机构，这直接导致许多钧瓷企业无法通过正规评估，从而不具备抵押担保的条件，不利于钧瓷文化产业的长远发展。

（五）缺乏专业的钧瓷投融资人才

现今，传统钧瓷企业的员工多为从事钧瓷生产的专业技术人员，缺乏熟悉金融、货币等资本市场，具备投融资基础知识和操作能力的专业人才，投融资专业人才储备相对匮乏。除通过银行贷款进行融资外，传统钧瓷企业仍缺乏对风险投资、创业投资、产权交易等融资方式的了解；银行方面，也缺乏既懂金融又懂钧瓷文化创意和开发运营的专业人才。上述不合理的人才结构和信息不对称情况，成为制约传统钧瓷企业与资本市场有效对接的主要因素。

三　传统钧瓷企业与现代资本市场的对接路径

（一）钧瓷企业与艺术品产权交易市场的融合

2010年，中国人民银行、财政部等部门联合印发《关于金融支持文化产业振兴和发展繁荣的指导意见》，将文化产权交易市场视为我国文化产业资本市场建设的重要突破口，推动其走向快速发展道路。如今，传统钧瓷企业与文化产权市场的融合可表现在以下几个方面。

1. 信息集聚功能

文化产权交易市场是一个产权信息平台，集聚了海量产权信息，这一方面使产权主体获得了信息的发布渠道，另一方面又可以通过恰当的方式寻求潜在产权交易对手，从而解决产权交易双方的信息不对称问题，减少市场交易行为中的搜索成本。传统钧瓷企业大多为中小型企业，在信息搜集、发布等方面不具备优势，而通过文化产权交易市场，中小型钧瓷企业也可以拥有公开、公正的信息渠道，减少了文化产权交易的时间成本，有利于企业的转型发展。

2. 价格发现功能

在经济发展进程中，钧瓷的产权价格往往因为其轻资产、专业性的特征而被低估甚至被忽视，在这种情况下，文化产权交易市场可通过公开化的市场竞争及竞价机制，充分发挥价格发现功能。

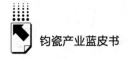

3. 资本配置功能

从本质上讲，文化产权交易市场是一种非公开的权益性资本市场，具有通过产权价格引导资本流动，进而实现资本优化配置的功能。文化产权交易市场因其权益性资本特性及其资本配置功能的存在，对间接融资困难、资产轻、风险高的钧瓷企业具有较强的融资功能，使其成为偏好高风险、高收益权益资本的最佳投资渠道。

4. 中介服务功能

文化产权交易市场通过会员制或交易商席位制，培养了一大批如经纪公司、资产评估机构、律师事务所等专业性强、管理水平高的中介服务机构，这些机构可为传统钧瓷企业提供专业的交易服务，极大地提高了钧瓷企业的经营管理水平。

5. 制度规范功能

目前，国内传统钧瓷企业产权交易仍缺乏科学、合理的评估和交易机制，使钧瓷产权的评估与交易无章法可循。作为规范化的资本市场，文化产权交易市场为文化产权价格评估、价格形成、转让与交易等过程中各种行为主体及其行为提供了一系列制度规范，极大地规范了传统钧瓷产业的发展，打破了钧瓷产业发展的制度瓶颈，推动钧瓷产业进入发展"快车道"。

（二）钧瓷企业与艺术品证券化交易的融合

作为艺术品，钧瓷除了具备它的第一属性即美术价值、美术史属性外，进入市场体系后，也同时具备了商品属性，可以流通、等价交换，也可以进行投资。随着经济发展和人民生活水平的日渐提高，艺术品投资也呈现迅速增长的态势，艺术品市场逐渐成熟，在此基础上诞生了一种新的艺术品交易方式——文化艺术品证券化交易。

与传统文化艺术品交易画廊、拍卖行等相比，艺术品证券化交易具有参与面广、门槛低、交易快捷灵活、流转率高、投资价值高等优点，对于钧瓷这种需要大量的知识储备及资金支持、耗费精力大、制作周期长的艺术品来说，文化艺术品证券化交易模式打破了传统艺术品交易的僵局，且不受地域限制，即买即卖，资金转入转出高效快捷。

与股票交易相比，文化艺术品证券化交易是在《物权法》保护下，基于产权范围的一种稳定价值属性交换，是一种有趣、相对低风险、退市方式灵活多样的交易形式。在价值属性交换的过程中，钧瓷产品的第一价值属性得以充分表达，第二价值属性也在证券交易平台中逐渐体现。钧瓷作为集收藏与投资功能于一体的产品，与之相对接的证券化产品也备受投资者青睐，同时，随着传统钧瓷产品交易市场的日益成熟，艺术品证券化已成为其主要的投融资方式，它有效保证了钧瓷产品的高流通率，投资者不再过分担心退市风险。

同时，艺术品证券化的交易制度严谨规范，在鉴定、评估、保险、托管、公证等环节的制度设计上极具合理性与创新性，中国文化艺术品产权交易所更是拥有一套自主知识产权的先进交易模式，其在上述各环节的制度设计上环环相扣、相辅相成，最大限度降低了可预见的风险，确保了投资人等各方的利益均衡。将文化艺术品证券化融入传统钧瓷的交易中，能够给传统钧瓷企业的转型发展带来质的突破，有利于促进钧瓷企业的投融资发展。

（三）钧瓷企业与艺术品信托市场的融合

钧瓷企业与艺术品信托市场的融合可以表现在以下三个方面。

1. 钧瓷质押融资信托

钧瓷企业将持有的高价值钧瓷产品，在由专业机构出具鉴定及估值意见后，质押给信托公司来获得信托资金，信托公司将钧瓷产品保存在专业保管机构，在钧瓷企业偿还信托资金本息后，再将产品交还企业。

2. 钧瓷投资信托基金

信托公司发行信托计划募集资金，同时聘请专业钧瓷专家或投资公司提供顾问服务来指导投资，通过多种钧瓷品类组合的投资，以达到最终实现收益的目的。

3. 艺术家共同信托

艺术家共同信托（Artist Pension Trust，APT），是全球首家以"以物

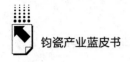

（作品）代币"为交换基础，专门为新生代艺术家及成功艺术家创办的艺术品长期投资信托公司。钧瓷企业不投资现金，而是投资若干钧瓷产品来加入信托，APT也不以现金来收购钧瓷产品。同时，钧瓷企业只是委托APT经营管理产品，但仍保留产品的所有权，以此方式来获取投资收益。在此情况下，钧瓷产品的销售将由专家团队负责，如果产品的市场价值显著增加，APT可以决定何时出售和交易价格。

（四）钧瓷企业与艺术品保险市场的融合

传统钧瓷企业想要走入现代资本市场，艺术品保险是必不可少的环节。一方面，贵重的钧瓷产品在保管、收藏、展览、运输、装卸等过程中会遇到诸多风险，可以通过避免、预防、分散、转移等方法进行风险管理，保险则是控制风险最为直接有效的方法，在艺术品遭受损失后，钧瓷企业能够按照合同约定获得经济补偿。另一方面，钧瓷收藏品往往价值很高，如有意外，则很容易造成重大损失，政府大力推动艺术品保险走入钧瓷市场，能够在一定程度上避免巨大的财产损失。

在传统钧瓷企业与现代资本市场的融合过程中，发展艺术品保险市场具有重要意义。具体来说，发展艺术品保险市场有助于减少贵重钧瓷产品出险后给企业带来的直接损失，给作为易损品的钧瓷上保险，是大大降低企业风险的最佳方法。钧瓷产品不管是遇到人为损害、盗窃，还是遭遇意外伤害，只要是在约定条件下出现的风险，钧瓷企业都可以针对所遭受的经济损失得到补偿，可以用保险公司提供的资金来修复或者弥补一部分经济损失。

（五）钧瓷企业引入VC、IPO或并购等方式

VC是指风险投资，主要是指向初创企业提供资金支持并取得该公司股份的一种投资方式。传统钧瓷企业在转型发展时，最大的问题便是资金问题。而风险投资是私人股权投资的一种形式，风险投资公司是专业的投资公司，其资金大多用于投资新创事业或未上市企业，并不以经营被投资公司为目的，仅提供资金及专业上的知识与经验，以协助被投资公司获取更大利

润。风险投资并不涉及传统钧瓷企业的生产活动，也不会改变钧瓷企业的文化及日常经营活动，所以是一种追求长期利润的高风险、高收益事业。

IPO 指首次公开募股，即一家企业第一次将它的股份向公众出售。传统钧瓷企业引入 IPO，不仅可以募集资金、吸引投资者，还可以增强企业资金链的流通性。同时，IPO 可以提高企业知名度，增强企业的竞争力，提高企业员工的职业认同感。另外，IPO 是一种高风险投资，回报率也较为可观。

并购一般是指兼并和收购。兼并，又称吸收合并，即两家不同的企业，因故合并成一体。传统钧瓷企业中，中小型企业占据很大一部分，在面对资金雄厚的大企业时，中小企业往往处于劣势，不具备签订大订单的能力。采用并购的方式，不仅可以让两家中小型企业都存活下来，而且可以获得之前没有的优势，能够有效扩展业务量，延展资金链，是中小型钧瓷企业可以选择的转型方式之一。收购，是指一家企业用现金或者有价证券购买另一家企业的股票或者资产，以获得对该企业的全部资产或者某项资产的所有权，或对该企业的控制权。现实生活中，大多是大企业对小企业进行收购，这是一种资源重组行为，虽然小企业失去了自主经营权，但终究能够存活下来。对于大企业而言，小企业是大企业前进路上的"垫脚石"之一，能够促进大企业的发展。不管是兼并还是收购，都是钧瓷企业转型的可选择方式。

（六）钧瓷企业与艺术品电子商务市场的融合

电子商务作为互联网新的应用领域，正以难以估量的速度发展，影响并改变着社会生活的方方面面，也改变着传统行业的经营模式。现如今，越来越多的电商平台、艺术品拍卖机构开始试水艺术品线上拍卖，有淘宝、亚马逊、国美等已取得一定地位的电商向艺术品拍卖领域进军，也有嘉德在线（微博）、保利、易趣、雅昌等艺术机构纷纷推出了自己的在线交易平台。据不完全统计，我国现拥有线上拍卖业务的艺术品电商已超过 2000 家。

艺术品线上交易的优势是显而易见的，它迎合了目前电子商务的发展趋势，满足了人们足不出户享受拍卖的需求，简化了传统拍卖中的购买流程。同时，不论是对拍卖公司还是参与拍卖的收藏家而言，都极大程度上节约了

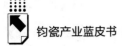

成本，打破了传统拍卖对于时间、空间的限制，节省了拍卖场地、交通住宿、人员工资、印刷图录等多项费用，这对于艺术机构而言也是极具诱惑力的优点。此外，艺术品线上交易可以充分利用互联网传播的快捷性、开放性与辐射的广泛性，实现拍卖信息的快速、有效传播。比如北京富古台国际拍卖有限公司入驻淘宝进行拍卖，在首场"历届奥运会珍藏签名品专场"拍卖中，最终成交率高达95%。

钧瓷企业可以根据公司经营范围，注册不同的电商平台，比如古玩类产品可以注册专营古玩的网站，如盛世收藏网、中国古玩网等，此类网站往往突出鉴定的重要性，提供鉴定知识学习平台和鉴定服务；高档钧瓷产品可以注册专营当代艺术的网站，如99艺术网、HIHEY艺术网等，这类网站大多与画廊、美术馆密切衔接，为其刊登广告、与其合作项目等，深入参与当代艺术界活动。

在电子商务模式加速改变传统交易行为的今天，各行各业都掀起了一股革新风潮，传统艺术机构、艺术家个人纷纷转战艺术电商领域，特别是艺术品移动电商翰墨千秋，将艺术品移动端拍卖做得风生水起，而一些老牌电商也开始谋求向艺术电商转型。正如大众所见，随着艺术品电商的规模性爆发，未来五年内，艺术品行业大规模嫁接到移动互联网领域将是大势所趋，传统钧瓷与艺术品电子商务市场的融合已不可避免。

四　传统钧瓷企业与现代资本市场对接的风控保障策略

（一）基于投资原则的风险控制策略

1. 避免"羊群效应"

近年来，随着国人生活水平的提高以及国家对传统文化企业扶持力度的加大，传统钧瓷企业拥有了巨大的发展前景。传统钧瓷企业在与现代资本市场对接的过程中，应避免从众心理导致的盲目投资，防止陷入骗局或遭遇失败。在资本市场中，"羊群效应"是指在一个投资群体中，单个投资者总是根据其他同类投资者的行动而行动，在他人买入时买入，在他人卖出时卖出。为了在投资时避免跟风操作，传统钧瓷企业的投资人需要结合自身投资目标、风险承受度等因素，设定获利点和止损点，同时在面对各种起落时控制自身情绪，加强个人"戒急用忍"的能力，这样才能顺利达成投资目标。

2. 避免"贪心不足"

当今资本市场中，一些投资者在投资时常常抛开常识和自我控制，恐惧和贪婪可能会成为强大的投资动机，进而引发投资失败。在投资中，适度自信是有利的，但是一旦超过适度范围就会给企业带来极不利的后果。所以，钧瓷企业在进行投资之前，一定要保持冷静的心态，对于一些"天上掉馅饼"的好事，投资者切不可被所谓的"高收益"冲昏头脑，而是要客观冷静地分析传统钧瓷企业在现代资本市场的投资风险，并在此基础上制订相应计划，制作投资理财档案，设立专门的投资理财账户，避免"贪心不足"导致的不良后果。

3. 避免"追涨杀跌"

在资本市场中，"追涨杀跌"是投资者的一种通病。所谓"追涨杀跌"，是指在价格上涨的时候买入，期望以更高的价格卖出获利；在价格下跌的时候卖出，希望以更低的价格买回来，以减少损失。初衷是高卖低买，结果变成"追涨杀跌"，尤其是数量和区间确定不当引起的隐性"追涨杀跌"，更容易被投资者忽视。"追涨杀跌"与市场行情相关，也与人性相关。传统钧瓷企业不仅要追求将产品做得更好，也应提高投资者风险意识、传播正确投资观念。

（二）基于技术手段的风险控制策略

1. 分散投资

对于现代资本市场的投资者而言，分散投资是必不可少的。虽然分散投资可能会花费投资者更多的时间和精力，但是合理的分散投资的确能够减少

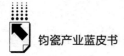

一些不必要的风险,特别是在现代资本市场环境下,不确定因素较多,小到风吹草动的消息、大到宏观政策的变化,都有可能对投资行为造成巨大影响。分散投资的正确理解是:不要把鸡蛋放在一个篮子里,也不能把鸡蛋放在太多篮子里。如何进行合理资产配置成为传统钧瓷企业在现代资本市场投资时不可忽视的问题。首先,根据企业自身资金状况,选择3~5种投资方式。如此,防止无暇顾及全部理财产品而导致资源浪费,将自己的精力覆盖到自己所选择的投资产品类别上,从而更好地创造收益。其次,理性地辨析长短期项目的优劣势,长短期合理搭配,可以更好地解决个人资金流问题。再次,在进行投资时,要综合考虑平台背景、资金流向、风控能力等多方面因素,合理选择投资利率。最后,传统钧瓷企业可利用人工智能、大数据网络等,智能分散配置。

2. 分批介入

分批介入是指当股价下跌时,投资者进入股市分批购进;而当股价上涨时,则开始将持有股票予以分批售出。这种分批介入的行为,为投资者的操作减少了相应风险。对于在现代资本市场的投资新手来说,分批介入的做法也就是将风险分摊,让风险的程度降低。多次买进与多次卖出,最终结果即使与预期存在差距,差距也不会太大,在股价上涨或者下跌的过程中,就可以进行陆续购买或陆续卖出。

3. 长期持有

近年来,随着我国经济发展和人民生活水平的提高,艺术品收藏作为一种高雅的兴趣爱好和资产配置方式,受到了越来越多人的青睐。艺术品不仅是财富,更是品位、修养以及地位的象征,而艺术品收藏,重在藏,其价值往往是藏出来的。审视艺术品的价值,眼光需要长远,当人们急功近利地追逐那些升值快的东西时,事实上它的升值已接近尾声,就好像盛开的花朵,离凋零已经不远。对于收藏者而言,难的是要找一朵含苞待放的花骨朵。投资市场上的一句格言"长线是金、中线是银、短线是铜"同样也适合艺术品市场投资。投资艺术品肯定会有回报,但并非今天买进,明天就可以赚钱,一般是有一定时间和周期的。根据业内经验,艺术品投资的交易周期以

8～10 年最为适宜。因此，艺术品投资是一项长期投资，艺术品投资者应该认识到这一点，树立正确的投资理念，长期持有优质艺术品。

4. 建立艺术专家顾问团队

随着艺术市场收藏需求的增加，以及艺术品行业产业化的逐渐完善，市场对艺术专家顾问专业水平和数量的需求也在不断提升。不仅如此，艺术顾问所需要涉猎的范围，也不再限于过去所认知的私人藏家的艺术品买卖指导，而早已延伸至艺术金融、艺术品相关的文化产业项目等更为宽广、多元的领域。因此，建立艺术专家顾问团队刻不容缓。一个优秀的艺术专家顾问团队不仅需要精通艺术史，对艺术品具备独到的鉴赏眼光，而且需要足够的实战经验，能发掘尚未出名的艺术家身上最具潜力的地方。此外，良好的人品、出色的外交能力以及绝佳的人脉也是团队必不可少的一项技能。

（三）基于制度保障的风险控制策略

1. 建立画家投资指数等级

艺术品最重要的特征就是其独一无二的异质性，传统资产的评估方法并不完全适用于艺术品评估，这使得艺术品价格评估成为一项复杂的工作。对于初入艺术品投资市场的企业而言，更应该分清自身等级，适度进行投资，这样才能使企业立于不败之地。目前，画家投资指数等级主要分为四类：骨灰级、专家级、高手级和入门级。对于"骨灰级"的收藏者来说，对艺术品的投资一定要源于自身对艺术的热爱和欣赏，投资终极目的是"收藏"。"专家级"投资者平时应注重提升艺术修养，在投资之余本着保护文化、弘扬文化、支持文化事业、扶持艺术家的心态，出于陶冶情操、提高品位的目的收藏艺术品。对于"高手级"投资者而言，应该注意提高个人的鉴别能力，善于汲取别人的经验，在欣赏的过程中享受增值的乐趣。"入门级"投资者应先选择那些有潜力的作品，先养眼养性养见识，而后再逐步升级，使艺术融入生活。

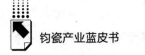

2.建立艺术保险体系

作为一种特殊的财产损失保险,专业艺术品保险体系需要从多方面着手培育,包括培养专业艺术品核保、理赔及营销人员,建立具有国际公信力的艺术品鉴定及鉴价的专业机构,培育各类艺术品的修复专家,建立专业包装、运输公司及仓储设备等。

3.健全艺术品投资基金

当今宏观经济环境下,中国艺术品市场的金融化已成为大势所趋,其发展的核心是艺术品资本市场的形成,而艺术品投资基金则是艺术品资本市场发展的突破口。狭义的基金是指具有特定目的和用途的资金,在实务中主要指证券投资基金,它的市场发展可能经过如下三个步骤:第一步是散户时代;第二步是机构阶段,投资者通过机构购买基金,并通过变现艺术品获利;第三步是通过推出艺术品交易指数等艺术品衍生品来实现投资交易,此时不再需要艺术品的变现过程。艺术品投资基金尚处于起步阶段,其对于艺术品资本市场的突破和带动,尤其是教育和示范意义深远。

参考文献

[1] 杨秀云、尹诗晨:《政府支持、要素市场化水平与资源配置效率——基于中国文化创意企业的研究》,《兰州大学学报》(社会科学版)2022年第3期。

[2] 王美全、王琳:《一带一路视域下的景德镇陶瓷文创产业发展策略研究》,《陶瓷科学与艺术》2021年第11期。

[3] 桂睿:《"云"产业视角下景德镇陶瓷文化衍生品的创新发展研究》,《文化产业》2021年第10期。

[4] 龚志文、夏瑞琦:《基于模糊评价法的景德镇陶瓷文化创意产业投融资体系研究》,《现代商贸工业》2021年第2期。

[5] 龚志文、杨建仁、袁芳芳:《景德镇陶瓷文化创意产业投融资风险评价研究》,《金融教育研究》2020年第3期。

[6] 黄隽:《强根固本:中国艺术品金融市场应对之策》,《艺术市场》2020年第1期。

［7］吕淑丽、邵君婷：《文化产业投融资文献综述与研究展望》，《当代经济管理》
2020 年第 2 期。

［8］李媛：《商贸流通视角下艺术品市场金融化发展模式探究——以江西省为例》，
《商业经济研究》2018 年第 9 期。

［9］西沐、宗娅琮：《我国文化产业投融资平台建构的理论分析》，《北京联合大学
学报》（人文社会科学版）2018 年第 2 期。

B.6
钧瓷传承人创新行为研究

徐　维*

摘　要： 钧瓷以神奇窑变著称于世，被誉为中国瓷器中的瑰宝，其烧制技
艺被列为国家级非物质文化遗产，它既有非同一般的艺术价值和
历史文化价值，也有较高的经济价值。历经数代钧瓷传承人在釉
色、造型和烧制等关键环节的固本革新，才让钧瓷“非遗”薪
火相传，欣欣向荣。然而钧瓷创新活动受资金、人才和产业政策
等因素的掣肘，创新活力仍有待进一步的激发。加大资金投入，
加快创新人才培养，加速产业支持步伐才是永葆钧瓷产业创新活
力的重要支撑和动力之源。

关键词： 钧瓷　传承人　创新行为

钧瓷是我国传统文化的瑰宝，钧瓷烧制技艺于 2008 年入选国家级非物
质文化遗产名录。钧瓷文化具有鲜明的民族特色，是蕴含浓厚地域文化的一
张亮丽名片。就目前来说，钧瓷在市场上的知名度和品牌的影响力与其内在
价值不匹配，大部分人对钧瓷相对陌生，对其历史价值、艺术特点、生产工
艺和制作流程更是知之甚少，这些都成为阻碍钧瓷文化传承和发展的重要因
素。通过梳理钧瓷釉色、造型和烧制技艺的历史传承和创新发展，进一步弘
扬非遗钧瓷文化，是坚持“四个自信”的具体体现，是推进黄河流域生态
保护和高质量发展的重要抓手，是河南“文化高地”建设和“文化强省”

---

* 徐维，博士，郑州轻工业大学经济与管理学院讲师，主要研究方向为产业政策。

战略稳步推进的重要力量。

　　传承不泥古，创新不离宗，最好的传承就是创新发展。钧瓷产业作为当地的支柱产业，既是搞活当地经济、实现乡村振兴的定盘星，更是养活一方百姓、泽被四邻的强大依靠。好的钧瓷产品既要恪守钧瓷传统之美，又要标新立异，"吸睛"很重要；好的钧瓷产品既要秉承传统工艺，又要降本增值，"吸金"也很重要。钧瓷生产中配釉、造型和烧制是最重要的三个环节，直接决定了产品合格与否和价值大小。历代钧瓷传承人兢兢业业、不懈钻研，钧瓷创新步伐不断加快，成绩斐然。改革开放 40 多年来，钧瓷企业从小到大，从弱变强；钧瓷艺人独具匠心，完美诠释"土与火的艺术"，旷世珍品得以问世，技艺的革新更是与时俱进。

一　钧瓷传承人的三大创新

（一）釉色创新

　　钧瓷釉色变化丰富，红、蓝、紫、月白等色彩交相辉映，其效果虚实相生，气韵生动，意味无穷。融入了中国传统美学文化的钧瓷窑变釉色与中国画的审美高度契合，较长时间以来广受人们的追捧和青睐。其窑变特点作为钧瓷特有的标签，基本奠定了钧瓷的发展方向。然而，钧瓷釉色不仅要继承前人的思想精髓，而且要让窑变之美更具艺术气息和时代特征。

1.钧瓷釉色的历史传承

　　钧瓷始于唐、盛于宋，釉色以窑变为美，其窑变色彩五彩斑斓、绚丽多姿，彰显了钧瓷的"入窑一色，出窑万彩"的独特魅力。从禹州古钧台遗址中发掘出来的大量宋代钧瓷残器和瓷片来看，钧瓷釉色大致可分为红、青两大类，却幻化出十余种窑变色彩：青色包括月白、天青、天蓝、葱绿等；红色变化更是丰富，涵盖丁香紫、葡萄紫、玫瑰红、海棠红、鸡血红、胭脂红、火焰红等多种色彩。钧瓷釉色由一元色到绚丽的以红紫色为代表的窑变釉色，引领了行业创新，开创了彩色釉的新时代，成就了宋官窑在中国陶瓷

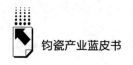

史上的显赫地位，也让钧瓷进入"中国五大名瓷"之列。由于种种原因，钧瓷生产先后出现几次断代，20世纪50年代中期恢复生产，历经十年磨一剑的努力，直到1964年钧瓷艺人烧出了可与宋官窑釉色相媲美的钧瓷窑变釉。又经过神垕钧瓷前辈们近20年的潜心钻研，于80年代初创新研制出钧瓷新工艺釉色，从此钧瓷进入规模化生产的新阶段。

2. 40年来钧瓷釉色的演变

20世纪80年代国营禹县神垕钧瓷厂、禹县钧瓷工艺美术一厂、禹县钧瓷工艺美术二厂、神垕镇东风工艺美术瓷厂是神垕钧瓷生产的主力军，更是钧瓷创新的发源地。当时禹县钧瓷工艺美术一厂的技术人员以硼铅块儿作为熔剂，在釉料中加入1%左右的碳化硅作为固定还原剂，采用一次烧成的方法，在1250℃~1290℃的高温下，用氧化火烧成稳定、鲜艳的铜红釉，成功批量烧出钧瓷新工艺作品。钧瓷新工艺大幅降低了生产成本，提升了产品釉色效果，堪称钧瓷发展史上的一次重大革新，为钧瓷的批量生产奠定了坚实的基础。钧瓷新工艺作品以鸡血红釉钧瓷为代表，制作工艺精湛，工艺操作严格细致，烧制技艺日臻完善，成为极具收藏价值的艺术品，在钧瓷市场独领风骚20年。

20世纪90年代，钧瓷行业诞生了一批家族企业，其中最具代表性的是如今成长为头部企业的孔家钧窑和大宋官窑。在釉色创新方面，孔家钧窑第二代掌门人孔相卿及团队除了恢复研制出传统的"鸡血红""桃花红""海棠红""牡丹红"等钧瓷釉色外，还先后研烧出"山水釉""月白釉""青红釉""石光釉""玉青釉""铜系青蓝釉"等钧瓷釉色数百种。特别值得一提的是铜系青蓝釉，铜矿石为主要成分的釉质，高温还原后呈现出松石蓝、孔雀绿等饱和度高的色彩，层次丰富。孔相卿及团队匠心创造，孜孜追求，成就了"莫道世间黄金贵，不如孔家一把泥"的行业佳话，更是将钧瓷釉色"出窑万彩"的无与伦比之美展现在世人面前，创造了令行业折服、世界瞩目的工艺奇迹。

此外，由于釉层厚度不一和烧成温度不稳定等原因，烧制后的产品有可能出现各种釉料熔化流淌的纹路，如蚯蚓走泥纹、蟹爪纹、冰片纹、菟丝纹和金斑等，进一步增强了釉面装饰的效果，令釉色的变化更富有层次，颇具神韵。

3. 钧瓷釉色创新实践

钧瓷釉色的创新，一方面需要倚重像孔相卿大师那样的重量级人物引领方向，另一方面还需要年轻一代的钧瓷传承人继往开来，不断开疆拓土。唯有汇集全行业、全体钧瓷艺人不断求变的涓涓细流，才会有钧瓷创新的活水之源。宋红雷，河南省民间工艺美术大师、河南省陶瓷艺术家。新千年伊始，宋红雷开始琢磨着如何创新，倾力打造人无我有的独特优势，试图在钧瓷界大展拳脚。2000 年，在稳定常规钧釉的基础上，经过市场调查，宋红雷开始研制钧窑天青冰片釉。其先到釉料原产地精选长石、石英、白土、桃花土等原料，然后开始调整釉料比例，经过 3 年摸索试验，先后投入 60 余万元，到 2003 年末，成功研制出"冰片釉"。宋氏钧窑"冰片釉"钧瓷融钧、哥、官、汝多窑特色为一体，如冰似玉，晶莹剔透，一经问世，深受广大收藏者青睐，成为钧瓷界"冰片釉"的杰出代表（见图 1）。

宋氏钧窑的天青冰裂釉以长石为主要矿料，方解石、石英、桃花土辅之，釉质温润油泽，纯净莹澈。在瓷釉的开片上，因其釉质较汝瓷肥厚，也完全超越了汝瓷蝉衣纹之细密开片。釉下所开冰片形似绽放的梅花，层层相叠，鲜活灵动，美轮美奂。尤为稀有的是，其梅花冰片里外绽放，将作品全部覆盖，全器盛开，堪称鬼斧神工。宋氏钧窑梅花冰片的创造，以及其厚如堆脂的梦幻釉质，达到了其他青瓷窑口难以达到的高度，同时，也以其独具特色的艺术品质，完美地形成了当代钧窑青玉冰片的全新美学面貌和神韵。

2021 年刚入不惑之年的宋红雷仍然没有停下釉色创新的脚步，一个配方一个配方地调试，一窑一窑地烧制比对，经过几个月的潜心钻研，细腻温润的玉石釉终于烧制成功。玉石釉的配方如表 1 所示。烧成上在氧化气氛下使温度在 3~4 小时均匀升至 800℃~900℃，排出釉料中的水分；然后转为还原火，釉面逐渐熔化成玻璃状，开始"窑变"；温度在 4~5 小时均匀升至 1280℃~1320℃，并保持 20~30 分钟，釉面达到光亮平滑；最后住火冷却至室温，制得。

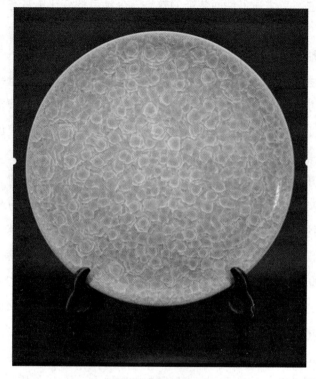

图1 宋红雷作品

表1 宋家钧窑玉石釉配方

成分	配比(份)	作用
黄长石	40~45	主要溶剂,提高光泽度
白长石	15	主要溶剂,提高光泽度
石 英	2832	改善釉料的流动性
方解石	1420	助溶作用
青 碱	35	降低烧成温度,促进熔融其他矿物原料
玉石粉	0.5	提高釉的质感
牛骨粉	1	提高釉的乳浊度
锡矿石	3.5~4.5	助色剂
锌矿石	0.5~1.5	助色剂

资料来源:宋红雷提供。

钧瓷釉色的表现取决于制釉、施釉和烧成各个环节，受多个因素的影响。釉料成分是决定钧瓷釉色的最重要因素，可谓"种瓜得瓜，种豆得豆"，但对烧成工艺和烧成气氛的把握，加之施釉工艺的改进，都会对釉色产生决定性的影响。调整原材料的配比、对比浸泡上釉和喷雾上釉、改变转火温度和升温曲线、比较不同烧成温度下的玉质效果，需要控制的变量太多，因此釉色上的一点点创新都需要长时间沉浸式的实验摸索。匠心所至，"玉石为开"。一罐一罐地打釉，一片一片地施釉，一炉一炉地烧制，宋红雷研制的玉石釉最终浑然天成。

（二）造型创新

钧瓷的创新发展，除了在釉色上追求人无我有的特色外，从业者也会在造型上苦练内功，求新图变。历代钧瓷匠人将雕刻、雕塑手法灵活运用，将历史、人文融入造型中，钧瓷品类越来越丰富，外观设计别出心裁，装饰细节出神入化。

1. 钧瓷造型的历史传承

宋元时期民窑产出的钧瓷，是北方人们生活日用瓷的主要来源，当时的造型以不同形状的碗、盘、碟等居多。从出土的瓷片来看，口部装饰以莲花、菊花居多，有的以如意为耳饰，代表着当时被大众推崇的艺术风尚。民窑钧瓷带有浓厚的烟火气，走产业化发展道路，对当时当地人们的生活产生了深远影响。宋官窑的作品专供宫廷使用，属于陈设品，从外形来看，葵花盆、莲花盆、钟式盆、鼓钉洗、出戟尊、鹅颈瓶等造型居多，里外施釉，里蓝外红，形成了钧瓷鼎盛时期独特的艺术风格，也成就了钧瓷历史上的高光时刻。但是宋官窑的钧瓷艺术品大多束之高阁，供观赏把玩，没有形成钧瓷艺术品的产业化发展。从近现代来看，从恢复钧瓷生产到改革开放以前的20多年里，钧瓷造型仍然是老艺人们传承下来的炉、鼎、尊、瓶之类，也没有形成规模化和产业化发展。

2. 40多年来钧瓷造型的演变

改革开放40多年来，钧瓷生产体制的变化、技艺人员的自主创业和灵活就业、人们收入水平的日益提高和对美好生活向往的需求，给钧瓷产业化发展注入了强劲的发展动力。造型设计也呈现出日新月异、百家争鸣的新局面，涌现了一批颇具盛名的经典之作。钧瓷的造型题材可以是传统的、新颖的、非主流的，生产品种可以是传统摆件，如炉、鼎、瓶等；可以是生活日用品，如茶具、灯具、酒具等；也可以是文创作品，如人物、动物、玩具等。在钧瓷产业化发展中，创作人员一方面坚持引导生活、引导消费的设计理念，另一方面努力打造自己窑口的特色品牌形象，极具个性化。

如果说孔家钧窑工于釉色，将窑变之美发挥到极致，那么大宋官窑则胜在造型，将"天人合一"的理念完美诠释。大宋官窑紧跟行业发展动态，深谙未来走向，将宋代钧窑文化元素融入设计，高级定制一批国礼作品，被国家领导人赠予外国元首及政要，将钧瓷推向了更大的舞台。其中最具影响力的是 2003～2005 年博鳌亚洲论坛国礼，由国学大师季羡林老先生参与指导制作的"易之天、地、人"系列。"天"为乾坤瓶，上部浑圆，代表着天（乾），顶部是太极两仪，下部方正，代表着地（坤），俯视就是一幅自然天成的太极图。"地"为华夏瓶，简卷为型，简卷盘旋突起如长城，并在顶部构成太极两仪。"人"为祥瑞瓶，古币造型，人体外形，上圆下方，象征着天地人和。该系列作品中的祥云和青龙、白虎、朱雀、玄武四大瑞兽以示祥瑞，嵌入五岳、长城等元素，既体现国礼中蕴含的民族传统文化，也传递华夏民族的文化自信。

3. 钧瓷造型的创新实践

娄高强，河南省工艺美术大师；刘静，河南省陶瓷艺术大师。娄高强、刘静夫妇多年以来专注于钧瓷造型设计与开发，被誉为钧瓷界的神仙眷侣。作为初出茅庐的新生代钧瓷艺人，面临人生当中一次艰难的抉择：是根植于传统，还是大胆创新？凭借对钧瓷艺术独特的理解和对未来钧瓷市场走向的大胆预判，他们确定了在传承中创新的方向，于是广泛涉猎钧瓷设计相关知识，苦心钻研，将传统元素与当代艺术形式完美融合，更是把砖雕的艺术表现形式运用到了钧瓷的创作中，对钧瓷进行艺术重构，其艺术风格独树一帜，自成一派。他们的作品根植于传统绘画、雕塑、诗词、民间木版年画、汉砖、书艺、摄影、空间设计乃至西方雕塑，其创作出的山水、人物、花鸟、佛像等作品看上去生意盎然，活灵活现；细细品味意境深远，清新脱俗。《千里江山图》、八大山人的作品、佛像被他俩搬上了瓷器，立体化呈现国画的传统美感。娄高强、刘静夫妇创造了一种别具特色的雕塑艺术风格，既保留了钧瓷釉面窑变之美，又渗透了富有故事性的艺术再造。在展现釉色朴素自然意境的同时，又将新时代的美感与活力表现得淋漓尽致（见图2）。

图2 娄高强、刘静夫妇作品

（三）烧制工艺创新

釉色配方确定后，烧成方法就是决定性因素。只有解决烧制的技术工艺，才能有稳定窑变的釉色。钧瓷是火的艺术，指的就是烧成。钧瓷的釉色会由于烧成窑炉的气氛不一样而产生变化，那么就要创新烧制工艺使燃料和釉料配方实现完美结合。如今，钧瓷烧制不断改变还原途径，从燃料来讲，大多采用液化气和天然气。

1. 钧瓷烧制工艺的历史传承

宋代钧瓷烧制大多以柴为燃料，金元时期煤烧开始出现，到元代末年圊

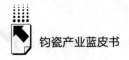

于煤炭资源相对匮乏，又改用柴烧。到了明代，南方陶瓷业慢慢崛起，而北方燃料缺乏，钧窑被迫停烧。钧瓷开始恢复生产已是清朝末年，当时出现了用蓝炭烧制的工艺。

柴烧、煤烧和炭烧，工艺特点大相径庭，烧制后的艺术效果也是各具特色，各有所长。从工艺上讲，煤烧中使用的煤要求杂质少，发热量高，窑炉需要按时清理，点火时需要装窑、铺烧、砌堵窑门，烧成中需要添火、撬火、平火、盖天眼、焐火还原等，工艺最复杂，成品率也较低。由于柴的质量肉眼可见，容易判断，柴燃烧火焰长，较之烧煤少了出渣撬火的程序，但工艺要求较高，成品率比煤烧略高。炭烧一般分为两次烧成，先进行素烧，然后再进行釉烧，程序较为复杂；此外，采用炭烧时一氧化碳气氛含量低，所以在烧制过程中钧瓷器容易变形、窑粘和炸裂，成品率也低，所以出品的都是"百里挑一"，价值都很高。从烧成的釉面效果来看，由于煤中不可避免残留有多种矿物杂质，煤的质量存在差异，因此燃烧时火焰较难控制，杂质还原后附着坯体呈色，煤烧产品烧成后色彩变化丰富，有层次、凝重感，从艺术表现上看比较有张力，力量感强。柴烧时木炭随火焰与釉接触，使釉面变化温润如玉，烧出的产品比较细润柔和。炭烧釉色也区别于其他烧制方法，总体给人以自然恬淡、古朴典雅、厚重沉稳的感觉。

2. 40多年来钧瓷烧制工艺的演变

钧瓷复烧之后很长的一段时间还是沿用传统的柴烧、煤烧和炭烧方式。20世纪90年代开始使用气烧，一直到2008年，神垕镇基本用上了清洁能源进行钧瓷生产。气烧钧瓷窑炉以液化气或天然气为燃料，燃料本身具有纯净、少杂质、燃烧完全的特点。热量从喷火口源源不断向窑炉输出，热量释放得快和慢、多和少完全由喷火口的大小和数量控制，因此气烧窑炉是最容易操作的钧瓷窑炉。炉火的纯净无杂质，升温曲线的人为可控，为釉面的平稳呈色提供了有力保障。气窑在合理的烧成环境下，产品明亮剔透，色彩亮丽，也能产生丰富多彩、天然偶得的艺术效果；气烧去掉了保护坯体不受杂质影响的匣钵的束缚，提升了窑炉的利用率，大大降低了烧制大件异形体的成本。因此，气烧钧瓷窑炉运用得越来越广，烧制工艺也越来越成熟。一方面满足绿色环保的要求，另一方面成品率提高带来亲民的价格，气烧日益成为钧瓷生产中主流的烧制方式。

3. 钧瓷烧制的创新实践

卢宇博，河南省陶瓷艺术家，许昌市工艺美术大师，钧瓷烧制技艺非物质文化遗产传承人。2016 年从景德镇陶瓷大学培训学习归来后，他一直在思索更合理、更简单可控的烧制方式。南方瓷多为氧化火烧制，景德镇普遍使用电窑，可用编程控制器设置升温曲线，设置后自动烧制。但钧瓷需要还原火烧制，电窑没有还原气氛，当时也有钧瓷艺人尝试在气窑窑底加一个火孔，后期用液化气给予还原气氛。

经过尝试，这种方法适合轻还原气氛的天青和月白等釉色，对于需要重还原气氛的釉色来说还原不足，烧成后釉色寡淡死板，缺乏变化。他后来反复论证研究，认为不应以电烧为主气烧为辅，应该气烧为主加以电辅助。他于是建了一座 0.2 立方米实验窑，窑路两侧将景德镇电窑所用的电炉丝改为硅碳棒，留出足够空间在硅碳棒外侧加装四个火嘴，制成电气混烧窑。该窑炉可全程单独气烧，也可全程气电混烧，还可以在天气条件不佳气烧难以升温时予以电辅助，烧成方式灵活多变，试烧效果完美。他后又尝试在窑炉中放置匣钵，匣钵内作品间放置蓝碳，调整升温曲线和烧成温度实现电气炭混烧。经过几十窑的尝试和调整，最终烧制成功，其作品既具有炭烧古朴浑厚的风格，相对炭烧成品率又能大幅提升（见图 3）。

二　钧瓷创新发展的制约因素

（一）资金压力大

融资渠道不畅通。目前对于神垕镇大多数钧瓷企业来讲，获得资金支持的渠道比较窄。中国农业银行、农村信用社等提供抵押贷款或是担保贷款条件苛刻，贷款额度低，一般在 30 万元以内，需要提供营业执照或房产抵押、直系亲属或公职人员担保等条件。除了通过正规渠道获得间接融资外，民间

图3 卢宇博作品

借贷违约风险高筹资成本大，市场规模也日渐萎缩。

创新成本高。神垕钧瓷行业一直保持着传统的生产经营模式，从生产上来讲，哪怕是一个家庭作坊，钧瓷生产的72道工序一道都不能少。因此无论是釉色创新抑或造型创新都需要投入时间成本和资金成本。由于众多的厂家并不是多面手，也不可能在每个环节都做到出类拔萃，在此条件下进行的创新活动常常是低效率的；而且，由于小厂家创新投入有限，研发周期长，时常陷入稳定生产和市场与新产品新市场开发难两全的窘迫境地。从这点来讲，景德镇就有创新的优势。景德镇陶瓷生产基本做到了专业化，每一个工艺流程都是一个独立的单元，每一个环节的创新都交给专业的厂家。不难看出，汇集全行业智慧，不断迸发创新活力，才能真正提质增效，降低创新成本，减轻企业资金压力。

市场环境不景气。近年来，钧瓷市场呈现低迷之势。环保要求日趋严格，柴烧、炭烧、煤烧存在诸多限制，为达到环保要求，相关企业需斥巨资安装除尘除烟等净化装置，加大了生产成本，压缩了利润空间。2020年以来，新冠肺炎疫情给钧瓷行业带来一定的冲击，停产、减产和滞销等问题直接影响企业资金周转，大多数钧瓷企业在生死线上挣扎。众多企业面临流动资金不足等现实问题，在此基础上再进行创新投入更是雪上加霜。创新都具有风险，需要投入大量的人力、物力和财力，有时候还会因为前期市场调研不力，创新方向市场不认可，最终有可能千金散尽，血本无归。

（二）创新人才缺乏

创新动力不足。钧瓷制作就是一个和泥巴打交道的职业，工作时间长、劳动强度大、卫生情况差。绝大多数从业者只是把它当一个饭碗，并不是源于热爱，从事钧瓷行业并不是怀着将钧瓷文化发扬光大的初心，也没有把钧瓷产业做大做强的责任和担当，只是日复一日地简单重复劳动。就目前来讲，一部分钧瓷手艺人没有创新的动力和方向，守着祖辈留下来的产业，沿袭前人的技艺，躺在各自的舒适圈里，得过且过。

创新能力有限。神垕钧瓷专业技术人才青黄不接。神垕老一代的匠人绝大部分是接受家庭的熏陶，耳濡目染，自学成才。他们并非科班出身，就靠着"师带徒"的传承，寒来暑往，精雕细琢便成了"器"。如此这般，涌现了像孔相卿、晋佩章、杨志、杨国政、任星航等国家级大师和一众小有成就的省级大师。新一代的小窑匠们，他们心里装着远方，缺乏静下来潜心钻研的决心和恒心，难有很深的造诣。特别是被寄予厚望的"窑二代"，有的兴趣就不在这里，勉强为之，也难堪重任。他们中间大多数没有接受专业的系统的学习，绘画、雕刻、雕塑方面的专业技能掌握不够，想要创新实属不易。

（三）产业支持力度不够

上下游产业协同创新不足。举个例子，想做台灯、音箱、U盘之类的钧瓷产品，需要电子元件或者芯片之类，如果厂家直接去深圳、东莞等地找配件，一方面成本高，另一方面通用类的元件很难满足生产需要，大多需要定

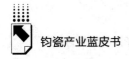

制，无形中又增加了配件成本。除此之外，还涉及电子元件和钧瓷外壳的嵌套问题，一般的钧瓷企业也不具备这样的加工能力。因此，产品的研发创新是一个系统工程，除了原材料供应外，加工环节也是重要的一环，最后还需要市场开发和宣传，如果广告推广等工作做得不充分，同样也很难把创新产品推向市场并得到消费者认可。

产业政策支持乏力。神垕作为中国钧瓷之都，是钧瓷主产区，也是钧瓷文化的发祥之地。近年来许昌市、禹州市都在倾力打造神垕钧瓷文化品牌，借助钧瓷文化节不断扩大钧瓷的影响力，增进消费者对钧瓷产品的了解和认知，刺激潜在的消费需求；利用神垕老街4A级景区资源吸引周边及省内外游客，实现文旅融合，带动钧瓷产业发展。但是由于近年来新冠肺炎疫情肆虐，景区时常会关闭，钧瓷文化节的各类推介活动也难以持续开展，政府的支持政策难以发挥实效；加上硬性的环保要求，钧瓷厂家时常被限电限气，甚至被要求停产，政策不讲究因时制宜；即使使用清洁能源，也会在"废水""废渣"上做文章，政策执行时习惯性地"一刀切"。

三 钧瓷创新发展的实施路径

（一）加大资金支持力度

创新是最具风险的活动之一。正因为风险大，资金唯恐避之不及。在综合评估风险的情况下，金融机构的资金应该向实体经济特别是特色经济倾斜。钧瓷产品高度同质化，与景德镇、德化、宜兴、佛山等地陶瓷竞争时质量、价格等方面又不具备优势，因此神垕的钧瓷产业正处在创新求存的关键时期。针对钧瓷企业普遍存在资金紧张的问题，一方面要开源，加大资金的扶持力度，拓宽融资渠道；另一方面要节流，降低税费，减轻企业负担，减少不合理的行政干预，避免停工减产带来的资金压力。

政府牵头成立行业互助协会，以政府信誉背书，实现行业同舟共济。由于银行信贷受国家金融政策的约束，政策性普惠金融措施可操作空间有限。

因此神垕钧瓷企业创新还得依仗非正规金融的制度安排。基于行业互助的短期资金调剂，既能解企业的燃眉之急，也能实现行业资源的优化配置，为企业创新活动的开展创造有利条件。

（二）加快创新人才培养

制订定向培养计划，与景德镇陶瓷大学、郑州大学、郑州轻工业大学、许昌陶瓷职业学院等高校联合，启用人才订单模式，锁定专业人才。进一步发挥高等院校的专业优势，举办研修班或是非物质文化遗产传承人高级培训班等，为钧瓷从业者构建发展和提升的平台，为下一步的钧瓷创新积聚力量。

此外，在潜移默化中，将钧瓷文化振兴和钧瓷产业兴旺植入钧瓷传承人的血脉中。传承人只有具备对钧瓷文化的强烈认同和作为钧瓷人的自豪感才会有砥砺前行、锐意进取的初心使命；只有秉持让钧瓷产业日新月异、蒸蒸日上的信念和理想，才会有不破楼兰终不还的坚毅和执着。

鼓励年轻人更多地加入钧瓷行业，付出辛勤的劳动，贡献自己的聪明才智，干一行、爱一行、专一行。支持行业中的佼佼者不懈创新，永葆创作活力，勇当创新的排头兵。

（三）加速产业支持步伐

从政策层面来讲，支持钧瓷产业发展已是当务之急。在特殊的经济环境下，应对不确定风险，无论是在资金支持，还是在人才支持，抑或在营商环境优化方面，都可以出台具体的措施帮助企业解难纾困。政府出面打通融资通道，信用贷款向钧瓷企业倾斜，实施优惠利率，简化贷款程序；成立专门的创新创业扶持工作组，帮助企业和个人挖掘创新项目，落实创新行动，实现创新成果的转化；积极支持校企合作，人才订单给指标，专业培养给资金，定向引进给待遇，真正实现创新人才的可持续培养；加大上下游产业的支持，延长产业链，与相关行业建立密切联系，打通协同创新的通道。

加大对上下游产业的支持，延长产业链，与相关行业建立密切联系，推

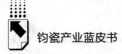

进制造外包和服务外包。比如，钧瓷生产厂家的釉色创新可以交给专门的配釉工作室完成，因为他们具备专业理论知识，利用数理模型模拟釉色变化，运用数字化设备进行精细调配；钧瓷厂家如果没有线上营销的渠道或者经验，也可以把产品推广的事情交给专业人士来完成，因为他们在线上能够充分利用抖音、公众号、微信、微博等平台，有流量、有用户、有资源。钧瓷创新离不开传承人的创新行为，更需要凝聚各方力量，共同推进创新的持续有序发展。

参考文献

［1］李婧：《传统工艺振兴语境下神垕钧瓷的传承与发展研究》，硕士学位论文，湖北美术学院，2018。

［2］王芬、杨长安、苗建民等：《钧瓷釉与乳光、窑变及结构色》，《中国陶瓷》2015 年第 5 期。

［3］王亚丽、高怡丹：《浅谈当代钧瓷的传承与演变——以神垕镇为例》，《中国陶瓷工业》2018 年第 5 期。

［4］卢青：《钧瓷非物质文化遗产的价值及其传承策略》，《许昌学院学报》2017 年第3 期。

B.7
钧瓷工匠精神下师徒制的
传承与创新路径分析

张克一*

摘　要： 师徒制传承是目前钧瓷家族企业理论和实践研究者的热门议题之一，也是其实现代际传承可持续性发展的关键问题。在钧瓷家族企业转型的重要时期，现代师徒制的突破与创新为其提供了独特资源和模式。本文基于钧瓷工匠精神视角，通过分析钧瓷工艺中传统与现代师徒制传承的特点与类型，深度剖析师徒制形式下钧瓷家族企业的创新路径，为钧瓷家族企业传承与发展提供启迪和借鉴。

关键词： 钧瓷家族企业　工匠精神　师徒制　创新路径

钧瓷烧制是现如今最烦琐、最复杂的工艺技术之一，自古以来就有"七十二道工序"之称。钧瓷烧制技艺已入选国家级非物质文化遗产名录。钧瓷文化源远流长，始于唐，盛于宋，其制作精美，工艺精湛，到北宋晚期工艺已臻成熟。之后更是经历清代钧瓷手工艺恢复期、民国钧瓷手工艺传承期、新中国成立后钧瓷手工艺发展期和改革开放后钧瓷手工艺创新期等关键历史发展时期，距今已有一千多年的历史。

作为一门传统手工技艺，口传心授的师徒制是贯穿整个钧瓷文化发展史的重要制度，对于钧瓷文化长盛不衰以及七十二道工序的传承具有至关重要的作用。师徒制传承使绚丽多变的传统钧瓷窑变技术得以世代传承，其核心

---

* 张克一，博士，郑州轻工业大学经济与管理学院讲师，主要研究方向为消费者行为。

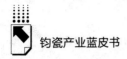

的价值在于这种传统工艺技能下的钧瓷工匠精神。何谓工匠精神？传统技艺中的工匠精神一般是指工艺师傅对其作品精雕细琢、精益求精的创作精神，简言之，指匠人专注敬业、一丝不苟、精益求精、日臻完美的创作精神理念。钧瓷匠人就像在钧炉烈焰中起舞的舞者，用火焰一样炙热的情怀展示陶瓷艺术夺人魂魄的绚丽光彩。

在千百年钧瓷文化历史长河中，每一代钧瓷匠人血脉中的创作灵感及信念是钧瓷工匠精神形成的核心。正是由于工匠精神的存在，钧瓷得以成为"家有万贯，不如钧瓷一片"的瑰宝。而师徒制是传承钧瓷工匠精神的重要制度形式，也成为钧瓷文化价值中的关键部分，值得学者们进行深入的剖析与探索。

一　在钧瓷工匠精神传承中师徒制的类型及特点

陶瓷文化在上千年的发展历程中代代相传、绵延至今，传统师徒制发挥着重要的作用。师徒制是培养、传承工匠精神的重要载体，而工匠精神的坚守也推动着师徒制的发展。综观钧瓷文化中的师徒制形式，可以分为传统师徒制和现代师徒制这两种。其中，传统师徒制是指在古代或近代钧瓷文化产业发展中形成的师徒制度，当然，至今仍有重要的影响力；而现代师徒制大多指新中国成立之后，在当代钧瓷文化产业发展中逐渐形成完善的师徒制。

在钧瓷文化产业发展中，钧瓷家族的继承与发展大多遵循的是传统师徒制形式。而钧瓷传统师徒制以钧瓷烧制技艺为传承基础，主要分为家族传承型和地籍传承型两大类型。

1. 钧瓷工匠精神下家族传承的主要特征

钧瓷家族传承作为最古老悠久的传承路径，是建立在直系血缘关系上，最基本也是最原始的师徒制类型，以代代相传的形式，将钧瓷工匠的技能与精神延续及发扬。在钧瓷文化产业的发展过程中，子承父业是广泛及普遍存在的现象，特别是在以家庭为单位的家族企业中。由于钧瓷窑变配方及烧制程序的独特性及保密性，家族传承具有非常严格的传承规定。以血缘为纽带的家族传承制是使钧瓷技能不致消失殆尽，并得到很好恢复发展的核心制度。

家族企业目标。相较于非家族企业，家族企业表现出更高的代际传承的意愿，以追求家族声誉等非经济目标为长期战略导向，这也是家族企业保持独特核心竞争力的来源，具备长期性及复杂性特征，直接影响家族企业的经营成败。家族企业作为家族和企业的结合体，不仅具备目标利润最大化的经济目标，还要顾及家族的名誉与声望。特别是承载和诠释工匠精神的钧瓷文化家族企业，其可持续性与家族独特性资源密切相关，而工匠精神则是钧瓷家族企业最具竞争力的独特性资源。在钧瓷文化产业的家族企业中，家族传承制度的优势是老一辈人会将自己继承与积累的技艺程序和烧制秘方，最大限度地传承予下一代。

兴趣启蒙。钧瓷文化产业家族企业倾向于在直系亲属间传承钧瓷技艺，最主要的原因在于，家族希望保持对企业的绝对控制权，以及在经营过程中保证家族的荣耀和地位，这是钧瓷文化产业家族企业追求的重要社会情感财富目标之一。好奇与热爱是培育传承人工匠精神的原始动力，在兴趣启蒙阶段，家族传承具有先天优势。家族父辈的工作场景和社交场地，是传承人初始兴趣激发的关键方面。传承人在家族企业中会经历润物细无声的熏陶，经过无数次的观察临摹，一次次见证钧瓷的窑制过程和经典作品的诞生，由此，也见证了工匠精神的坚守与蜕变。继承人随着人生阅历和年龄的增长，会逐渐理解钧瓷精湛技艺中所蕴含的美感与价值，也由此加深了对工匠精神内涵的理解。

言传身教。工匠精神的家族传承是历时长久的代际传承过程。其间，家族传承人的言传身教、口传心授是下一代继承工匠技艺、领悟工匠精神的主要方式。家族内部的传承，使钧瓷技艺传递具有高度的完整性。它不仅是钧瓷制作工艺的传授，更包括工匠精神的薪火相传。在钧瓷技能继承的初始阶段，在传统观念的影响下，继承人模仿父辈刻苦钻研的工匠精神，对七十二道工序，一个流程接着一个流程环环相扣地学习。其间，钧瓷传承人的严谨

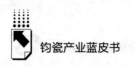

细致、对传统工艺的敬畏态度，会对继承人起到模范示范作用，同时也是工匠精神的最好诠释与践行。

继承与创新。具备钧瓷工匠精神，不仅是对钧瓷文化技艺的坚守，更是对从事钧瓷产业人的德行要求。从这层意义上来理解，钧瓷工匠精神的传承对继承人具有深刻的长远意义。工匠精神包含了对文化、技艺甚至是社会价值的综合审视与思考，也是超越技艺层面的一种认知观念，它能够使钧瓷匠人的劳动从单纯劳动上升到专门性技艺，甚至是升华到艺术创作层面。钧瓷工匠精神也会影响家族的凝聚力，而继承人的绝对控制权有利于其果断做出战略决策，不断进行市场开拓。家族内部成员之间的相互信任与依赖也使得家族企业内部信息交流与沟通相对通畅。这样的创新环境，有利于继承人较早接触家族企业经营的核心业务，并不断提高自己的管理及创新意识。

2. 钧瓷工匠精神下地籍传承的主要特征

家族传承型师徒制虽然具有很大的独特优势，但是，随着钧瓷文化产业发展规模的不断扩大，地籍传承型师徒制应运而生，并成为主导性的师徒制形式。随着钧瓷文化产业的发展，许多手工钧瓷作坊逐渐扩大规模，由于人手的需求，开始招收地籍徒弟，为钧瓷文化产业的发展奠定基础。

身份认同。传统地籍传承型师徒制在本质上是一种身份认同的关系。"投师"和"学艺"是紧密相连的，师傅不仅要负责门下徒弟钧瓷技艺的传授，更是要承担对徒弟的教育责任，在言传身教、潜移默化中影响着徒弟的三观。师傅在这个过程中承担着类似父亲的角色，这也就是所谓的"一日为师终身为父"。师傅的择徒标准严苛，需要经过长时间的考察才能最后定夺。而在这期间师傅通过考察徒弟对待日常生活中"杂活"的态度和能力，决定是否把自己的"行家绝技"倾囊相授。在此期间建立彼此间的权利与义务，即使在授业关系解除后，也依旧能够延续师徒之间的个人情感关系。

因材施教。传统地籍传承型师徒制下，师傅在传授技艺的过程中，可以针对不同的徒弟的爱好、素质、基础等特点采用不同的传授方式。这样不同的徒弟就可以在掌握师傅传授的技能的基础上，形成自己独特的风格，自成一派，甚至还会"青出于蓝而胜于蓝"，因人而教可以更有效地传承钧瓷文化技艺。传统地籍传承型师徒制学习的基础，在于观察与模仿。在日常的生活中，徒弟观察师傅的烧制过程，继而模仿，师傅在此过程中对不规范的地方加以指导和示范。在整个过程中，师傅通过"做"和"教"将技艺传授给徒弟，并把自己制作过程中积累的经验通过口授的方式进行传承。师傅对钧瓷技艺精益求精的精神以及一丝不苟的严谨态度，使得钧瓷工艺无论是在创作、材料还是在艺术价值上都经受起考验，这种追求尽善尽美的工匠精神也在地籍传承型师徒制中传承。

3. 现代师徒制中的工匠精神传承

晚清民国时期，钧瓷行业发展规模日益扩大。传统师徒制开始出现现代化的特征，主要体现在师徒关系与劳资关系相结合，工厂制的师徒关系应运而生。同时，为适应早期资本主义市场的发展，现代师徒制突破原有关系的限制，形成了独有的特征。改革开放以来，伴随着钧瓷文化工业体系的逐渐建立与完善，传统师徒制度受到现代化经济环境的制约与挑战，而以现代钧瓷生产技术为产业基础的现代师徒制，开始发挥主导作用。现代师徒制不再执行严格的行帮行规，甚至不再以血缘、地域为关系纽带，因此，师徒双方在社会与经济地位上是平等的关系。随着传统文化价值的崛起，社会中还有许多更为自由的师徒制形式，比如，有人仰慕钧瓷艺术家或技艺师傅在钧瓷艺术上超高技能，自愿拜师，在双方选择中形成松散的、名义上的师徒关系。

工作协助与关系守护。钧瓷文化产业的现代师徒制主要依据企业组织的要求，以明确的工作分工和职责来进行日常的学习与工作。这是一种间接的传承方式，师徒双方在工作上会有较多的交流与沟通，通过指导性分工协作，提升彼此的工作效率，具有明确的工作计划与目标、流程，责任分工清晰，各司其职。师傅在此过程中进行战略把控，解决遇到的难题，确保工作的顺利进行。这一类型的师徒制能够突破纯雇佣关系下员工之间的竞争及不信任关系，有利于组织内部凝聚力的形成，起到事半功倍的效果。同时，工

匠精神在这种关系中也起到重要的作用，特别是在市场经济环境下，源于对工匠精神的渴求，师傅对工艺极致的追求深刻影响着徒弟，这种耐心、执着、精益求精的工匠精神无形中熏陶着徒弟。在工匠精神光环下，钧瓷师傅高超的钧瓷技能以及独特的人格魅力，往往激发徒弟内心的崇敬和敬畏。由此，徒弟对钧瓷文化形成同样的崇敬与敬畏心理，从而树立起传承钧瓷文化技艺的信念。

二　工匠精神下师徒制的理论基础

随着市场环境不确定性的加剧，钧瓷文化企业也面临着市场转型的需要，需进行数字化格局下的发展转型，来提高钧瓷文化产业创新绩效。但是，在传统的钧瓷家族企业中，钧瓷烧制核心工序技艺的传授绝大部分还是依靠师傅向徒弟的口传心授，并辅助以现代信息、知识、技术的间接传递，将关键的钧瓷工艺技术传承予徒弟。

因此，厚植钧瓷工匠文化，恪尽职业操守，崇尚精益求精的工匠精神依旧在转型中发挥重要作用，甚至在网络社交媒体时代的作用更加突出。那么钧瓷文化的工匠精神如何引导企业进行知识创新已成为理论界与实务界关注的焦点问题。

（一）个人意义构建理论

以家族传承为继承理念的钧瓷企业，主要进行直系血缘为主的家族内部传承。那么，基于其传承对象明确性，以及继承者资源有限性的特征，继承人的确定与培养是保障和提高钧瓷家族企业代际传承成功率的首要条件。钧瓷家族企业祖父辈一代积累的社会关系与经济财富，可以为家族二代或三代提供更好的国际化教育条件，培养其敏锐的国际视野，以及对全球新鲜事物和技术的兴趣。钧瓷家族下一代普遍具有较好的个人禀赋。在复杂且快速变化的社会经济环境下，对家族下一代接班人的培养，构建家族二代继承人成长的个人意义就至关重要。因此，钧瓷家族个人意义构建理论为研究钧瓷文化家族传承提供了新的理论视角。

钧瓷文化家族企业代际传承的过程，意味着关于钧瓷烧制工艺程序一系列核心要素的留存、传递和创新。但是，钧瓷家族企业中父祖辈长时间的专断与控制，可能给企业的管理和运营带来负面影响，并妨碍继承人对家族企业运营模式与管理体制的创新尝试。原因在于，父祖辈的钧瓷烧制经验可以成为重要的优势竞争资源，同时也会给家族企业带来创新与变革的枷锁，使得企业陷入个人资源路径依赖。而个人意义构建理论可以从继承者传承的不同阶段，来剖析家族传承制度下知识创造的过程。意义建构是指个体对自身经历的理解、对所做决定赋予的意义，决定个体选择相信什么、如何看待自身以及怎样与人相处。

（二）尊卑有序的伦理文化

关于钧瓷文化企业的知识传承与创新，不仅仅包括已有钧瓷烧制工序技艺方面的知识传递，更重要的是在钧瓷艺术创造过程中知识价值再实现。在传统钧瓷文化价值观下，师徒制传承就是师傅在日常生活与工作中教导徒弟。

要洞悉钧瓷文化产业中师徒制的知识创造过程，需要了解师徒制的起源与本质。传统钧瓷文化下的师徒制，是协调天道与人伦的关系，更是建立组织合理秩序的工具。几千年来，中国社会一直以家庭伦理为道德核心，自然也形成了尊卑有序的民族伦理文化心理，这也成为钧瓷工匠精神文化下师徒制知识创造的基础理论。一方面，对于徒弟来说，尊卑有序的行为准则在工匠精神传承中，能够促进徒弟创造能力的极大提升，例如对师傅专注严谨工作态度的崇拜，促使徒弟不断告诫自己，珍惜学习的机会，更好地履行师徒关系以及组织关系的责任与义务；另一方面，对于师傅来说，尊卑有序的行为准则也促使师傅承担起更多的教育责任，积极进行双向沟通和技艺分享，促进技术性资源与社会性资源的传承与发展。

总之，尊卑有序的伦理文化是师徒间互动和交流的支撑，更是工匠精神的代际传承，有利于钧瓷文化知识的传承与创新。

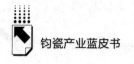
（三）烙印效应理论

钧瓷文化行业的师徒制，其本身是千百年来慢慢演化形成的一种工艺技能和精神文化的传承方式。它是一种非常有效的知识传递方式，也是钧瓷企业管理实践的关键运营模式。一方面，工匠精神通过师徒制形式能够有效保障企业组织关键钧瓷技艺的学习，激发徒弟对其工作的创新能力；另一方面，钧瓷企业借助师徒制形成的社会情感关系，持续提升企业的社会效益。同时，随着企业规模的扩大，现代钧瓷企业中的师徒制并不要求所有的徒弟在每项技能方面都出类拔萃，也不要求所有的徒弟是此行业的精英，而是要发挥其长、规避其短，让其个性和专长在其擅长领域发挥到极致。

烙印效应是指个体在其某项技艺形成的过程中，当其处于某个特殊的技术状态下，个体观念、认知逻辑以及行为习惯会受到程序化地塑造，进而产生持续性影响。基于烙印效应理论的研究视角，可以为研究现代钧瓷文化产业师徒关系、工匠精神与钧瓷企业管理运营之间的逻辑关系提供新的理论支持。原因在于，传统钧瓷文化产业以高度经验化的工艺技能为载体，其操作常规化步骤与过程的高创造性，要求组织成员不仅有对钧瓷文化技能的热情与精益求精的工作态度，还需要大胆又严谨的创新精神。

钧瓷文化产业的师徒制不是简单的手艺的教与学，也不是常规操作技能的简单传授。现代师徒制的关键是在钧瓷关键技艺传递的同时，传承更多的钧瓷文化价值、信念和隐形知识化的经验。而其中的钧瓷文化价值信念及高隐蔽性的经验，必须通过徒弟自身不间断地实践积累，并得到验证才能固化成为徒弟自身的"知识"。尤其对于新进入钧瓷文化行业的从业人员，传统钧瓷文化的核心价值观和经营信念必须借助师傅的言传身教，将其烙印在某种规则之上，形成惯性，才能使其接受钧瓷文化价值理念，提高从业标准，进而适应企业的创新发展。

三　工匠精神下师徒制的理论创新路径

（一）理论创新路径一

基于个人意义构建理论的师徒制创新路径，通常会经历意义建构即遵循外部程式、十字路口徘徊、自我主导三个阶段。而这三个阶段也是家族传承过程中的三个主要时期，对于传承者与继承者之间的传承有着重要的影响作用。

第一阶段是遵循外部程式，是指在与家族传承人的关系中，继承人常常需要牺牲自己的需要来满足感知到的期望，或依靠钧瓷文化传统价值观念作为决策的基础。这也是继承人从孩童期到职业生涯初期，与传承人建立关系，获取知识、定义自己的阶段，这一阶段继承人较少质疑支配他们的这种外部导向。支持这一阶段的教育基础，是传承人自身的钧瓷文化职业素养，以及工匠精神光环对继承人的吸引。因此，这一时期是家族继承人获得钧瓷技能与知识认知的关键阶段，也可以视为其钧瓷文化知识创造的启蒙阶段。家族传承人为继承人提供学习和发展的基本条件，在时间上与传承人朝夕相处，为其教育和职业方向给出了示范和引导，构建钧瓷文化的价值观和信仰。

第二阶段是十字路口徘徊，是指继承人发展自己的目的和意义，来挑战对权威的依赖性，由此产生内部自觉和外部影响之间的紧张关系。在市场不确定性压力及家族企业传承情景各种冲突驱动下，家族继承人无法继续遵循外部程式来应对传承中的困扰，逐步转变为努力从多个角度进行考量，实现自我突破，开始形成自己对钧瓷文化的价值观。在这一阶段，家族继承人会重新思考传承人的价值理念，建立自己的辩证标准，克服对权威的依赖性，实现钧瓷价值信念及工匠精神的重构与精炼。

第三阶段是自我主导，是指家族继承人在钧瓷工匠精神下进行知识创造，独立于外部影响，构建内在身份。家族继承人用更敏锐、更长远、更高

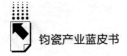

端的眼光去看待钧瓷家族企业的发展前景，或者质疑权威，或者真正深刻认同传承人的企业管理与运营理念。在这一时期，家族继承人在企业中组建以自己为核心的管理团队，并积极拓展自己的社会关系网络，获得核心竞争资源，展现自己的管理能力，获取与传承人平等对话的权利，得到家族核心成员的认可，并在个人意义构建过程中，通过积累相关知识、经验与社会网络的扩展，扩展和重塑家族的社会关系网络，进而发挥自己在家族代际传承中的关键性作用。

（二）理论创新路径二

基于尊卑有序伦理文化的师徒制创新路径，与简单的知识转移相比，其形式具有复杂性与隐秘性。它不仅包含钧瓷文化技能传承过程中显性知识的共享与传承，更重要的是钧瓷技艺中的隐性知识的创造性转化及价值的再创造过程。首先，基于尊卑有序伦理文化的师徒制形式，在维持彼此社会关系的互动中，以尊老爱幼行为准则为核心理念，进而促进信息资源的双向无阻碍互动，这是隐性知识传递的主要途径。同时，异质性信息的相互碰撞，是知识创造的必要条件。其次，师傅关爱、尊重徒弟的创新想法，徒弟回馈师傅热情与崇敬，彼此之间的情感流动能够提高双方对钧瓷技艺的荣誉感与归属感，进而促使双方对知识创造性工作的投入与专注。最后，工匠精神传承过程中产生新的创意，并在显性与隐性知识的传递下进行知识创造。师徒双方共同付出，新的知识创造成果得到应用与实践的可能性大大提升。同时，师徒双方以更加积极开放的理念进行信息的交流与互动，对新知识持更加开放的态度，进而也促进新知识的再创造。具有工匠精神的钧瓷技艺师傅，其本质就是一个巨大的显性知识与隐性知识共存的宝藏库，拥有一套独特的知识体系。自觉遵从尊卑有序的社会关系规则，维持师徒双方的情感性关系，在日常的工作与生活中，以情感互动为载体促使双方显性知识与隐性知识的交互与再创造，有助于在双向互动中进行知识分享与知识价值创造。

为确保钧瓷传统工艺方法能够在师徒制度下顺利传承与发展，应发挥尊卑有序的伦理文化规则的重要作用。钧瓷文化企业在组织运营的过程中，要弘扬尊卑有序的传统文化观念，注重师徒社会关系的维持，营造师徒间关系融洽的氛围，构建双方无障碍沟通的渠道，增强钧瓷文化的凝聚力与组织的知识创造、价值转化能力。

（三）理论创新路径三

基于烙印效应理论的师徒制创新路径，其本质内涵是知识的传递与创造，而师徒之间形成社会互动关系的主要形式就是彼此之间的知识分享行为。更重要的是，师徒之间的互动，不仅仅是技艺与信念的培养与渗透过程，更是社会关系资本、经济资本的交互过程。因此，对于徒弟而言，师徒关系的维系与和谐发展，不仅能够提升自身钧瓷技能水平，还会深化其对传统钧瓷文化的信仰烙印，巩固并提升其在钧瓷文化企业中的地位，加快其职业生涯的发展。烙印效应贯穿整个师徒关系时期，在师徒关系的初期，师傅按照钧瓷文化核心价值理念来培养徒弟对钧瓷技能的信仰、情感，并培养行业职业道德与行为习惯。在师徒关系的发展期，在日常的工作与学习过程中，徒弟多是以观察的形式进行模仿，未能突破师徒教导知识的表面形式，只是被动地学习师傅的工匠精神，来感知行业的责任与义务；但是，师徒双方的日益熟知，师徒之间不再局限于简单的显性知识的传递，隐性知识的深化与渗透逐渐能够让彼此进行自由创作，徒弟能够得到师傅的认同和心理支持，形成认同感和归属感，这是其形成适应化烙印的关键性步骤。在师徒关系的成熟期，徒弟在师傅潜移默化的工匠精神熏陶下，通过不同阶段的烙印机理形成过程，会逐渐形成自己的社会关系网络和创新能力，其不会只考虑自身的职业发展与经济利益，也会顾虑其在钧瓷文化产业中的个人形象以及师傅的形象，以维护其社会关系。另外，师傅在生活和工作中，通过与徒弟的沟通与讨论分享，也能为自己的钧瓷创作注入新的知识与信息，这成为其创作灵感的重要源泉。特别是年轻人对于网络信息技术的熟练应用，能够为师傅提供新的启示，增强其市场信息的获取能力。同时，师傅在工匠精神的约束下，会对自己的言行举止进行反思与进一步的规范，进一步提升自身的工艺技术能力及职业道德素养。

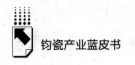

参考文献

［1］崔琦、何燕珍：《企业师徒制一定充满正能量吗？——失调性指导关系研究述评与展望》，《外国经济与管理》2019 年第 8 期。

［2］陈凌、应丽芬：《代际传承：家族企业继任管理和创新》，《管理世界》2003 年第 6 期。

［3］李南、王晓蓉：《企业师徒制隐性知识转移的影响因素研究》，《软科学》2013 年第 2 期。

［4］胡斌红：《新时代背景下企业师徒制的有效构建研究》，《中国人力资源开发》2016 年第 16 期。

［5］潘安成、刘泱君：《尊卑有序与中国传统企业师徒制知识传承——以中华老字号"杏花村"汾酒集团为例》，《南开管理评论》2020 年第 5 期。

［6］梁果、王扬眉、李爱君：《家族企业工匠精神传承的涓滴效应模型：一个纵向单案例分析》，《中国人力资源开发》2021 年第 3 期。

［7］夏燕靖：《斧工蕴道："工匠精神"的历史根源与文化基因》，《深圳大学学报》（人文社会科学版）2020 年第 5 期。

［8］谢盈盈：《传承与开拓：基于企业师徒制的工匠精神培育研究》，《江苏教育研究》2020 年第 3 期。

［9］杨俊青、李欣悦、边洁：《企业工匠精神、知识共享对企业创新绩效的影响》，《经济问题》2021 年第 3 期。

［10］曾颢、赵李晶、何光远等：《师徒制促进知识型员工组织社会化双案例研究》，《管理案例研究与评论》2021 年第 1 期。

［11］曾颢、赵曙明：《企业师徒制中介机制理论视角的述评与未来展望》，《经济与管理研究》2017 年第 12 期。

［12］曾国军、李浩铭、杨学儒：《烙印效应：酒店如何通过师徒制发展组织操作常规》，《南开管理评论》2020 年第 2 期。

［13］郑瑾瑜：《中国师徒关系的变迁过程及其社会建构》，《现代交际》2017 年第 18 期。

［14］赵莉娜、赵书松：《师徒制情景下师父知识共享影响徒弟追随力的多重中介机制》，《珞珈管理评论》2021 年第 2 期。

品牌管理篇

Brand Management

B.8

钧瓷行业声誉评估与提升策略研究

黄晓红 张 倩*

摘 要： 随着钧瓷企业数量激增，市场竞争日趋激烈，良好的声誉是钧瓷行业保持竞争力的重要条件，提升钧瓷行业声誉的重要性日益凸显。本文以禹州市为研究对象，通过对钧瓷行业的声誉现状进行分析，发现一些企业通过产业升级和技术创新带动了钧瓷产业的健康发展，为行业积累了良好的社会声誉，但目前整个行业仍存在产业规模小、品牌文化意识薄弱、人才与技术缺乏、营销理念滞后和破坏生态环境等突出问题，给钧瓷行业的发展带来了极大的阻力。在此基础上研究了钧瓷行业声誉的形成机制并依据Harris-Fombrun 声誉度指标，结合钧瓷行业的自身特点设计了适用于该行业的声誉水平评估体系，对行业进行了声誉评估。最后分别从政府、行业和企业三个层面有针对性地探究了钧瓷行业声

* 黄晓红，博士，郑州轻工业大学经济与管理学院教授，主要研究方向为声誉管理、信息经济学；张倩，郑州轻工业大学经济与管理学院硕士研究生，主要研究方向为声誉管理。

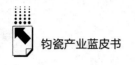

誉的提升策略，为改善钧瓷行业声誉以实现持续发展提供了可行性思路。

关键词： 钧瓷 行业声誉 声誉评估

一 钧瓷及其行业声誉现状

钧瓷在我国有着悠久的历史，从1300多年前的唐朝开始，就广泛流行，被各朝代的皇帝视作珍宝，钧瓷积累了厚重的人文底蕴，彰显了贵族气息。俗话说"家有万贯，不如钧瓷一片"，这足以看出钧瓷在人们心目中的地位。据不完全统计，现代钧瓷已有1200多种造型，极大地丰富和增加了钧瓷的品类。现代社会，随着公众文化需求的不断提高，人们对钧瓷的追求由实用价值转为美学价值和收藏价值。将钧瓷作为礼品送宾客、亲朋已颇为流行；经过精心设计的钧瓷产品成为重大国际性集会或者重大文体活动专用礼品，增强了钧瓷在市场上的影响力。通过对企业和产品进行宣传，钧瓷文化得到了发扬光大，在海内外的知名度和产品附加值不断提升，古老的钧瓷行业在新时代再现青春的活力。

目前，禹州市已经成为我国重要的瓷器生产基地，截至2022年6月，钧瓷制造企业多达300多家，年销售收入超过160亿元，禹州已跻身全国九大瓷区行列。钧瓷制造技艺经历历代沿革，其行业具有封闭传承的特点。其中一些有名气的企业，依据自己的技术优势，产品的市场占有率很高。孔家、神州、荣昌等钧瓷企业逐步发展壮大，成为业内知名企业，在钧瓷产业的带动下，有关钧瓷的文化旅游和艺术鉴赏项目逐渐增多，从侧面提高了禹州钧瓷的名气，各行业相互促进，共同发展，促进了禹州市经济文化的繁荣。

一些企业通过独特生产运作模式打造出企业的高端产品形象，获得较好的社会评价和经济效益。这些企业创新了钧瓷烧制工艺，走在发展的前列，推动了钧瓷产业的技术进步，带动了钧瓷产业的健康发展，其成功产生了极大的轰动效应，对钧瓷市场产生了深远的影响。但同时也有一些规模小、实力弱的小作坊式企业，它们在技术上没有创新力，也缺乏专业的技术人员，模仿生产社会认可的成品，以假乱真，以次充好，严重影响了消费者的购买满意度。也有一些厂家为了眼前利益，倾向于低价销售，恶性竞争，这种行为严重扰乱了市场秩序，在社会上引起了较大的负面影响，严重地损害了整个钧瓷行业的声誉。

在国家的高度重视下，禹州市通过编写钧瓷专业书籍、图册上百部，政府出资拍摄电视剧，制作钧瓷文化专题宣传片等一系列活动，提升了钧瓷的知名度和美誉度。然而虽然禹州文化资源丰厚，却缺乏钧瓷专业市场，生产厂家和门店经营状态较为分散，部分经销商租房经营，处于无序的状态。钧瓷产业集聚辐射效应强度不够，不能引起社会公众的广泛关注，阻碍了钧瓷知名度的进一步提升。

二　声誉视角下钧瓷行业的发展

（一）声誉对钧瓷行业持续发展的作用

Fombrun 和 Rindova 认为企业声誉是指利益相关者依据企业过去的行为和效果并参照一定的标准，对未来行为的一种感知，它体现了企业为利益相关者提供有价值的产出的能力。

企业声誉作为企业资产的重要组成部分，是在企业长期发展过程中形成的，是企业保持竞争优势的重要工具。声誉作为企业的一张"名片"，是利益相关者对其认可的一种隐性保证。Fombrun 和 Riel 在《声誉与财富》一书中指出企业声誉对企业的战略定位具有重要影响，并通过各种实证调查以证明声誉的重要性。

行业声誉是由行业中每一个企业的声誉组合而成的，其直接影响着利益相关者、社交媒体、国家监管部门以及广大人民群众对企业的评价。同时企业的行为也深受行业声誉的影响，当企业认识到声誉的价值时，它就会从约

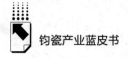

束自身行为开始，来创造和累积自己的声誉，这样不但增强了行业声誉，也使自身获取更好的发展，从而达到一个良性声誉循环。

由此可见，行业要想保持持续性的竞争优势，必须以良好的行业声誉来"保驾护航"。这对我国钧瓷行业发展具有很大的借鉴作用，具体表现在以下几个方面。

第一，提升企业吸引人才的能力及员工的忠诚度。对于专业的技术人员而言，相对于收入，他们更关注自己的发展前景，在一个具有良好声誉的行业工作会让从业者对自己的未来充满信心，从而更好地发挥自己的专业技能及创造力，以更加饱满的激情投入自己的专职工作中，为企业创造更多的价值。

第二，增加顾客对产品和服务的信心，提升其购买的欲望。拥有好的行业声誉能够赢得消费者对该行业相关产品和服务的信任，使其更愿意去了解行业文化，从而对产品产生认同，进而提升新顾客购买的欲望以及老顾客的回头率，进一步稳固并扩大市场份额。尤其是在高端的艺术品行业，客户的口碑要比广告宣传更具影响力，它能促进形成更加广泛的认同群体，扩大购买群体的范围。

第三，影响行业内相关企业的经营绩效，进而影响行业的市场价值。良好的行业声誉使企业以低成本投入和高产品售价获得高利润和好前景，企业也因此能够得到投资机构的青睐。这种长期的收益模式会打消企业通过"滥竽充数"短期获取暴利的想法，能够激励相关企业从保持良好的企业声誉做起，同心协力维护行业的声誉。与此同时，利润会随着声誉的提升而"水涨船高"，最终使企业获得长期的利润空间，行业也因此拥有更高的市场价值。

第四，对提升行业的市场影响力有着关键作用。市场影响力对一个行业来说是至关重要的，是一种潜在的资本，其受到公众对该行业的关注程度的影响。当有关行业声誉的信息在利益相关者之间互相传递，并通过社交平台与自媒体传播时，公众对该行业会产生新的认知与积极评价，进而增强对行业的认可程度，行业声誉随之提升，从而使行业在市场上的影响力大幅度增强。

第五，体现在行业的声誉资本中。在企业的市场价值体系中，声誉资本是重要组成部分之一，它是企业长期累积的感性资产以及社会资产的代表，来自企业在与利益相关者交互过程中展现出的企业内涵与社会责任，是社会公众对企业的一种综合印象。在钧瓷行业中，相关企业的声誉推动着整个钧瓷行业声誉资本的形成。这些企业自身的商业活动获得了公众较高程度的认可，从而在投资领域获得较高的信任度，在社会上拥有较大的影响力，借此能够拓展企业发展所需的机遇和相关资源，以及抵御未来不确定因素的能力。

（二）声誉视角下钧瓷行业存在的问题

行业声誉是由相关企业声誉集合而成的，而企业声誉来源于企业行为。企业的能力和社会道德，分别形成能力声誉和道德声誉，经评价者基于认知和情感的综合评价，最终形成企业声誉。因此企业这两方面的声誉以及利益相关者对其的感知与评价在企业声誉形成过程中起到了关键作用。研究发现，钧瓷行业在声誉的塑造和维护方面存在宣传力度不够、社会认知度低、企业影响力弱和社会责任缺失等声誉问题，具体表现为以下几个方面。

1.产业规模较小

行业在市场上的影响力一定程度上受到市场规模的影响，当行业规模做得不大时，该行业的企业很难被外界感知。与此同时，利益相关者和新闻媒体也不会去关注企业发出的声誉信号，信息的传播范围相对不够广泛，不能引起更多公众的注意。截至2021年底，钧瓷的核心产地神垕镇大大小小的钧瓷生产厂家才260家左右，规模太小。此外，与之相关的产业，比如艺术鉴赏、文化与教育、社会收藏等领域也都处于发展的起始阶段。作为重点发展项目的钧瓷文化旅游活动，虽然开展多年，但经济效益仍然不容乐观，各种配套服务功能也没有跟上，品牌的作用还没有得到发挥。

2.品牌文化意识薄弱

品牌是产品或服务质量的一个重要标志，企业的形象、信誉以及文化可

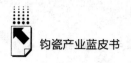

以通过品牌传递给利益相关者,从而降低利益相关者的信息成本和认知难度。品牌是利益相关者对商品质量做出评价的一个重要依据,而相关的研究结果也有力地说明消费者购买意愿以及商品销售数量都受到品牌的影响。而品牌竞争力是企业开拓市场从而取得较大市场份额的能力、使消费者对品牌产生信任从而选择购买的能力,能够扩大企业在社会层面的影响力,这是其他同行所不能模仿的内在能力。一个运营相对成功的品牌知道将品牌与产品或服务相结合,尽可能地提供消费者所需要的专属附加价值,并在激烈的竞争环境中不断保持。而在神垕,人们关注钧瓷制造者的姓名,对于窑口以及厂家和产品品牌则没有太多的留意。同时钧瓷行业市场也相当不规范,无证企业、家庭小作坊遍布全市。禹州市的区域品牌——"中国钧瓷之都",虽然为当地提供了大量的商机,带来较高的利润,但一些企业对行业声誉意识不强,利用该区域品牌,肆意生产、贩卖伪劣甚至假冒的产品,"中国钧瓷之都"区域品牌的形象受到了严重损害。例如,国礼"和平钧"厂家售价一件20000多元,而假冒的售价却不到300元。缺乏对品牌影响力的认识,是禹州钧瓷行业没有占到应有市场份额的重要原因。

3. 人才与技术缺乏

人才和技术是一家企业存在与发展极为重要的两个方面,也是利益相关者对企业进行评价的重要影响因素。企业可以通过人才和技术提升经营与管理能力,以此来提高利益相关者对企业的信任度,形成企业声誉的基础。《制造业人才发展规划指南》显示,我国制造业十大重点领域2020年的人才缺口超过1900万人,2025年这个数字将接近3000万人,缺口率高达48%。当下我国钧瓷行业的人才缺口极大,顶级的专业人员更是稀缺,而景德镇则聚集了一大批被社会高度认可的专业人员,他们的艺术创作能力得到了大家的肯定,产品价格高,竞争能力强,使得景德镇瓷器在陶瓷市场独占鳌头。而钧瓷行业内的技术人员主要来自当年国有企业的工人,年龄偏大,知识结构单一,他们工作经验虽然相对丰富但创新力却是短板。目前从事生产的熟练工人中没有经过系统学习的人数占比高达80%,而且年龄还都集中在50~70岁。在工厂操劳的父辈不再希望孩子继承父业,他们努力工作供孩子读书就是希望下一代能远离这种生活，导致年轻人很少投入这一行业。在专业人才的培养方面，成效也十分有限，未能给钧瓷产业的迅速发展提供充足的后备人才。

我国钧瓷行业人才培养方式主要是师带徒，局限性很大。与此相关的科研机构以及开设钧瓷相关专业的高校也极少，同时高校与高校之间、行业内部、国内外交流也十分有限。

钧瓷行业的科技研发能力不足，许多企业引进的是景德镇的技术。较低的生产能力导致钧瓷产品成品率和精品率都较低，加上粗糙的制作工艺，市场上的多数钧瓷产品都极为普通，造型没有新意，未能显现出钧瓷应有的典雅气质。市场竞争力不强，所产生的经济效益也十分有限。

4. 营销理念滞后

营销是信息传递的一种有效手段，是连接社会需求和企业生产的中间环节，企业可以了解和发现消费者的需求，以指导企业做出相应的决策，从而促进企业长远发展；与此同时，信息的传递能够让公众更好地了解企业以及产品特性，从而使其对企业进行有效的评价。然而目前钧瓷行业通常以家族式企业各自为营的方式进行营销，力量分散，忽视对品牌的推广，对大市场的营销观念认识不足；品牌宣传的方法、理念以及手段仍然较为保守，缺乏在网络上宣传的力度且未依托自身品牌底蕴进行宣传，导致品牌的影响范围受到很大的局限，从而对行业的知名度产生了一定的影响。

5. 破坏生态环境

对于资源消耗型企业来说，保护自然生态环境是企业的社会责任，企业在这一方面的表现对声誉有着重要影响，是利益相关者评价企业的重要依据。钧瓷行业是资源密集型行业，对资源的需求非常之大，然而一些企业对资源利用非常不合理，经常发生乱采、滥用的行为，部分山体被垂直向下挖了几十米，造成了严重的环境破坏和资源浪费。神垕200多家瓷器生产企业，生产用水量每天高达20000立方米，导致当地水资源极度紧张。此外，企业的布局也没有进行合理的规划，生产所产生的垃圾对环境产生了严重污染，PM10、PM2.5平均浓度和空气质量优良天数在全省排名靠后，严重影响了行业的声誉。

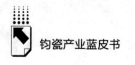

三　钧瓷行业声誉形成机制

声誉机制一般包括激励、制约和惩罚机制。在现代市场经济中，声誉机制发挥着重要作用，它依赖于交易者之间对彼此的信赖，通过重复博弈，惩处违约者和欺骗者。

企业声誉的集合构成行业声誉，该行业以往所提供的产品或服务的质量决定了其评价标准。对于行业声誉，我们可以这样理解，即行业声誉体现了"团体"的特性，是一种综合象征和总体印象。

行业声誉是交易者之间通过重复博弈所形成的信用，与企业声誉相比，行业声誉的维护更加困难。如果行业的规模较大，企业则会认为其获得交易的可能性较小，所以企业往往会为了谋求自身利益最大化而无视行业的声誉，行业声誉维护的困难也就会增大。基于此，对行业声誉的形成机制进行研究是非常有必要的。

（一）行业声誉机制的形成条件

社会规范能够对交易双方起到制约作用，其他社会成员将会对违反社会规范的交易者实施处罚并将其排除出去，这会推动交易双方共同遵守约定，驱动着声誉的形成。

重复博弈以及信息披露的及时、准确且有效是发挥声誉机制功能的前提。一方面，交易双方对彼此的长期信任关系在重复博弈的过程中建立，当前存在违约行为的交易者，其目前的利益和将来的收益都将受到损失。选择合作，减少违约行为将会是交易双方的共同做法。而另一方面，更换交易伙伴是交易主体在经济活动中的普遍做法，那么重复博弈在这种情形下就不存在，违约者也就不会遭到受害者的惩罚。因此，通过社会网络快速传播并及时正确地披露违约者的信息将是必要的做法，这能够使违约者的情况被其他成员了解，这样就不会有人与之开展交易，从而使该违约者的社会关系网络缩小，实现对其施加惩罚的效果。行业声誉的形成除了信息的传递效应外，还取决于一定的范围经济和规模经济，两者对形成良好的声誉也有着促进作用。在一个行业中，若发生足够多的交易并有充足的参与者，参与者间不断进行交易则更有助于行业声誉的形成，而与此同时行业声誉对整个行业中各个企业的行为活动起到制约作用。

（二）行业声誉的形成机制

个体企业对行业声誉的形成来说是至关重要的，一个行业中存在着单个企业之间的博弈以及企业和行业之间的博弈。

Kreps 等人在"声誉模型"中纳入了不完全信息理论，分析了声誉是如何在进行重复博弈中形成的。交易主体在重复博弈过程中，违反约定的一方会遭受惩罚，从而丧失长远合作的利益；而信守承诺的一方则能够获取长期收益。交易者双方为了谋求自身的长远收益，会选择合作，这有助于声誉的形成。在考察企业声誉时，不但要考察消费者对企业优质产品以及其发展前景等特性的了解，同时还要考察这些特性对消费者个人情感的影响，如喜爱该企业、对该企业忠诚等。企业声誉的形成是一个动态过程，企业当前的活动以及利益相关者对企业当前的综合评价受到企业历史行为的影响。基于此，企业为了得到好的评价则会约束自身的行为，以形成良好的声誉。

违反约定的企业，将会受到行业对其实施的"声誉惩罚"。企业会对违约收益和履约收益进行权衡，若后者高于前者，企业则会履行约定，维护行业声誉，这对行业声誉的形成起到了促进作用。行业声誉具有正外部性，即良好的声誉能够给行业内的各个企业带来收益。而当单个企业违约时，负的外部效应就会产生，行业中其他遵守信用的企业也会受其影响，整个行业都丧失公众的信赖并遭受损失。另外，在企业声誉发挥不了作用的时候，行业声誉能够较好地弥补企业声誉的不足，进而保持消费活动的正常进行。

将声誉的研究扩展到钧瓷行业，根据企业声誉的定义，结合钧瓷市场的

111

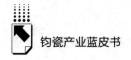

情境，笔者认为钧瓷企业声誉是利益相关者对钧瓷企业盈利水平、市场竞争力以及未来发展潜力的理性评价与对钧瓷企业的喜欢、认可和尊重等方面情感评价的总和。钧瓷企业首先以生产经营钧瓷建构身份，通过具备钧瓷特性的外部标志、领先的运营理念以及保证生产优质的钧瓷产品的经营管理策略等企业行为被公众认知，在企业经营过程中，内外部利益相关者的感知与评价塑造了短期的企业形象；通过与社会组织及新闻媒体等外界机构进行沟通交流宣传企业的形象，最后形成较为稳定的企业声誉。依据钧瓷企业声誉形成的基本架构（见图1），钧瓷企业声誉形成的基本动力源包括政策导向、价值驱动和市场竞争，而钧瓷企业声誉管理周期的整个过程离不开身份建构和形象传播的共同作用，对钧瓷企业声誉的不断提升起到关键影响的则是和内外部利益相关者的交流互动。在企业的运营过程中，如果企业的经营理念以及社会责任的履行情况得到消费者认可，提供的产品货真价实，令顾客感到满意和信赖，企业的运营能力和竞争力获得投资者的信赖等，利益相关者将会正面地评价企业，并通过直接回馈或向自身社会关系网络中的其他成员宣传，造就企业良好的形象。公众及机构等的广泛传播提高了媒体对企业的关注度，企业的形象也获得了较大幅度的改善，逐步积累成为企业良好的社会声誉。企业良好的社会声誉又使企业获得了优质的资源支持，并由此获取更多资本，进而赢得更多的收益以及更好的企业发展前景。而这又将反过来刺激利益相关者对企业的需求，企业的市场价值和市场规模也因此获得了更大的提升，构成一个循环往复、螺旋上升的发展状态。企业受利益驱动，当觉得自身的声誉能够带来价值时，就会约束自身言行，在保持良好的声誉基础上获取更高的声誉，从而实现良性循环。

售卖钧瓷产品的单个企业的声誉集合形成钧瓷行业声誉，单个钧瓷企业经营能力总和决定了行业整体声誉，各钧瓷企业享有共同行业声誉。良好的行业声誉使相关产品能够获得社会大众的认可与信赖，它具有较强的正外部效应，能够给该行业中的每一个企业都带来收益。进而，行业内钧瓷企业的合作机遇将会变得更多，能够获取优秀的合作伙伴，声誉溢价也会变得更高，拥有相对于其他竞争者的竞争优势。因而大多数钧瓷企业为

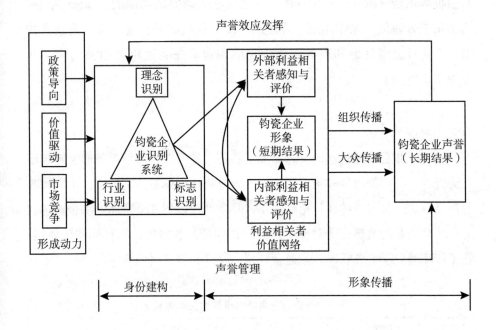

图 1　钧瓷企业声誉形成框架

了获取更多的合作机会和更高的价格溢价，基于长远效益的考虑，会摒弃短期的机会主义行为，而选择"合作"战略，展示其较高的生产水平和优质产品，共同维护行业声誉，进而促进良好行业声誉的形成。当某个钧瓷企业采取机会主义行为时，产品出现质量问题，行业会对此企业进行"声誉惩罚"，通过媒体传播准确披露企业信息的方式提高企业违约成本、降低企业违约动机来维护行业的整体声誉，确保市场交易的有序进行。

四　钧瓷行业声誉评估设计

针对企业声誉指数的构建，Harris-Fombrun 创立的声誉度指标最具代表性。其声誉定量分析模型是在利益相关者理论的基础上提出的，最终将6 个一级指标和20 个二级指标确定为声誉指标，企业的声誉测量和比较也

113

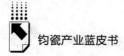

是根据各项指标的评分来实现的。在之前学者研究的基础上，Lange 和 Dai 指出第三方评估、媒体评论、公开透明度、供应商的反馈建议、消费者建议、企业社会责任感和财务指标等也应该包含在企业声誉指数的衡量过程中。

（一）构建声誉水平的评估指标体系

除了企业自身经营活动，行业发展趋势、政府监管政策等外部宏观环境对钧瓷企业的声誉也具有重要影响。在声誉度指标体系的基础上，本文构建的钧瓷行业声誉水平的评价指标体系，具体涉及以下几个方面：①企业感召力；②对企业的情感；③对企业的认知；④产品和服务；⑤目标和领导层；⑥工作环境；⑦财务状况；⑧监管处罚；⑨社会责任（见表1）。

表1　钧瓷企业声誉水平评估指标体系

一级指标	二级指标
企业感召力 X_1	资产规模 X_{11}
	经营时间 X_{12}
	市场份额 X_{13}
对企业的情感 X_2	对企业的信任 X_{21}
	对企业的认同 X_{22}
	对企业长期发展的关心 X_{23}
	对企业新闻报道的关注 X_{24}
对企业的认知 X_3	对企业发展前景的认知 X_{31}
	对企业知名度的认知 X_{32}
	对企业规模实力的认知 X_{33}
	对企业经营能力的认知 X_{34}
产品和服务 X_4	提供的产品质量 X_{41}
	产品和服务的发展创新性 X_{42}
	广告宣传的真实性 X_{43}
	价格的合理性 X_{44}
	售后以及与客户的联系 X_{45}

一级指标	二级指标
目标和领导层 X_5	企业覆盖地区 X_{51} 优秀人才吸引度 X_{52} 领导者的声誉 X_{53} 企业内控 X_{54} 员工对企业的忠诚度 X_{55} 领导者背景 X_{56}
工作环境 X_6	员工年龄结构 X_{61} 员工学历水平 X_{62} 员工性别比 X_{63}
财务状况 X_7	经营业绩发展趋势 X_{71} 投资收益率 X_{72} 利润来源的稳定性 X_{73} 资产增长率 X_{74}
监管处罚 X_8	违法违规 X_{81} 重大声誉事件 X_{82}
社会责任 X_9	纳税增长率 X_{91} 环境保护重视度 X_{92} 道德标准的遵守 X_{93} 信息披露的及时性和准确性 X_{94}

（二）声誉水平的评估

1.确定权重

根据每一个指标 X_i 对企业声誉影响的重要程度，赋予每个指标以相应的权数 b_i（$i=1, 2, \ldots, 9$），于是得到 X_i 指标权重集 $B=(b_1, b_2, \ldots, b_9)$，其相应的权重之和为1，即 $\sum_{i=1}^{9} b_i = 1$。根据每个指标 X_{ij} 对指标 X_i 的归属程度来确定每个指标 X_{ij} 的权数 b_{ij}（$i=1, 2, \ldots, 9$；$j=1, 2, \ldots, n$），于是得出指标 X_{ij} 权重集为：$B_i=(b_{i1}, b_{i2}, \ldots, b_{in})$，其相应的权重之和为1，即 $\sum_{i=1}^{9}\sum_{j=1}^{n} b_{ij}=1$。

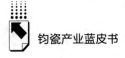

2. 指标评估

2.1 单个指标评估

在指标体系中，通常利用二级指标来评估一级指标，因此对每一个二级指标的评估就相当于对一级指标的评估。将企业管理层、投资者、企业员工、消费者、钧瓷专家等作为受访者，通过访谈以及设计适合受访者的调查问卷对相关企业进行调查评价。

依据调查结果，将评价声誉水平二级指标的表格发放给评估人员。首先要将评价作用和原因向评估人员做简要阐述，并告知评估人员仔细填写，这对于评估具有特别的意义。其次，对评估人员的性别、年龄、教育水平、工作类别、钧瓷产品的购买频率、对钧瓷企业熟悉程度、信息来源等基本资料要进行了解。最后，采用李克特五级量表，对每个评价指标进行定性评估，并以此为每个评价指标赋予 1~5 分的具体分值。

2.2 综合评估

首先，按照二级评估指标结果，将与其对应的权重进行加权求和，对 9 个一级指标进行评估，其公式为 $C_i = \sum_{i=1}^{n} b_{ij} \cdot X_{ij}$，（$i = 1$，…，9）。其中 C_i 表示第 i 个一级指标的综合评估结果；b_{ij} 表示第 i 个一级指标中第 j 个二级指标的权重；X_{ij} 表示第 i 个一级指标中第 j 个二级指标的单个指标评估结果。

其次，通过 9 个一级指标评估结果与其对应的权重进行加权求和，得到反映企业总体声誉水平的评价得分，即综合评估。其公式为 $C = \sum_{i=1}^{9} b_i \cdot C_i$。其中：$C$ 表示综合评估结果；b_i 表示第 i 个一级指标的权重。

综合得分越高，钧瓷企业的声誉越高，行业可以对声誉高的企业实施激励，对声誉低的企业进行约束和惩罚，进而促进行业声誉水平的整体提升。

五 钧瓷行业声誉提升策略

针对钧瓷行业存在的声誉问题，本文分别从政府、行业、企业三个层面提出策略增强企业的实力，扩大企业影响力，提升企业形象，进而提升钧瓷行业的声誉。

（一）政府层面

1. 提高钧瓷行业实力

（1）实施产业集聚战略，扩大市场规模

产业集聚是产业中不同的要素向同一区域集聚的过程。马歇尔研究发现通过对在一定区域内聚集的劳动力、资金、核心技术进行融合，可以有效推动当地经济的发展。市场规模即行业整体规模的大小与竞争性直接决定了该行业对新产品设计开发的投资规模。扩大钧瓷行业的市场规模，应从以下两个方面着手。

第一，建设高标准的禹州钧瓷产业园区。要想使钧瓷行业有长足的发展，就必须用科学发展的视角来对整个行业做出质的调整。做出好产品前提是对基础性工程的高标准建设，将时代的因素融入行业的发展中，坚决放弃旧的思想与观念。同时还要做好各种服务性的工作，积极吸引外部资金、人才、工艺与技术，还要引导禹州本地相关企业进入园区，形成合力，集产、学、研于一体。发展有潜力的小微企业，对其加以大力扶持，使之成为钧瓷行业发展的生力军，一起做大做强钧瓷产业。

第二，加快产业融合发展。产业融合是指不同产业或同一产业上下游之间相互渗透、相互交叉，最终融合为一体，逐步形成新产业的动态发展过程，可分为产业渗透、产业交叉和产业重组三类。应加快钧瓷产业设计、材料、技术培养、工艺流程、市场开拓等方面融合发展。把钧瓷文化作为禹州城市发展的名片，建设钧瓷文化旅游特色小镇，在国家5A级景区的创建中融入钧瓷元素，形成旅游产业与钧瓷产业相互支持与发展的局面，提高禹州钧瓷的国际知名度，进而推动钧瓷产业的快速发展。

（2）实施项目拉动战略，增强行业实力

所谓项目带动战略，一般是指经济社会发展过程中，依靠项目实施带动全局联动的发展战略。一方面，策划钧瓷文化项目。通过招商引资吸引投资

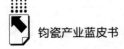

者或者积极引导和激励有发展能力的钧瓷文化企业，让其在禹州投资兴建大型文化产业项目。以钧瓷文化为主，配合禹州历史文化资源，结合现代技术，打造全新禹州，以此促进整个禹州钧瓷行业乃至旅游业的发展，全面提高钧瓷行业实力与公众知名度。另一方面，积极谋划发展陶瓷专业市场，努力建设河南乃至我国整个北方地区的陶瓷集散中心，提高企业专业化水平，提升整个行业知名度。

（3）实施人才技术发展战略

在目前激烈的市场竞争中，行业间的竞争已经转化为人才的竞争，人才是一种无法衡量的资本，能给企业带来巨大效益。专业技术人才是科技的载体，是推动经济社会发展和技术创新的支撑力量，是推动行业持续发展的关键。钧瓷行业在人才的培养上，要加强职业院校建设，把钧瓷相关专业作为发展重点，从学生抓起，实行校企合作，培养一大批实用型技术人才，为钧瓷行业后续发展提供资源支持。同时要加大研发投入，充分发挥钧瓷工程技术研发中心的作用，引导校企合作、企业与研发机构合作，提高钧瓷工艺水平，加快科技产出，指引钧瓷产业更快发展。加强对人才的呵护，鼓励并支持钧瓷行业高端人才积极申请各级各类职称荣誉，对有突出贡献的人才给予多种奖励。此外，增强区外技术合作交流，通过技术合作，做到取长补短；通过技术交流，开阔思维，为钧瓷行业的技术升级提供良好的条件。只有拥有雄厚的技术水平和充足的人才资源，行业才能得到社会的认可，进而获得良好的声誉。

2. 积极宣传弘扬钧瓷文化

（1）构建宣传平台

广泛的宣传可以使消费者对产品的特性更加了解，进而影响消费者的购买行为，甚至可以通过刺激消费者心中的潜在需求而达到创造需求的目的。在我国钧瓷文化的宣传上，一方面，积极营造文化氛围，提升钧瓷文化节的知名度。政府搭台，企业唱戏，通过政府的号召，调动钧瓷企业的宣传积极性，扩大会事规模，把钧瓷文化节办成全国性的行业盛会，提高禹州钧瓷的国际知名度。另一方面，利用钧官窑址博物馆的影响力，与钧瓷企业及收藏界紧密联系，通力合作进行多方位的宣传，以提高大众对钧瓷的认知度。

（2）实施文化氛围营造工程

营造文化氛围虽然不能直接产生经济效益，但它是企业繁荣昌盛并持续发展的一个关键因素。GE 公司前 CEO 杰克·韦尔奇说过："健康向上的企业文化是一个企业战无不胜的动力之源。"我国著名的经济学家于光远说过："关于发展，三流企业靠生产、二流企业靠营销、一流企业靠文化。"要将钧瓷文化的相关知识引进课堂，扩大信息传递范围，把钧瓷文化知识带到千家万户，让广大人民群众更多地了解钧瓷，增强市民对钧瓷文化的历史认同感和自豪感，使得钧瓷文化在人民群众中扎根。同时运用当下盛行的自媒体和即时通信软件将钧瓷文化以公众喜闻乐见的方式呈现在客户终端，以产生群体认同感。

（3）实施钧瓷旅游开发工程

我国文化资源丰厚，旅游的本质也就是感受各个地方丰富多彩的文化。同时旅游为文化的传播与交流开创了一种新的方式，成为一些具有特色产业的区域对外宣传的载体。全国大部分景区都会出售当地的一些特产，而游客也乐于购买，这为当地产业的发展提供了一种全新的模式。实践证明，旅游产业和文化产业的互动与融合有利于经济、社会、文化的共同发展。与旅游项目结合也是推广钧瓷的好方法，政府和企业可以和相关旅游公司进行合作，通过旅游公司把钧瓷文化宣传出去，把优质的钧瓷产品推销出去，建立良好的企业口碑。同时，积极开发旅游项目，完善旅游设施，引导钧瓷企业改善旅游形象，鼓励开发具有钧瓷文化特色的旅游产业。

3. 有效整合钧瓷管理资源

所谓的整合就是要优化资源配置，获得最佳的整体效果。要想钧瓷行业健康发展，必须对钧瓷行业进行严格有效的管理。一方面，政府和行业协会牵头，制定统一的行业准入规范和产品质量标准，设立品牌信誉度预警机制，对当地钧瓷企业实施严格、一致和标准化的质量监督管理，设立行业信

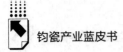

息查询管理系统，设置黑名单，公示行业内失信企业，引导行业自律。另一方面，做到奖惩分明。要严厉打击假冒伪劣等严重损害区域品牌形象的行为，对破坏市场秩序者实施严厉处罚，使其承受沉痛的代价，从而达到警示全行业的目的。奖励维护和提升钩瓷品牌形象的企业，树立企业榜样，营造人人提升钩瓷形象的良好氛围。此外，激发钩瓷企业的社会责任感，提高其对环境保护的意识，以改善企业的社会形象。

（二）行业层面

1. 建设钩瓷专业市场

规范的交易平台和完善的销售网络是专业市场建设的两大关键，其能够大幅度降低交易的成本，从而提高产品的竞争优势。首先，可以借鉴宜兴和景德镇的成熟经验来发展市场，根据禹州市的地域优势和钩瓷产业的实际状况，开发符合产业发展情况的专业钩瓷市场。其次，遵循专业化、标准化、链式化的发展方针，建立高标准的交易市场，以示范推动销售，以市场化发展思路推动建立钩瓷的产地一条龙模式。最后，在全国范围内进行招商，吸引知名的生产和销售公司入驻，积极引导相关企业集群发展，扩大交易规模，抢占市场高地，努力把禹州市打造成为瓷器的重要集散中心，从而为禹州市钩瓷产业的高速发展提供动力与支持。

2. 健全行业机制

一个产业集群健康发展的前提条件是要有健全的行业规范和完善的协调机制。钩瓷行业协会应在企业间价格协调、消费者服务、同行业学术与交流以及企业之间的合作等方面发挥作用。为了规范钩瓷市场的秩序，保障管理部门与钩瓷行业内部企业之间的协作，提高整个行业的竞争力，确保钩瓷业的稳健发展，行业规则不可缺少。行业内部的主干企业可以通过生产环节辅导、销售业务培训和相关资源的共享等方式引领与帮扶小企业共同发展，把产业做大做强。同时加快行业内的整合力度，细化分工，利用自身优势共同推动禹州市钩瓷产业高速发展。

（三）企业层面

1. 营销策略

企业应针对经营的需要，通过社交平台、各大网络销售平台，加大推广力度，树立产品品牌，创造较好的发展环境，拓宽交易渠道，提升消费者的产品需求。一方面，可以利用自媒体加大对与钧瓷相关故事传说的宣传或者跟拍艺术大师的生产场景，提高公众对钧瓷的认知与兴趣。另一方面，也可以通过创办各种互动式的活动让消费者亲自体验钧瓷艺术所带来的震撼，提高人们对钧瓷艺术价值的充分理解，从而提高品牌知名度并在消费者群体中树立良好企业声誉。比如，针对两年一度的钧瓷文化节，可以举办大型的主题活动，采用名品现场观看、游客参与现场活动等形式提高知名度。

在商业运营方面，可以运用差异化的促销方式，对不同群体进行有针对性的销售。比如开展钧瓷的茶艺活动体验、亲自体验手拉坯和钧瓷寻宝体验等项目，让孩子们感受钧瓷之美。而对于成年人，可以用各种社交平台、短视频平台等自媒体作为主要的营销渠道，让人们能够快速地获得相关知识，提高对钧瓷的认知，进而产生消费决定。

在销售渠道方面，可以开设钧瓷的展示店或者在人流量较大以及潜在消费者群体密集的地方陈列钧窑的名品，使其获得更多公众的关注。此外，也可以与景区开展合作，提升游客对钧瓷的认知。

2. 品牌战略

随着互联网技术的飞速发展，信息传播方式更加便捷与快速，产品的制作技巧及营销与管理策略很难成为商业机密，各种模仿与抄袭的现象层出不穷，于是品牌便成了消费者评价产品与服务的方式。品牌战略作为企业发展的重要武器，首先要做的就是产品的品牌化战略决策，这个环节需要思考是创建一个全新的品牌还是与其他品牌合作。

鉴于钧瓷行业浓厚的文化底蕴，在品牌策略方面应该采取以下策略。

（1）地理标志产品品牌策略

地理标志产品是由国家认证的，是权威的体现。地理标志产品的质量能

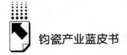

够得到有效保证，其主要依赖于原材料的区域特定化、加工工艺的传统化和深厚的社会文化渊源等要素。地理标志能够有效提高区域特色产品的形象，增加产品附加值，这有助于将本地资源的比较优势转化为宏观层面的绝对优势，进而提高产品在国内外市场上的认可度和扩大利润空间。对消费者而言，地理标志可以大大降低"搜寻成本"。钧瓷企业要想树立自己的企业声誉，地理标志产品品牌策略是必不可少的，应通过制定严格的管理制度并规范生产标准，使钧瓷成为地理标志产品，从而获得广大消费者的喜爱，扩大产品的销售区域。

（2）工艺大师品牌战略

创建企业产品品牌，需要高度重视工艺大师的品牌作用。工艺大师往往是行业内部的代表，这在钧瓷产业中更为突出。企业与大师联合的做法应该得到政府的认可与支持，充分发挥名人品牌效应，通过工艺大师的名人效应和钧瓷艺术魅力相结合，提升钧瓷产品的档次和艺术价值。加大对个性化工作室的扶持力度，推动其作品的个性化创作，满足不同人群的需求，从而提升钧瓷的社会知名度和业界影响力。

3. 产品升级

在原有产品的基础上，为了满足不同市场层次的需求，丰富钧瓷文化内涵，应采用先进的技术和设备优化现有产品以及生产流程和工艺。按照"瓷艺术实用，实用艺术瓷"的准则，以现代审美观和市场需求为前提，正确制定钧瓷行业发展方针，做到实现"两个满足"：不仅要有高层次的艺术品，以满足收藏家等少数人群的需求，也要使钧瓷工艺品能够进入千家万户，以满足中低端市场中多数人的需求，使得钧瓷文化产品以不同的方式输送到消费者那里。

实现钧瓷与传统文化的衔接，比如在传统节日推出具有纪念意义的作品，满足客户的需求，提升钧瓷的艺术价值，赋予钧瓷独特的文化内涵。钧瓷和其他瓷器是不同的，可以通过高端人士推广钧瓷产品，使公众认可钧瓷的价值，从而提高产品的销售量。依据顾客的不同需要，充分发掘产品特色，在消费的过程中带给客户真正的快乐，从而获得顾客发自内心的认可与支持。

参考文献

[1] 宝贡敏、徐碧祥：《国外企业声誉理论研究述评》，《科研管理》2007 年第 3 期。

[2] 翟立宏、付巍伟：《声誉理论研究最新进展》，《经济学动态》2012 年第 1 期。

[3] 贺晓波、刘静怡、殷婧瀛：《河南禹州钧瓷企业在经济新常态下做出的决策和转变——以孔家钧窑为例》，《中国集体经济》2019 年第 11 期。

[4] 江育恒、于歌、赵文华：《研究型大学社会声誉的形成机理：理论解释与跨案例研究》，《中国高教研究》2021 年第 2 期。

[5] 李延喜、吴笛、肖峰雷、姚宏：《声誉理论研究述评》，《管理评论》2010 年第 10 期。

[6] 吕可文、苗长虹、王静、丁欢：《协同演化与集群成长——河南禹州钧瓷产业集群的案例分析》，《地理研究》2018 年第 7 期。

[7] 皮天雷：《国外声誉理论：文献综述、研究展望及对中国的启示》，《首都经济贸易大学学报》2009 年第 3 期。

[8] 谢一菡：《禹州钧瓷传统制作技艺传承研究》，博士学位论文，中国艺术研究院，2014。

[9] 徐金发、刘靓：《企业声誉定义及测量研究综述》，《外国经济与管理》2004 年第 9 期。

[10] 余津津：《现代西方声誉理论述评》，《当代财经》2003 年第 11 期。

[11] 余津津：《国外声誉理论研究综述》，《经济纵横》2003 年第 10 期。

[12] 郑秀娟、米运生：《集体声誉：形成机制、功能及其应用——一个文献综述》，《海南金融》2014 年第 5 期。

[13] 郑永彪：《禹州市钧瓷原料矿产资源及钧瓷产业发展研究》，博士学位论文，中国地质大学（北京），2009。

[14] 郑永彪：《中国钧瓷企业品牌战略研究》，《北京工商大学学报》（社会科学版）2009 年第 5 期。

[15] 郑永彪、罗晗旖、唐大立：《"中国钧瓷之都"区域品牌建设机制与路径研究》，《北京工商大学学报》（社会科学版）2010 年第 4 期。

[16] 仲赛末、赵桂芹：《我国保险行业声誉风险的形成、评估及其经济影响》，《保险研究》2020 年第 11 期。

B.9
数字经济背景下钧瓷文化
品牌建设与推广

王兴明　卢腾飞*

摘　要： 数字经济时代是企业建立和拓展品牌的难逢良机，即使中小公司，在"互联网+"赋能情况下，也可以接触到存在于世界各个角落的潜在客户，从而成为全球性企业。本文以传统钧瓷文化企业为研究对象，阐述了数字经济对传统钧瓷文化产业带来的挑战和机遇以及钧瓷文化企业建立和拓展品牌的必要性，提出了传统钧瓷文化品牌重塑的内容方向，分析了市场参与者尤其是客户的主要特征，并在此基础上给出了传统钧瓷文化品牌的推广策略。

关键词： 数字经济　钧瓷文化品牌　推广策略　直播带货

一　数字经济崛起成为驱动经济发展关键力量

近年来，依托互联网、创新速度越来越快的数字技术日益渗透各个领域，对传统的经济社会产生了猛烈而深远的影响，使全球快速步入数字经济时代，数字技术正在成为重组资源要素、重塑经济结构和改变经济发展模式的关键力量。

1994 年我国并入互联网后，党和政府就高瞻远瞩地进行了顶层设计并

---

* 王兴明，郑州轻工业大学经济与管理学院副教授，主要研究方向为市场营销、品牌管理；卢腾飞，中欧国际工商学院 MBA 研究生，禹州市卢钧窑艺术品有限公司副总经理。

完成了基础设施建设和制度建设。2005年《国务院关于加快电子商务发展的若干意见》将发展数字经济上升为国家战略，2020年底中央经济工作会议首次增列数据作为关键生产要素。长期以来习近平总书记对数字经济的系列重要讲话为我国数字经济发展指明了方向；2017年3月李克强总理在政府工作报告中提及数字经济，进一步体现了国家层面对我国数字经济的高度关注；2022年3月政府工作报告再次强调要促进我国数字经济发展。与此同时，各部委和地方政府也密集出台了支持与鼓励数字经济发展的相关政策和指导意见。互联网、大数据、云计算、人工智能、区块链等赋能的数字经济将成为驱动我国经济社会全面发展的新动力。

据《中国数字经济发展白皮书（2021）》数据，2005年我国数字经济规模为2.6万亿元，增速为15.8%，超过GDP增速4.4个百分点，至2020年，数字经济规模达39.2万亿元，其增速超过GDP增速6.7个百分点，拉动经济增长效果异常明显（见图1）。从数字经济占GDP比重看，2005年和2020年分别为14.2%和38.6%，数字经济在国民经济中的占比逐年增高并已经超过了1/3（见图2）。伴随着数字技术与实体经济的深度融合，在后疫情时代及复杂多变的国际国内环境中，数字经济无疑已经成为我国最具活力、最具创新力、最具影响力的驱动我国经济转型和经济高质量发展的新动力。

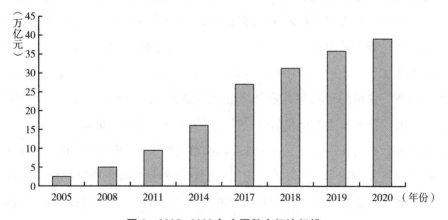

图1 2005~2020年中国数字经济规模

资料来源：《中国数字经济发展白皮书（2021）》，中国信息通信研究院，2021。

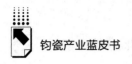

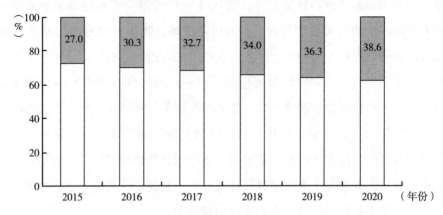

图2　2015~2020 年中国数字经济占 GDP 比重

资料来源:《中国数字经济发展白皮书（2021）》,中国信息通信研究院,2021。

二　数字经济对传统钧瓷文化产业带来的挑战和机遇

随着数字经济风起云涌地发展及其对经济社会的深度影响,我国传统行业企业面临着巨大的冲击和艰难的抉择。能否转型成功,能否科学地利用数字技术生产要素,决定了它们今后能否快速融入数字经济发展快车道甚至能否生存下来。作为传承和发扬中国悠久历史文化传统的市场主体,钧瓷文化企业也不可避免地面临着数字经济带来的巨大的挑战与机遇。传统上它们的生产要素主要是土地、劳动力、机器厂房和资金,扩大再生产主要靠每年的利润积累,获取的利润是有限范围市场激烈竞争后的利润;而数字经济时代,主要生产要素是数字化信息,扩大再生产依靠基于智能制造、新业态下的知识和数据的积累,利润是全球互联网市场提供的无限销售回报。经济社会的时代特征和技术发展环境决定了它们必须而且只能走数字化经济之路,传统钧瓷文化企业如果要转型升级,进入数字经济快车道,必须依赖于数字技术重塑其企业经营逻辑,即通过数字技术对传统资源进行重新配置、降低包括交易成本在内的各种成本以及提高生产效率等,钧瓷文化企业经营者必须下定决心进行基础设施数字化改造，延聘专业技术人才，开创互联网为基础的新业态，这意味着传统钧瓷企业需要花费不菲的资金和经受两种经济模式碰撞产生的转型阵痛。不过，数字经济是今后包括钧瓷文化企业在内的企业实现利润增长和高速发展的必由之路，顺利实现转型升级和数字技术赋能的钧瓷文化企业将会迅速共享数字经济带来的巨大红利。

三　数字经济背景下传统钧瓷文化品牌的重塑

神垕镇，位于禹州市西南部20公里处，地处伏牛山系余脉，为大刘山、云盖山、牛头山和凤翅山环绕。这里风景优美、人杰地灵，是中国历史文化名镇，被称为"唯一活着的古镇"。这里就是历史上享誉海内外、被视为宋代五大名窑之一钧瓷的生产和销售集散地，每周全国商贾云集于此，热闹非凡，北宋末年更是繁华的所在，有诗称赞神垕镇当时钧瓷产业空前的盛况："宋帝怜瓷钧肇风，窑烟炉火闹东京。横夺五岳兰青绿，巧借三江粉紫红。"

然而，一个行业的发展总是面临着历史进程中许多不确定的因素，宋灭元兴，钧瓷行业开始没落，明代钧瓷也没有太大起色，清朝时期陶瓷重心南移，又给原本处境艰难的中原钧瓷行业一记重击。新中国成立后，在党和政府的关怀与支持下，钧瓷文化企业又如雨后春笋般重新发展起来。目前，在数字经济发展的冲击下，靠传统思维经营的神垕镇钧瓷文化企业再一次迎来了新的巨大挑战和百年难逢的发展机遇。

（一）数字经济背景下重塑传统钧瓷文化品牌的必要性

1.改革开放后钧瓷文化品牌建设一直滞后

新中国成立后在国家大力鼓励和支持下，中原神垕古镇恢复、传承了钧瓷的生产技艺并有较大发展，其在册窑口200余家，年产值达数亿元，钧瓷产品销往海内外。如今，大批的民间钧瓷工匠和钧瓷企业正在为钧瓷文化产品的复兴和钧瓷技艺的发扬光大而做着艰苦卓绝的努力。

虽然神垕古镇的钧瓷文化企业发展向好，产值和影响力等多方面均有较大提升，但是，钧瓷文化产品的影响力和品牌声望依然与其历史地位严重不匹配，与国内许多陶瓷产区相比无论销量还是品牌影响力神垕古镇的钧瓷都存在着不小的差距。造成这一状况的关键原因，是神垕镇钧瓷文化品牌的建设和传播落后：企业品牌建设观念滞后，不能够与时俱进；古镇深处内地，消息闭塞，未能有效吸引现代品牌经营管理人才；品牌建设中政府职能未得到充分发挥；钧瓷企业没有及时吸引风险资本进入助推品牌打造；等等。然而一个毋庸争辩的事实是，品牌建设是一个企业发展的必由之路和成长利器，在产品同质化及互联网逐渐成为销售主流渠道的今天尤其如此，只有高知名度、有着良好声望的品牌才能争取到越来越多的消费者青睐，那些既无知名度又无良好口碑的品牌，只能偏安一隅或者裹步不前，甚至消失在市场经济大潮之中。当下，数字经济已经为新一轮的企业品牌建设提供了绝佳契机，知名度、美誉度不高的钧瓷文化企业建设和打造品牌显得非常紧迫和必要。

2. 品牌延伸宣传不足阻碍钧瓷产品及品牌推广

钧瓷虽然在中国历史文化中有着不可替代的地位，其品类也有了广泛的延伸，但是如今市场对钧瓷的了解程度，也大多停留在古钧瓷层面：价值高昂，只是非富即贵者或专业人士收藏把玩的物什，消费者普遍认为钧瓷与自己的日常生活毫不相干或者购买钧瓷是一种奢求。实际上，当代钧瓷文化产品已经不再局限于价格高昂的古钧瓷，其品类已经延伸到了仿古钧瓷、实用钧瓷、工艺钧瓷、艺术钧瓷等民用类别，近些年又衍生出钧瓷文玩产品。这些衍生出来的钧瓷品类与消费者日常生活息息相关，如厅堂摆件、茶器、餐具、文玩钧瓷等，其价格从几十元到数千元不等，奢俭由人。富裕起来的中国家庭开始追求更高层次的精神文化生活，钧瓷文化产品市场正在悄悄扩大。一言以蔽之，"旧时王谢堂前'钧'"，可以销往百姓家了。因此，钧瓷企业应该加大品牌建设与宣传，尤其是加大对与居民家庭日常生活密切相关的延伸钧瓷文化品类的建设与宣传，唯其如此才能吸引更多消费者消费体验从而做大钧瓷文化产品市场。

3. 数字经济时代钧瓷文化品牌建设已经扩版升级

钧瓷文化企业在品牌建设（如果有的话）的时候，仍然遵循着中规中矩的、内容相互割裂的品牌规划、品牌定位、品牌形象设计、品牌传播路线，周期长且效果不一定明显，这种"烧钱"、大水漫灌式的品牌建设在前互联网时代并无不妥而且是一条有效途径。但在数字经济时代，钧瓷文化品牌主要通过品牌IP（Intellectual Property）建设与传播，其建设过程与互联网传播融为一体，具有快速从诞生发展到成熟的特性。其品牌建设内容更应注重社会责任、服务和品牌质感等消费者的情感诉求，强调触达客户的及时性和与精准客户的交互性，因此，钧瓷文化企业应该及时转变品牌建设逻辑，扩版升级品牌建设观念，将"社会责任＝企业成本"思维转向"社会责任＝企业价值"，根据消费者的需求和偏好发展趋势丰富企业产品及品牌的IP，并利用数字技术在互联网上服务客户，打造自己的钧瓷文化品牌。

4. 市场召唤消费者参与创作的个性品牌

传统企业的销售思维模式是推销，即"为产品（品牌）寻找客户"，"互联网＋"加持的数字经济时代的销售特征是"为客户寻找产品（品牌）"。倘若钧瓷文化企业提供的产品（品牌）有如同"爆款产品"或"网红产品"那样的吸引力，那么它们的销售工作就变得十分容易。依此逻辑，企业所要做的工作就是将产品（品牌）打造成"爆款产品"或"网红产品"：对市场进行细分、确定产品（品牌）定位、分析市场特征、勾勒产品（品牌）画像、设计品牌形象、媒体引爆市场。但无论如何，"爆款产品"或"网红产品"必须具备鲜明而独特的个性，即在能够完美解决客户问题的前提下有独特的性格内涵，满足消费者的心理诉求和情感体验，能够让粉丝以此来呈现和张扬独特的自我。故此，钧瓷文化企业在产品创作与品牌设计时应充分利用互联网和大数据技术吸引广大消费者参与并创造出属于他们"自己家"的产品（品牌）。

5. 网络直播带货为钧瓷文化产品成为"全球品牌"提供了窗口

无论传统的线下销售还是普通电商推广，都无法与集实时性、广延性、交互性和类体验性等特征为一体的网络直播带货尤其是网红直播带货的营销

模式相提并论。线下销售因受到时空的局限客户触达性极差，普通电商以呆板枯燥的图片文字坐等客户搜索上门也与消费者渐行渐远，国内著名电商平台被直播平台疯狂吸粉，不得不布局新电商业态即为有力证据。

从销售业绩和品牌塑造效果看，直播带货模式甫一出现便大刀阔斧地攻城略地，甚至成了许多企业的"销售冠军"业态。鉴于此，不同行业的大小企业纷纷布局，成立网红直播部门或签约网红直播公司进行产品销售和品牌推广。其实，现代营销学之父菲利普·科特勒早在 2002 年在《科特勒营销新论》一书中就曾说："网络能够让企业在扩张地理范围时，以指数增长的方式进行。在新经济（数字经济——作者按）中，即使企业的规模不够大，也可以成为全球性企业，这是因为小企业也可以接触到存在于世界各个角落的潜在客户。"20 年后，科特勒的预言竟已成真。目前，一浪高过一浪的直播带货营销和品牌塑造正处于低成本的红利期，钧瓷文化企业进入网络直播销售模式正当其时。

（二）数字经济背景下传统钧瓷文化品牌重塑的内容

品牌一旦打造成功，不仅能够给企业带来巨额的无形资产（见图 3、图4）、超额平均利润，使企业携海量品牌粉丝有效抗击或缓冲激烈的市场竞争，还能够使企业进行有效的品牌延伸——新品借成功品牌光环进入市场。因此，许多雄心勃勃的企业总是不遗余力地打造自有品牌。

1. 市场细分、产品定位与市场特征描述

传统上，钧瓷文化企业在建设品牌时，往往将整个市场人群作为对象，由于设定目标人群不够精准、粗放而造成大量品牌塑造经费的浪费。在数字经济时代，消费者需求的差异化、个性化、时尚化使得大众市场逐渐碎片化和小众化，那些试图以单一品牌（产品）让所有消费者满意的思维模式无论在理论上还是在实践中都不可能成功。在"互联网+"加持的数字经济时代，钧瓷文化企业建设品牌时仍然应该首先对潜在市场进行市场细分，选定目标市场后再进行准确的品牌市场定位。

宏观上，市场细分选取的指标方向有地理范围、人口统计特征、消费者

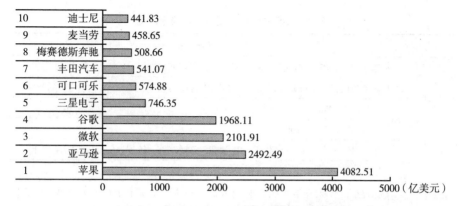

图3 2021年度世界十大品牌及品牌价值

资料来源：根据Interbrand公布的2021年度全球最佳品牌数据整理而成，见中国国际贸易促进委员会浙江省委员会网，http://www.ccpitzj.gov.cn/art/2021/11/1/art_ 1229557691_21029.html。

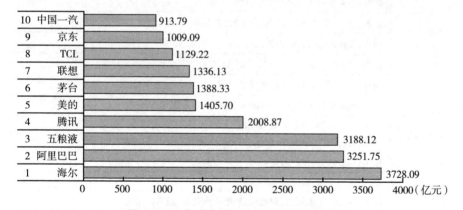

图4 2021年度中国十大品牌及品牌价值

资料来源：根据睿富全球排行榜咨询集团与北京名牌资产评估有限公司联合发布的《第27届中国品牌价值100强》数据整理而成。

心理和消费者行为特征（见表1）。具体到钧瓷文化产品市场，鉴于其行业和产品的特殊性以及线上销售逐渐淡化交易地点的趋势，在对钧瓷文化市场进行细分时，可以不将地理范围作为主要市场划分指标，而将人口统计特征、消费者心理和行为特征作为主要指标。钧瓷文化市场已有的细分市场，是依据产品的时代、产品特征和用途将产品分为古钧瓷、仿古钧瓷、实用钧瓷、

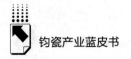

表1　消费者市场主要细分标准和变量

细分标准	细分变量
地理因素	地区:东北、华北、西北、中南、西南、华南、华东
	城市规模:一、二线城市,三、四线城市,农村市场
	人口密度:都市、郊区、乡村
	气候:北方、南方、中部
人文因素	年龄:10岁以下,10~16岁,17~24岁,25~35岁,36~45岁,46~60岁,60岁以上
	家庭规模:1~2人,3~4人,5人及以上
	家庭生命周期:青年单身;青年,已婚无子女;青年,已婚有子女;中年,已婚,与子女同住;中年,已婚,子女超过18周岁;老年两口;老年独居
	家庭收入:<5万元;≥5万元,<8万元;≥8万元,<12万元;≥12万元,<20万元;≥20万元,<30万元;≥30万元
	职业:专业技术人员、管理人员、公务员、农民、退休人员、家庭妇女、学生、失业等
	教育:小学及以下、中学、大学、研究生等
	宗教:佛教、道教、伊斯兰教、天主教、基督教、其他
	种族:黄种人、黑种人、白种人
	代沟:"50后""60后""70后""80后""90后""Z世代"
	国籍:中国、美国、俄罗斯、德国等
	社会阶层:低收入家庭、中等收入家庭、高收入家庭
心理因素	生活方式:简朴、追求时髦、奢华等
	个性:内敛、开朗爱交际、喜命令、有野心等
行为因素	使用时机:普通时机、节假日、其他特殊时机
	追求利益:质量、服务、性价比等
	使用者状况:从未用过、曾经用过、第一次使用、经常使用
	使用频率:不常用、一般、常用
	忠诚度:不忠诚、一般、忠诚、绝对忠诚
	对产品态度:热情、积极、不关心、否定、敌视等
	准备程度:不知道、知道、感兴趣、想购买、非常想购买

工艺钧瓷和艺术钧瓷。客观讲,这些市场细分对指导生产、开发产品、促进销售和满足人们文化需求方面具有积极的意义,而随着产品推广逐渐走向"互联网+"时代,市场需求碎片化、个性化,市场迫切要求钧瓷文化市场区隔出消费者更加满意的新细分市场。比较可行的细分市场见表2。

表 2 可行的钧瓷市场细分

细分市场	较细细分市场	市场描述与刻画	市场前景
仿古钧瓷	仿名器钧瓷	中老年事业有成者,有钧瓷知识储备,爱好/礼品,收入较高	稳中有升
	仿名窑钧瓷	中老年事业有成者,有钧瓷知识储备,爱好/礼品,收入较高	稳中有升
	仿普通钧瓷	中青年爱好者,对钧瓷稍有了解,中等收入	有空间
艺术钧瓷	个人定制	中老年爱好者,有知识储备,收入中高	有较大空间
	单位定制	公司大门、接待室及办公室风水摆件,茶室、书房摆件	有空间
工艺钧瓷	外贸工艺钧瓷	批量生产、出口,常用于家庭装饰	有大空间
	内销工艺钧瓷	批量生产,常用于普通家庭或办公室装饰	有大空间
日用钧瓷	茶器钧瓷	老中青,受教育程度高,有知识储备,爱好/礼品	有较大空间
	餐器钧瓷	中高收入家庭,受教育程度高,有知识储备,爱好/礼品	有空间
	酒器钧瓷	中青年,中高收入,爱品鉴酒,爱好/礼品	有空间
文玩钧瓷	考古文玩	青少年爱好者,猎奇、时尚,对考古知识好奇,几十元至二百元	有大前途
	盲盒文玩	"Z世代",喜玩耍、要酷,猎奇,几十元至数百元,自玩/礼品	有大前途
	伴手文玩	青少年,猎奇,要酷,追求与众不同	有大前途

2. 钧瓷文化企业品牌建设内容

第一,产品适切度、质量与服务。任何行业的企业建设品牌都必须从产品质量与服务做起,钧瓷文化企业亦是如此。消费者认知一个钧瓷品牌并形成一定的倾向性态度,是从品牌载体——产品的购买和体验开始的,因此企业应首先解决好产品层面的问题,毕竟理性的消费者购买产品时总是奔着解决其问题来的,不管这种问题是精神层面的还是物质层面的。故此,在保证产品品质的前提下,钧瓷文化企业应该也必须做好钧瓷产品的适切度。所谓适切度,是指企业提供的产品能够解决消费者面临的迫切问题的程度,问题解决程度越高,消费者在态度①形成过程中的情感体验越正向和强烈,因此,即使企业的产品在市场中被认知的信息不够准确,也能够通过消费者的购买体验而修正或改变,进而在社会上产生良好的口碑。相反,企业提供的

---

① 态度是指一种行为和认知倾向,包括认知性评价、情感性体验和行为趋势三个过程。产品态度是通过对特定的产品进行好恶评价表现出来的。其中情感性体验在态度的三个过程中起着决定性的作用,它可以随着信息的逐步对称而修正第一个阶段的认知性评价,也决定着态度主体是否朝着客体产生行动以及行动的强烈程度。

产品不能够解决消费者的问题或解决效果不如消费者所期待的，即使原本品牌认知程度高，消费者购买体验后也会对企业的品牌产生不良态度，行动上也会远离该企业及其产品。所以，钧瓷文化企业应该进行科学而严谨的市场细分，并根据特定人群的需求和偏好设计、生产和提供问题解决方案，妥善解决其产品适切度问题，在该细分市场形成特定的问题解决专家形象，这样才能在竞争激烈的市场中收获消费者良好的态度和满意度。否则产品态度一旦形成，企业花费数倍于产品培育的代价也未必能够扭转消费者的态度。

当然，钧瓷文化产品的品质是产品适切度的根本保证，没有充满吸引力的外观设计、过硬的物理质量和花色品种，就无从谈起钧瓷产品的适切度。此外，产品的附加服务也是提高钧瓷产品适切度的保障，在产品品质和适切度相同的情况下，那些提供优质服务的企业必定能够得到更多消费者的"货币选票"。

第二，产品差异化。产品差异化是企业增加销售业绩、获取竞争优势以及建设企业品牌的关键课题，同时产品差异化也是企业进行产品定位的关键内容。随着大众市场的碎片化和消费需求的个性化，钧瓷文化企业也必须根据自身的经营战略和资源禀赋，适应市场潮流的变化，做出相应的产品创新。具体到钧瓷文化企业，产品差异化可以从以下几方面着手：①原材料来源的独特与稀有性。在这一点上，钧瓷生产制造企业完全有底气和资格如同紫砂壶行业一样宣称自己拥有独一无二的、存世量有限的制坯泥料、釉料，有且只有禹州神垕镇的特殊石泥料才能够制造出钧瓷文化产品。②技术传承有序。在艺术品领域人们非常重视技术传承的正统性，那些源远流长、师承有序的作品有着强大的吸引力和市场潜力，其价值往往会高于同类产品数倍以上。在钧瓷行业也存在同样的情况，出自师承古代钧瓷工匠企业、百年老字号钧瓷企业以及经钧瓷工艺大师"手签"的钧瓷产品，在市场上价格高昂甚至一品难求。③独特的釉料配方。与其他地方的瓷器类别不同，神垕古镇的每一家钧瓷生产企业都拥有自己独特的秘不示人的钧瓷釉料配方，虽然各窑口烧造出的钧瓷产品外观和特征在总体上属于钧瓷系统，但每个窑口的钧瓷产品却又各具鲜明独特的风格和品质。④独特的烧制工艺。历史上钧瓷烧制时曾经采用过柴烧和炭烧工艺，历经数百年之久。1994年钧瓷文化企业开始采用天然气烧制，燃料转型成功后，各窑口便普遍采用气烧工艺。虽然如此，但由于柴烧和炭烧工艺的独特魅力和市场刚性需求，钧瓷市场上出现了柴烧、煤烧、气烧钧瓷产品三足鼎立的局面。就窑变效果而言，柴烧钧瓷釉色过渡自然、清新淡雅、温润柔和，煤烧钧瓷热烈奔放、生气勃发，层次感强烈且釉面常呈现山水流动、瑞彩千条，气烧钧瓷鲜艳明亮、色彩秀丽，极富现代感；就产品开片而言，短期内煤烧钧瓷多有开片，气烧钧瓷次之，柴烧钧瓷开片者则凤毛麟角。钧瓷生产企业可根据各自的专享知识产权和经营战略以及市场发展趋势，运用其独有的烧制工艺赋予其产品独特的个性特征。⑤技术创新与突破。长期以来，雄心勃勃的钧瓷文化企业自有的独门绝技是其金字"品牌"，这是它们的立命之本和核心竞争力。然而随着数字经济时代的到来和市场需求的多变，如果只坚持传承而不进行创新尤其是技术创新，再好的钧瓷文化产品也渐会黯淡无光。因此钧瓷文化企业必须跟踪营商环境变化，及时进行技术创新并赋能其传统产品，以实现产品差异化，提升产品竞争力。钧瓷文化企业的技术创新首先应该开展两项工作：一是改善传统的血缘、师徒技术传承模式，引进高层次人才，或与专业的科研院所进行技术合作，以此来实现技术创新与突破；二是改造和完善生产设备，使生产和操控过程尽量标准化和数字化。⑥品牌延伸与创新。利用有影响力的品牌推出新的钧瓷产品品种并引爆市场是钧瓷文化企业实现产品差异化和市场拓展的理想思路。河南省博物院对文玩产品、考古盲盒的推广就蹚出了一条传统文化产品和青少年玩具市场品牌延伸的成功路径。他们将传统的文化产品和玩具复古化、小型化、神秘化，配以微型金属洛阳铲等人们熟知却不常见的考古工具，以考古、探秘等名义吸引了众多青少年购买。钧瓷文化企业将钧瓷文化产品延伸至该领域开拓钧瓷文玩和盲盒市场，将是它们实现产品差异化、宣传品牌和增加效益的康庄大道。

第三，企业文化与IP。企业文化（组织文化）是企业长期以来建立、倡导并在工作中实践的价值理念，宏观上包括物质文化层、精神文化层、制度文化层和综合文化层等，微观上涉及企业产品、厂容厂貌、科研状况、企

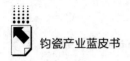

业使命与目标、企业精神与道德、规章制度、企业行为和形象等方面。数字经济时代，良好的企业文化是影响企业及其员工"内化于心、外化于行"的企业使命和经营总纲领，是企业培育和打造品牌的关键支撑，是直接影响企业核心竞争力乃至决定企业兴衰的关键因素。

钧瓷文化企业不乏文化底蕴，缺少的是个性鲜明、理念先进、创新和社会服务意识强及富有凝聚力的企业文化。在互联网和自媒体高度发达的今天，这些正是钧瓷文化企业吸引广大客户、展现实力和提升竞争力的企业 IP 的关键组成部分，而企业 IP 是数字经济时代企业桥接和唤醒客户心灵、引导企业品牌建设爆款内容和实现品牌张力的强力抓手。

数字经济时代，钧瓷文化企业一定要弄清楚企业 IP 和品牌建设之间的关系，在此基础上付诸实践。企业 IP 以品牌内容为起点和核心，没有品牌内容就谈不到 IP。企业 IP 是品牌内容的符号化，是连接品牌内容和消费者情感的纽带，其功能包括桥接力、唤醒力和共鸣力等方面。企业品牌建设内容必须能够支撑企业 IP 功能的顺利实现，通过企业 IP 的快速传播激发潜在消费者的内心共鸣，从而实现企业的品牌推广，提升企业品牌的知名度、美誉度、忠诚度和顾客持久关注度（见表3）。

表 3　企业 IP 与企业品牌比较

	企业 IP	企业品牌
运作基础	基于品牌建设内容及企业文化	基于产品适切度、个性化及品质
工作方式	沟通心灵	引起记忆
功能	桥接、唤醒、共鸣	扬名、忠诚、关注
桥接范围	相对有限	相对无限
成本	高成本	低成本

当下，利用企业文化和 IP 打造及推广品牌正处于低成本窗口期，尤其是在中国复兴文化自信的今天，神垕古镇钧瓷文化企业应该抓住数字经济时代脉搏，制定实施科学合理的企业文化与品牌建设方略，尽快建设和形成自己理念先进、个性突出的，集创新和社会服务于一体的独特组织文化，并在

此基础上形成自己的竞争利器——品牌，在没有边界的网络销售渠道中实现业绩持续增长。

第四，企业家素质和精神。党的十九大报告指出：市场活力来自人，特别是来自企业家及企业家精神。市场活力来自竞争力强大的品牌形象，而企业品牌形象的高度与企业家素质和精神有着密不可分的联系，无数国内外企业用实践证明，一流品牌形象的打造离不开一流企业家素质和精神。从"中国名牌"转变为"世界名牌"的海尔，从艰难创业到慈善捐款100多亿元的福耀玻璃，从21000元起家到如今"以民族昌盛为己任"的全球科技巨擘华为，等等，无一不是企业家素质和精神一路指引和带动起来的。那么，企业家素质和精神究竟是什么呢？

除爱国敬业、遵纪守法、艰苦奋斗这些企业经营者应普遍具备的基本素质外，企业家素质还应包括"胆商""智商""情商"，相应的，企业家精神分别表现为"冒险""创新""责任"。企业家素质和精神如同硬币的两面：素质是根基，精神是呈现。冒险精神是指企业家能够在市场窗口期，超出常人地准确判断、识别和抓住机会，带领企业弄潮、冲击，并具有超常规的风险把控能力和压力承受能力。创新精神是指企业家总能够在国际市场视野基础上围绕客户的需求与偏好超前地进行技术与产品创新、制度创新等，占据行业企业技术前沿和产品前沿，具有较强的企业竞争力。至于责任精神，《中国企业社会责任研究报告》指出，是企业为实现自身与社会的可持续发展，遵循法律、道德和商业伦理，自愿在运营全过程中对利益相关方和自然环境负责，追求经济、社会和环境的综合价值最大化的企业家精神。换言之，责任感会驱使企业家协调并照顾好国家、社会、竞争者和消费者之间的利益诉求。

总体而言，钧瓷文化企业尚缺乏真正的企业家素质和精神，而敢于冒险、持续创新、勇于竞争尤其是承担社会责任，是数字经济时代获得政策支持、同行竞合与消费者认可的越来越重要的情感诉求点，也是钧瓷文化企业重塑和打造个性品牌的精神纽带。正在复兴中国钧瓷传统文化的企业经营者，应该也必须鼓起勇气，不忘初心、牢记使命，学习任正非、曹德旺等企

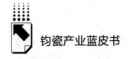

业家的精神，从自我做起、从小事做起，为创造更好的消费者价值，为中国经济复兴、文化自信尽一己之力。事实上，人们每谈起"华为"和"福耀玻璃"品牌，总能够联想到任正非和曹德旺，这说明企业家素质和精神的确是塑造和推广企业品牌的精神源泉。

第五，企业声誉。企业声誉在建立行业壁垒、培养顾客忠诚、吸引投资者、吸引人才以及打造品牌提升竞争优势等方面起着重要的作用，数字经济到来的"工业4.0"时代尤其如此，企业之间已经悄然展开声誉竞争。美国学者戴维斯·扬在《创建和维护企业的良好声誉》中声称："任何一个团体组织要取得恒久的成功，良好声誉是至关重要的，声誉管理是一个价值不菲的产业。"

Gotsi和Wilson提出：企业声誉是随着时间的流逝，利益相关者根据自己的直接经验、有关企业的行为及其主要竞争对手的相关信息对企业做出的全面评价。大量研究表明，企业声誉和品牌形象呈正相关关系，良好的企业声誉其实就是大众心目中企业良好的品牌形象，它在构建受众信任和吸引消费者消费体验中起着十分重要的作用。

一般地，良好的企业声誉和品牌形象主要来源于以下几个方面：政府、权威行业协会颁发的荣誉称号、获奖证书；慈善捐助或从事社会公益服务；企业规模或市场占有率；消费者的信任；科技研发水平。对于钧瓷文化企业而言，欲获得良好的声誉和品牌形象，它们应积极创造条件申报非物质文化遗产传承人、工艺美术大师称号及老字号企业头衔，自觉参与社会公益事业或慈善活动，生产出消费者喜闻乐见的产品，不断创新以适应和满足消费者的需求和偏好，等等。

第六，技术创新与对外合作。品牌是借助产品并赋予产品高度来实现的，而产品的竞争力主要是凭借技术来获得的。同时品牌是创新技术实施的高效载体，通过品牌尤其是强大品牌，技术创新成果才能快速转化为竞争优势。因此一个企业的品牌形象主要是由技术的创新决定的，技术创新是品牌建设的力量源泉。在市场经济大潮中和数字经济方兴未艾的背景下，有远见的企业必须不断进行技术环境扫描并持续推进技术创新，研发出领先的、与众不同的技术。这不仅能够提高产品的科技含量，给消费者带来更多附加价值，吸引更多的消费者资源，还能够保持行业先发优势地位和提高市场竞争优势，摆脱模仿者的竞争。相反，如果忽视技术创新，企业的产品和品牌就会老化而被市场无情地抛弃。因此，品牌建设必须以技术创新为基础。

根据普遍现状，钧瓷文化企业需要重点解决的技术创新方向有：①钧瓷新材料的创新及应用。钧瓷材料的研发有泥坯和釉料两个维度，它们都事关产品的品质、产品烧成率和生产成本等。②艺术设计和产品形式创新。钧瓷企业在产品形式恢复和传承方面已经做得接近极致，但在产品创新发展方面做得还远远不够，这实际上也已经成为制约钧瓷行业发展的一个主要因素。钧瓷企业应下定决心引进人才或者展开对外合作，尽快开展以市场为导向的器型创新尤其是日常民用产品的创新，坚持走传承与创新发展之路。③烧成制度创新。钧瓷烧成制度是指在钧瓷烧制过程中的温度、压力、气氛制度的总称。温度制度包括合理的升温曲线、烧成温度、保温时间、冷却曲线等；压力制度是指规定窑位中各部位的压力，确保烟气畅通、各部位的温度符合规定；气氛制度则是按要求调节窑位中气氛的氧化或还原氛围。按现在的科技发展水平，烧成制度已经可以有效实现自动化电脑控制，但目前许多钧瓷文化企业使用的是传统窑炉，也未进行电子化改造，这势必会影响钧瓷产品的品相和烧成率，进而影响企业的品牌建设。因此有实力和远见的钧瓷文化企业应当实施烧成制度电子化改造，提升产品总体质量。

四　数字经济背景下市场参与者的主要特征

从《中国数字经济发展白皮书（2021）》统计的电子商务平台商品交易量和增长速度看，网络购物正在逐渐取代传统的线下交易而成为商品营销的主体。基于此，大大小小的厂商纷纷开始布局线上销售。然而，在参与和试水线上销售前应该了解和掌握数字经济背景下各市场参与者的主要特征。

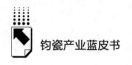

（一）生产者和分销渠道特征

作为电子商务平台中客户问题解决方案的提供者，厂商和渠道具有以下主要特征。

1. 提供解决方案的厂家难以计数

同一类产品的众多品牌分布在互联网上不同平台的商铺、社交群和直播间等，激烈地争夺线上客户资源。

2. 厂商能够给客户绝大多数问题提供解决方案

无论普遍性问题还是个性问题，客户均能够通过互联网交易或定制找到一个比较满意的答案。

3. 厂商努力打造名牌展示自己

虽然网购比较便捷，结算与物流等配套设施日臻完善，日下兴起的视频直播带货也能够让客户有一定"消费体验"，但总体来说客户对线上交易仍存在一些疑虑。为消除客户心理障碍，厂商往往以"名牌产品"进行在线展示，毕竟，名牌产品比普通产品更能够令人信赖。

（二）客户群及其特征

数字经济背景下，客户群呈现出碎片化、多元化和个性化等特征，概而言之，主要有以下类型的线上客户群。

1. 独鱼群

独鱼群中的客户，不善交际、朋友少，性格内向、不易听取别人建议，没有网络社交群，也不轻易浏览网络视频。该类客户因为信息不对称，在网购时往往会在传统电商平台中通过关键词搜索自己需要的商品。由于该类客户如同海洋中单独行动的鱼，在饥饿时就四处觅食，故名"独鱼群"。

2. 池鱼群

该类客户往往善于交际，常常活跃于许多网络社交群，能够听取"意见领袖"（如"大V"）和圈中热心网友的分享建议，信息比较对称。池鱼群客户在购物时往往听取别人的建议而采取跟随策略，这如同养鱼池中的金鱼一般，在看到别的金鱼朝食物行动时自己也会紧跟过去，不管买与不买，厂商都已经达到了促销目标。

3. 闲鱼群

闲鱼群客户是指那些购买意愿没有上升到一定强度的、不购物也不影响自己生活、工作和学习的，但有隐性需求的客户。这些"无所事事"的客户经常会对网上有趣的文字、视频或图片产生兴趣并进行浏览，这时无所不在的各种品牌推广、产品链接就会接踵而至，闲鱼群客户的隐性需求就会在愉悦的浏览情景中被激发出来，从而产生购买行动。

五 数字经济背景下传统钧瓷文化品牌推广策略

基于数字经济时代电子商务客户群的特征，企业品牌营销推广有如下几种策略：独鱼品牌推广策略、池鱼品牌推广策略、闲鱼品牌推广策略。

1. 独鱼品牌推广策略

这种策略是指一个消费者在有了某种上升到一定强度的需求后，会根据自己的现有环境和条件单独寻觅并求购目标商品或服务，比如逛线下商店或者通过在线引擎搜索以获取产品或服务。独鱼品牌推广策略要求企业线下广泛铺货，这对实力相对弱小的企业而言有点儿勉为其难；至于搜索引擎营销（SEM），营销者必须掌握"独鱼"的搜索习惯及精准设置"关键词"，具体方法包括搜索引擎优化、付费排名、付费收录以及精准广告等，这些对许多企业来说也是一个不小的挑战。

当前，手机已经大量取代计算机成为人机交互终端，市场更大、操作更便捷，只要市场对搜索引擎有需要，该品牌推广策略值得推行。成功的搜索引擎品牌推广能够吸引数量可观的"独鱼"，带来不菲的销售业绩。部分钧瓷文化企业可以根据自己的实际情况采取该种品牌推广策略。

2. 池鱼品牌推广策略

所谓"池鱼"，主要指活跃在互联网上相互独立的社区、各种 App、微博、微信等私域空间的消费者。与"独鱼"不受别人干扰地在互联网世界

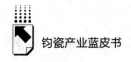

自主"觅食"不同,"池鱼"被限定在一定的网络空间,他们会定时接受来自群(博)主的专业性推荐、指导,在"意见领袖"或者其他成员的引领带动下采取某种行动。许多好事的"池鱼"会将行动后的各种体验通过私域空间进行传播,这就是某些专家所谓的私域品牌传播。钧瓷文化企业可以分拨一些资源建设这样的"金鱼池"(私域空间)或与外部的"金鱼池"进行战略合作实现品牌推广。

3.闲鱼品牌推广策略

"闲鱼"是指那些没有紧急需求但拥有许多潜在需求的互联网闲逛人员。"闲鱼"们普遍具有在线休闲猎奇和不经意浏览快餐视频的特征,"标题党"软文和情感驱动的品牌推广短视频对他们是较为有效的推广方式,被"引诱"后,"闲鱼"们会在娱乐好玩、交互的氛围中完成一次次品牌洗礼。尤为重要的是"闲鱼"们在此氛围中往往会情感亢奋,他们的许多潜在需求会被有效激发。

对于钧瓷文化企业而言,其生产的各个环节都有看点,尤其是开窑仪式中,钧瓷精品绝品频出、赌窑的精彩刺激和次品的现场摔瓷等环节都可以通过网络直播让消费者震撼,从而产生购买兴趣。

参考文献

[1]《中国数字经济发展白皮书(2021)》,中国信息通信研究院,2021。

[2] 特蕾西·L.塔腾、迈克尔·R.所罗门:《社会化媒体营销》,戴鑫、严晨峰译,机械工业出版社,2020。

[3] 菲利普·科特勒、迪派克·詹恩:《科特勒营销新论》,中信出版社,2002。

[4] 蔡绍洪、谷城、张再杰:《中国省域数字经济的时空特征及影响因素研究》,《华东经济管理》2022年第7期。

[5] 余东华、王梅娟:《数字经济、企业家精神与制造业高质量发展》,《改革》2022年第6期。

[6] 杨大鹏、陈梦涛:《数字经济发展促进企业创新的机制研究》,《学习与探索》2022年第6期。

［7］葛王蓉、孙虹、王莹：《新零售下时尚品牌营销渠道创新范式》，《经济研究导刊》2022 年第 17 期。

［8］李艳萍：《数字经济背景下老字号品牌建设策略思考》，《老字号品牌营销》2022 年第 9 期。

B.10
钧瓷产业全产业链知识产权保护研究

徐明霞*

摘　要： 钧瓷产业的知识产权保护已受到高度重视，并且取得了一定的成效，"禹州钧瓷"已被授予国家地理标志产品。但是，钧瓷产业知识产权的保护不能够局限于区域品牌本身的保护，而需要从全产业链的视角出发，对产业链上游的原材料供应、产业链中游的生产制造、产业链下游的销售服务进行全面的知识产权保护，从法律、非法律两个维度构建完整的全产业链知识产权保护体系。

关键词： 钧瓷　全产业链　知识产权保护

钧瓷具有独特的艺术价值，因土质、釉料、烧制方法、高温窑变等独特性而闻名于世，是中国古代五大名瓷之一。在《中国陶瓷史》一书中，钧瓷艺术被充分肯定，"宋代钧瓷创用铜的氧化物作为着色剂，在还原气氛下烧制成功的铜红釉，为中国陶瓷工艺、陶瓷美学开辟了全新境界……这是人类伟大的成就"[1]。显而易见，钧瓷是中国陶瓷艺术的一张名片，对世界陶瓷发展史有重要影响。这也使得对钧瓷产业的保护尤其重要。

新冠肺炎疫情防控常态化背景下，在国家双循环新发展格局战略的布局下，"坚定文化自信，展现中国底气，讲好中国故事"成为时代责任。钧瓷产业是区域文化的代表，对钧瓷产业进行知识产权保护成为时代使命。围绕

＊　徐明霞，博士，郑州轻工业大学经济与管理学院工商管理系主任，副教授、硕士生导师，主要研究方向是企业战略管理、创新管理等。
①　中国硅酸盐学会：《中国陶瓷史》，文物出版社，1982。

着如何保护钧瓷产业，学者们进行了探索研究，如针对钧瓷产业知识产权保护的现状，梳理了钧瓷产业侵犯知识产权的类型，包括钧瓷著作权、专利权、商标权、地理标志被保护的权利等；钧瓷产业知识产权保护的广义范畴包括钧瓷文化保护、创新作品保护、区域品牌保护、专业人才保护等五个方面。① 钧瓷文化保护需要对钧瓷文化进行整理，将其融入文化旅游；② 可以通过发展特色旅游业、文旅小镇，举办文化展览，开展展销会等活动，提高人们对钧瓷文化的认识，或者推进产学研融合，承办各种讲座和大讲堂进行广泛宣传，全方位提升人们对钧瓷以及钧瓷文化的认知③。钧瓷作品的知识产权保护方面，需要加大钧瓷产品的多元化创新，传承文化精髓和外观造型，形成知识产权保护体系，并进行规模化生产以提升市场份额④；重点是在强化钧瓷文化理念的基础上进行个性化钧瓷作品创作，提高钧瓷作品覆盖率和知名度，形成防止外部模仿的钧瓷产品保护体系⑤。在对钧瓷区域品牌进行知识产权保护方面，可以通过宣传钧瓷文化、钧瓷历史、钧瓷艺术，以品牌传播强化和保护区域品牌⑥，并不断提升品牌形象及品牌水准，以产业整合性平台进行多元化宣传，让区域品牌在产业发展中焕发新活力⑦。在专业人才培养和保护方面，需要改变钧瓷传承困境，通过家族传承、师徒传承、教育传承来培养钧瓷专业人才，从而实现对钧瓷产业知识产权的保护。

可以看出，对钧瓷产业知识产权保护的研究较多，涉及了钧瓷产业知识产权保护的现状、存在的问题以及保护措施。但是，现有对钧瓷产业知识产权保护的研究都是零散的，没有系统地从全产业链的视角出发，没有从产业

① 岳红强、张罡：《论钧瓷产业发展中知识产权的法律保护》，《许昌学院学报》2017 年第 6 期。
② 卢青：《钧瓷非物质文化遗产的价值及其传承策略》，《许昌学院学报》2017 年第 3 期。
③ 席新蕾：《禹州钧瓷文化的挖掘和保护》，《美与时代：创意（上）》2018 年第 8 期。
④ 谢昊等：《传统工艺振兴视域下陶瓷烧造产业保护和发展研究——以河南禹州钧瓷为例》，《市场周刊》2019 年第 11 期。
⑤ 陈维肖：《禹州钧瓷文化产品的开发策略及应用研究》，《品牌》2015 年第 2 期。
⑥ 王佳：《禹州钧瓷文化产业发展策略》，《合作经济与科技》2015 年第 8 期。
⑦ 牛梦婷等：《基于品牌定位 DPM 动态模型的禹州钧瓷品牌分析》，《中国集体经济》2019 年第 12 期。

链的上游、中游、下游来探讨其知识产权保护问题。而现实情况是,钧瓷产业上游、中游、下游的知识产权保护中都存在严峻问题,如钧瓷产品原产地标识保护力度不足,钧瓷产品原材料缺乏相应的自然资源资产物权法保护;钧瓷产品制作工艺流程保护方面的法律法规不健全、不完善,行业管理、行业规范、行业自律等有待提高;钧瓷品牌保护、商标保护仍然需要强化立法保护和司法保护,需要强化运用区域品牌、国家地理标志进行保护的意识。这些问题可以归结为产业链上游的原产地和原材料保护范围不到位、产业链中游的生产工艺和秘诀保护力度不够大、产业链下游的品牌保护意识不够强。因此,本文从全产业链的视角切入,研究如何从产业链的上游、中游、下游来构建系统的知识产权保护体系,研究思路如图 1 所示。

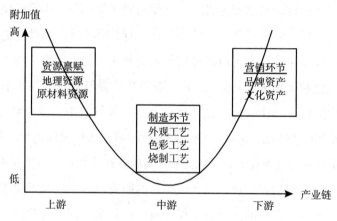

图 1 钧瓷产业全产业链知识产权保护体系

一 钧瓷产业上游的知识产权保护

(一)钧瓷产业的资源禀赋

1. 钧瓷产品的原产地地理概况

钧瓷的原产地是禹州市,禹州市制瓷历史悠久,钧瓷的工艺形成与当地的气候、原材料密切相关。禹州市内分布古窑址 260 处，规模宏大，品种丰富，生产的瓷器种类众多，遗址从新石器时代的龙山文化一直延绵至元代，主要分布在禹州西部山区，由南向北延伸。

禹州市位于河南省中部，西邻登封，北接新郑，地处伏牛山系的余脉与豫东南平原的交汇部位，地势由西北向东西倾斜，西部、北部和南部为群山环绕。禹州市独特的"山多、沟多、岗多和季节性河流多"的多元地貌特征，非常适合陶瓷的生产。其境内地质构造较为复杂，露出地层的主要为沉积岩，其次为变质岩。原料品种多、储量大、易开采，境内河流颇多，森林资源丰富，为钧瓷工业的生产和发展提供了丰富的物质基础。

2. 钧瓷产品的原材料资源

从禹州市的地质情况和原材料资源来看，禹州市境内烧制瓷器的自然资源十分丰富。禹州市现已探明的矿产有 24 种，产地分布 102 处，煤炭、石英岩、耐火黏土、铝矾土储量丰富，仅适合做钧瓷坯料的矿物资源就超过 10 种，总储量达 7823 万吨，是全国最大的匣钵资源地。适合做钧瓷坯料的资源中，禹州黏土 1200 万吨、碱石 3000 万吨、富山土 550 万吨、岘口红土 1200 万吨、紫木节 1500 万吨、砂石 4 亿吨、石英岩 2 亿吨；适合钧瓷釉料的资源，瓷石 2100 万吨，碗药石、方解石等储备丰富。

制作钧瓷的原料按照用途可分为坯用原料和釉用原料两大类。坯用原料有塑性原料和瘠性原料；釉用原料有基础釉料和成色釉料。塑性原料主要是黏土类物质，是钧瓷生产的主要原料之一，钧瓷生产使用的黏土类原料主要是禹州当地产的碱石、富山土、紫木节、铁足土、铝矾土、软土、硬土、黄矸土、浮石、白土等。瘠性原料主要为禹州市当地的石英岩、平顶山砂石、石英粉砂岩、玛瑙石、皮砂石等。其中石英岩是制作陶瓷的第二种重要的原料，是钧瓷中的主体组分之一，对钧瓷坯体和釉质都起重要作用，其总储量约 2 亿吨。成色釉料是指在釉料中起发色作用的原料，如氧化铜、三氧化二铁等。石灰石属于方解石（釉用原料），是一种质地纯、碳酸钙含量高的灰岩。禹州市石灰石矿的储量大，近 40 亿吨；白云石总储量在 1 亿吨以上。

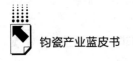

（二）钧瓷产业上游知识产权保护的机理

钧瓷产业上游的知识产权保护重点是为了提升钧瓷产业的竞争力，通过要素条件的保护，巩固禹州钧瓷区域品牌的形象和市场地位。

美国战略管理学者波特提出的国家特定优势的"钻石模型"是用来解释某个国家某种行业竞争优势的理论工具，该模型同样也适用于分析特定地区某种产业的竞争力。如图 2 所示，国家特定优势主要来自四个方面：要素条件，需求条件，关联和辅助性行业，企业战略、结构和竞争强度。一个国家的某一个行业在国际上取得竞争优势取决于该国的资源与才能要素、需求条件、关联和辅助性行业，以及企业战略、结构和竞争强度这四个方面因素。波特认为要素条件是国家特定优势或产业优势的首要条件，并将要素条件细化为基本要素、高级要素、一般要素和特殊要素。基本要素主要是自然禀赋，包括土地、劳动力等；高级要素包括高学历的工人等；一般要素包括资金、基础设施等；特殊要素主要是指具有技能的人力。某国只要在要素条件方面具有优势，同时依赖本国的需求条件及关联和辅助性行业，企业能够选择正确的战略形成良性的产业结构和竞争态势，某国的产业就会具备国际竞争力。

波特的国家特定优势的"钻石模型"较好地解释了法国的香料产业、日本的照相机产业具备竞争力的本质所在。禹州当地丰富的资源禀赋，完全可以满足钧瓷制作所需要的各种原料，钧瓷的坯用原料和釉用原料都取自当地的自然资源，这些坯料和釉料都是当地的优势资源。所以，必须对钧瓷产业上游的原材料等资源进行保护，如此才能够保持和巩固禹州钧瓷产业的竞争力，获取经济效益和社会效益。

（三）钧瓷产业上游知识产权保护的措施

1. 钧瓷产品原产地的非法律保护

钧瓷产品原产地的非法律保护主要是通过国家地理标志、区域品牌的培育来进行。2015 年，"禹州钧瓷"已被授予国家地理标志，2022 年 1 月，

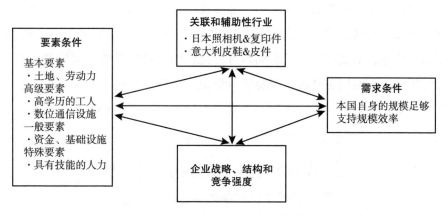

图2 国家特定优势的"钻石模型"

资料来源：〔美〕迈克尔·波特：《竞争战略》，陈小悦译，华夏出版社，2003。

国家知识产权局正式批准成立钧瓷国家地理标志产品保护示范区。为了加强对钧瓷产品原产地的保护，当地政府已经出台了相关的产品标准和行业规范，如2002年、2009年先后出台了地方标准、国家标准、具体准则等，从生产源头维护钧瓷的品牌价值和品牌声誉，对钧瓷产品的原产地属性进行保护。除此之外，禹州钧瓷还积极进行申遗保护，2005年禹州钧瓷烧制技艺被列入河南首批非物质文化遗产名录，这进一步彰显了禹州钧瓷的区域品牌优势。近年来，禹州还进行了各种园区培育建设，如钧瓷文化街、神垕钧瓷文化创意园等，依托钧瓷文化产品形成自我保护机制。

2. 钧瓷产品原材料资源的法律保护

对钧瓷产品原材料资源进行保护，属于自然资源产权保护范畴。《民法典》于2021年1月颁布实施后，对有关自然资源资产物权进行了规定，但是自然资源资产产权制度的完善仍有很长的路要走。目前自然资源权属纠纷众多，自然资源资产权利体系、登记制度和救济制度一片空白，基本没有现成的法规可以遵循。

钧瓷产品原材料资源的法律保护可以从以下几个方面进行。一是开展钧瓷产品原材料资源的资产权利立法试点。当地政府可以针对钧瓷原材料的自然资源资产权利进行梳理、归纳、完善，形成有关自然资源资产权利

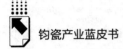

的法规，并予以批准颁布实施。二是实现单权种立法突破。自然资源管理部门可以主动联合农业、公安部门，对矿产资源的权利做出全面、系统、明确的规定，形成立法。三是颁布有关钧瓷原材料的自然资源资产权利的部门规章。自然资源管理部门要解放思想，大胆制定出台有关土地权利的部门规章，在条件允许的情况下推动其上升为法规甚至法律。

二　钧瓷产业中游的知识产权保护

（一）钧瓷产业的制造工艺

钧瓷生产自古有"七十二道工序"之说，钧瓷匠人经过长期的实践，总结、归纳出钧瓷传统制作技艺七十二道工序，包括原料加工工序十七道，拉坯成型工序十九道，配釉上釉工序十一道，制笼工序十道，烧成工序十五道。虽然在拉坯工序上，手拉坯、印坯等成型方法不同，烧制过程中，煤、柴、气燃料的特性、窑炉的结构以及实际情况的不同会导致工序的不同，并且随着时代变迁部分工序被逐步取代或永远消失，但是，这七十二道工序，是钧瓷生产工艺的程式化范式。

一是原料加工，即坯料的选择及应用。禹州黏土、禹州碱石、富山土、岘口红土、紫木节、禹州砂石、石英岩等坯料仍被广泛使用；釉料加工中仍然使用瓷石、碗药石、方解石等天然原料。原料加工工序对性能稳定、质量可靠的原料进行必要的处理，改善其性能；将处理过的原料按配比进行混合，制成符合要求的泥料或釉料。

二是造型与脱模。根据设计意图用石膏或泥料做出一定形状的模子，再用模子制坯。把造好型的模子翻制成模型，模型一般为内空型，其内壁的形状即为坯体的外形。石膏模既可用于注浆成形，也可用于脱坯成形，可反复多次使用。

三是成形与素烧。根据产品的种类和不同需要，一般成形有注浆成形、拉坯成形、脱坯成形等几种方法。把成形后的精坯素烧一次，温度在

900℃~950℃，以增加坯体的强度和吸水性，利于后续上釉操作。

四是上釉与釉烧。把经过素烧后的素胎，采用涮釉、浸釉、烧釉、刷釉等方法进行上釉，使素胎表面附着一层合适厚度的釉浆，晾干后的釉坯入窑烧成。温度一般在1280℃~1300℃。古代宋钧官窑采用柴烧，新中国成立后恢复钧瓷生产时采用煤烧，1994年以后则普遍采用气烧。烧成时由于温度、气氛的变化以及气候等的影响，烧成后的产品具有色彩斑斓、变化万千的窑变效果。

五是出窑与拣选。烧制成的产品按照钧瓷质量标准进行拣选和分级。合格品一般有正品、精品、珍品等几个级别。正品没有缺陷或缺陷极小，但窑变效果一般；精品没有任何缺陷，有一定的窑变效果；珍品则是精品中的佼佼者，窑变效果丰富而独特。窑变效果包括钧瓷产品釉面的色彩、斑点、纹理、开片及自然图画、意境等。

从钧瓷产品的生产环节来看，每个环节都体现着劳动者的智慧结晶，外观造型、釉料配方、制备方法等都可以通过申请专利权、著作权或者商标权进行法律保护，以及通过行业协会的各种措施进行非法律保护。

（二）钧瓷产业中游知识产权保护的机理

钧瓷产品制造过程中的专利权、著作权、商标权都属于知识产权的范畴，对以上产权进行保护，可以给企业带来超额利润，并有利于钧瓷产业的健康发展。

1. 政治经济学视角的保护机理

政治经济学最能解释知识产权的属性，并能阐释知识产权给企业带来超额利润的根源。[1] 知识是重要的资本形态，当知识作为生产要素投入生产过程中时，就会产生各种创作成果，即知识产权，这正是知识生产要素具备资本属性的根源。知识产权的垄断属性驱动了钧瓷产业中游的知识产权保护。"知识资本"延伸、扩充了传统资本的概念，并创新性地发展了这一概念。[2]

---

[1] 任洲鸿等：《知识产权的政治经济学分析：以微笑曲线为例》，《当代经济研究》2016年第2期。

[2] 冯天学等：《知识资本的概念、结构与特征分析》，《哈尔滨工业大学学报》（社会科学版）2006年第8期。

知识产权资本属性的高级形式表现为垄断属性，《资本论》中对垄断的论述主要包括生产条件的垄断和市场条件的垄断两个方面。从知识产权的来源来分析，其包括生产领域中的技术要素和销售领域的品牌与市场渠道等要素，这与《资本论》中"对生产条件的垄断和对市场条件的垄断可以获得高额利润"的观点完全契合。所以说，知识产权具备垄断属性，而知识产权保护又从法学角度强化了垄断属性，这正是钧瓷产业中游知识产权保护的动力所在。

2. 企业战略管理视角的保护机理

战略管理领域内的资源基础观认为，企业是各种资源与能力的集合体。企业的资源尤其是战略性资产，可以形成企业的核心竞争力，给企业带来竞争优势。Barney 认为企业即资源的集合体，企业之所以能够在竞争中取胜，关键在于拥有有价值的、稀缺的、不能被模仿、难以替代的资源和能力。[1]学者 Makadok 在前人的基础上对战略性资产进行了比较清晰的界定，给企业带来竞争优势的战略性资源是重要的资产，例如商标、专利、品牌等，这些资产可以被定价和交易。[2] 正是由于专利、品牌、商标等战略性资产能够带来竞争优势，钧瓷产品制造过程中的专利权、著作权、商标权必须受到知识产权保护，以保证给企业带来高额利润。

（三）钧瓷产业中游知识产权保护的措施

1. 钧瓷制造工艺的法律保护

一是完善知识产权相关法律法规体系。充分利用《民法典》的相关规定，对钧瓷产品的侵权行为进行严厉打击。河南省地方立法方面，一方面是修订《河南省专利保护条例》和《河南省非物质文化遗产保护条例》等法规条例，另一方面可以制定和颁布《河南省知识产权促进和保护条例》。二

---

[1] Barney, J. B., "Firm Resources and Sustained Competitive Advantage," *Journal of Management*, 1991, 17（1）: 99-120.

[2] Richard Makadok, "Toward a Synthesis of the Resource-Based and Dynamic-Capability Views of Rent Creation," *Strategic Management Journal*, 2001, 22（5）: 220-232.

是健全司法保护机制，加强法律培训。提升司法人员的专业素质，加强法律培训，尤其是对司法人员的知识产权知识培训。三是严格行政执法，加强行业自律。需要多部门联合监管执法，整合工商部门、技术监督部门、知识产权部门、陶瓷工业局、公安部门的力量，对钧瓷产业的生产制造环节进行规范整治。

2. 钧瓷制造工艺的非法律保护

以区域品牌"中国钧瓷之都"为依托，规范和制定钧瓷产品制造过程中的各种标准，以对外观造型、釉料配方、制备方法等形成自保护机制。政府强化对钧瓷制造环节的监管，以陶瓷工业局为抓手，制定行业规范，加强行业管理，形成较高的行业自律。一是对知识产权保护加大宣传，使钧瓷企业认识到知识产权保护的重要性，形成知识产权保护自觉。二是倡导钧瓷企业共同保护"中国钧瓷之都"区域品牌，对此商标进行规范化、标准化管理，形成使用门槛标准和内部淘汰机制。此外，需要借助地理标志"禹州钧瓷"这一载体进行知识产权保护，禹州市质量监督管理局需要加大对钧瓷产品和服务的监管力度，坚决杜绝不合格产品、假冒产品、仿冒产品使用地理保护标志。

三 钧瓷产业下游的知识产权保护

（一）钧瓷产业的销售模式

钧瓷产品在销售过程中，传播给消费者的是一种历史感、成功感、神秘感、尊贵感的品牌形象。根据品牌影响力、制作工艺，钧瓷产品的销售模式可以分为作为"国礼"的销售模式和自行销售模式。

1. 作为"国礼"的销售模式

钧瓷产品作为"国礼"源于1915年在美国旧金山举办的万国博览会，代表中华民族优秀文化遗产的钧瓷产品以民族瑰宝的身份参展，获得了外国友人的欢迎和称赞。1964年，周恩来总理参加日内瓦会议，将钧瓷作品

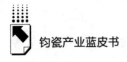

"七节葫芦瓶"和"盘龙葫芦瓶"赠送给有关国家领导人。此后，钧瓷作品"兽耳尊""活环瓶""竹节壶""豫象送宝"等都以国礼形式送给国外领导人。2010年以来，共有30余件钧瓷被作为国礼出现在人们的视野中，如"祥瑞瓶""乾坤瓶""华夏瓶""丰尊""海晏鼎""象天鼎""珠联璧合"等。对于钧瓷匠人而言，钧瓷作品能够作为国礼是非常光荣的。

这些制作国礼的钧瓷企业，如荣昌钧瓷、孔家钧窑、宋家钧窑等，其钧瓷作品都传承了宋代钧瓷制作技艺的精髓，在造型上汲取了古代青铜器的特色，凝结了匠人的智力劳动和脑力劳动。

2. 钧瓷产品的自行销售模式

禹州市钧瓷企业数量多、规模小，生产工艺和管理水平参差不齐。少部分企业的产品质量较高，拥有出口质量许可，但是没有构建国际品牌的意识；大部分企业的管理者思想观念陈旧，缺乏现代企业管理意识和发展眼光，内部品牌管理水平也不高。

一方面，在钧瓷出口过程中，获得出口质量许可的企业之间会因为抢订单而恶性竞争，形成"柠檬市场"，影响钧瓷的国际形象；同时，部分未获得出口质量许可的企业，通过非正规渠道将低质量产品外销，严重影响了钧瓷在国际市场上的声誉。钧瓷产业还没有培育出具有国际影响力的企业，也没有通过严控产品质量构建起国际知名品牌。

另一方面，在钧瓷内销过程中，绝大多数钧瓷企业没有意识到品牌的重要性，也没有培育品牌的意识，对品牌的重视程度远远不够。主要原因是钧瓷企业一味地追求产品的生产过程而忽视品牌的打造，缺乏品牌运作的认识，导致产品品牌的影响力不够、知名度不高、竞争力不强。

从钧瓷产品的自行销售模式中可以看出，钧瓷产业整体的品牌意识弱，培育品牌的能力差，不能够通过品牌的影响力与国际陶瓷品牌进行竞争，以获得较高的收益。

（二）钧瓷产业下游知识产权保护的机理

品牌和商标是企业重要的知识产权，钧瓷产业可以通过品牌管理，以品牌保护强化品牌创造、品牌运用、品牌管理等环节,从而有效地利用品牌这一知识产权为企业创造收益。

1. 政治经济学视角的保护机理

从政治经济学视角来剖析品牌的商品属性,也可以阐释知识产权为何能够给企业带来高额利润。政治经济学对于商品的论述是"商品是用来交换的、能满足人们某种需要的劳动产品,具有价值和使用价值两种属性"。知识产权具备商品属性,一是因为知识产权具有价值属性。政治经济学认为价值是物化形式的人类劳动,价值在产生过程中耗费了人类劳动力,积累了人类劳动。通俗地理解,所谓价值,就是指凝结在商品中的无差别的一般人类劳动,即人类脑力和体力的耗费。任何一种知识产权的创造过程都融入了人类劳动,包括体力劳动和脑力劳动。二是因为对知识产权的需求即知识产权的有用性很好地体现了其使用价值。任何类型的知识产权都具有使用价值,都有一定的使用属性,以满足人们的某种需求。此外,知识产权的可交易性本身已说明知识产权就是一种商品。

2. 企业战略管理视角的保护机理

正如上文所述,企业的品牌资源是企业重要的战略性资产,可以形成企业的核心竞争力,给企业带来超额利润和竞争优势。品牌和商标这些资源同时具备了价值性、稀缺性、不可被模仿性、难以替代性的特征,是企业的优势资源和战略性资产。正如 Makadok 的观点,战略性资产是能够给企业带来竞争优势的资源,这些资产价值性很高,并且可以被定价和交易。正是由于品牌、商标等战略性资产能够带来竞争优势,钧瓷企业必须对自身的品牌和商标进行保护,以保证企业超额利润和收益的来源。

(三)钧瓷产业下游知识产权保护的措施

1. 钧瓷产业下游的法律保护

一是注重对钧瓷品牌的法律保护,包括立法保护和司法保护。立法保护以鼓励性立法为主,正面引导、扶持、促进品牌健康发展,也可以运用惩罚性立法,对危害品牌正常发展、破坏品牌运行的一切违法行为和侵权行为进行打击。司法保护方面，即依据现有的法律对品牌进行保护，打击假冒的违法行为。按照司法程序，对假冒伪劣的违法犯罪行为进行制裁，保护钧瓷品牌的声誉。

二是注重品牌的商标保护。根据《中华人民共和国商标法》，商标注册人享有商标专用权，受法律保护。钧瓷企业可以向商标局申请商标注册，取得品牌商标的专用权，商标注册是依法保护品牌的重要途径。此外，还需要加强对品牌构成要素的保护，如对品牌定位的主题句、品牌标准色等，按照《中华人民共和国著作权法》的有关条款进行保护。

2. 钧瓷产业下游的非法律保护

一是运用区域品牌对钧瓷产业进行知识产权的保护。"中国钧瓷之都"属于区域品牌，区域品牌具有公共产品属性，禹州钧瓷可运用区域品牌进行非法律保护。区域品牌与企业品牌是一种共生关系，区域品牌具有公共产品属性，地方政府可以自上而下领导和组织区域品牌管理，形成自我保护机制，设置区域品牌的使用标准和规范，以高质量的产品维护区域品牌形象，发挥区域品牌的价值属性和使用价值属性，提高区域整体利益和公共利益。

二是运用国家地理标志"禹州钧瓷"引导企业培育品牌，保护钧瓷产业知识产权。国家地理标志是原产地产品质量特色的权威标志。按照河南省《钧瓷地方标准》，政府引导和鼓励钧瓷企业进行品牌创建工作，形成争创名牌的市场氛围，重点在创意设计、工艺流程方面进行控制，使企业从OEM 企业向 ODM 企业和 OBM 企业转型。国家地理标志"禹州钧瓷"将会正向引导企业品牌的创建，而钧瓷企业注重品牌培育和创建的行为，将会更好地维护国家地理标志"禹州钧瓷"，二者是相互促进的关系。

三是组合各种品牌战略对钧瓷产业知识产权形成综合保护体系。如实施工艺大师品牌战略，充分发挥政府、协会与企业三者的作用，以各种途径和手段大力宣传工艺大师作品；实施名品推选活动，通过"钧瓷文化节"对展览作品进行评选、定级，利用钧陶瓷产业云平台、互联网平台，进行产品品牌宣传和保护；通过地方政府建园区、招商引资，实现对钧瓷产业的聚集保护。

四 钧瓷产业全产业链知识产权保护的政策建议

钧瓷造型古朴端庄、器型规整、胎壁厚薄匀称，尤其以其神奇窑变而闻名于世，是中华文明的瑰宝，钧瓷产业是中华商业文明的重要代表。因此，对钧瓷产业的知识产权保护是双循环发展格局下的时代使命，是实现中华商业文明复兴的重要组成部分。

本文从全产业链的视角出发，指出钧瓷产业需要从产业链上游、中游、下游全面实现对知识产权的法律和非法律保护，如此才能够使钧瓷产业健康高质量发展。本文构建的钧瓷产业全产业链知识产权保护框架如图3所示，在产业链上游，可以通过对原产地的非法律保护和对原材料资源的法律保护实现对钧瓷产业知识产权的保护；在产业链中游，可以通过对制造工艺的法律保护，以及对制造规范和标准的非法律保护，实现对钧瓷产业知识产权的保护；在产业链下游，可以通过对品牌商标的法律保护，以及对钧瓷文化（如运用区域品牌、国家地理标志、名牌战略体系）的非法律保护，实现对钧瓷产业知识产权的保护。

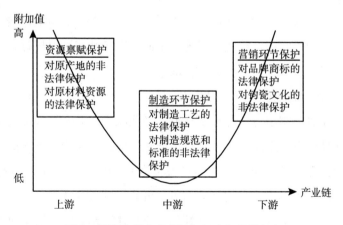

图3 钧瓷产业全产业链知识产权保护框架

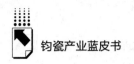

遵循钧瓷产业全产业链知识产权保护的框架，政府、协会应推出相应的政策措施，企业也应采取相应的措施，多方主体共同构建钧瓷产业知识产权的法律和非法律保护体系。

1.政府需全面开展立法和司法工作

一是要完善知识产权相关法律法规体系。地方政府根据《民法典》的相关规定，对钧瓷产业知识产权进行法律保护，使钧瓷知识产权的保护有法可依，严厉打击侵权行为。地方政府可以修订《河南省专利保护条例》《河南省非物质文化遗产保护条例》等地方性法规，以满足对钧瓷产业知识产权保护的需要。此外，地方政府也可以参考《河南省知识产权促进和保护条例》等政策文件，出台有针对性的条例文件，健全钧瓷知识产权保护的法律体系。

二是健全法律培训与司法保护机制。钧瓷的流程、工艺、外观等专业性很强，需要对司法人员进行专业知识、钧瓷知识的培训，可以借助专业的高校师资，对执法人员进行知识产权法律、钧瓷专业知识等方面的培训，设置考核环节，提升执法人员的专业素质。司法保护要全力保护被侵权人的权益，对于知识产权侵权案件，以举证责任倒置的方式，使侵权人全面赔偿被侵权人的所有损失。

三是要严格执法。行政执法要一切从严，以定期、不定期检查的形式，严厉查处各种钧瓷知识产权违法行为，全面打击各种违法侵权行为。在执法过程中，可以进行多部门联合监管执法。

2.行业协会需要规范各种行业标准

一是行业协会制定行业标准和规范。企业联合成立产品标准委员会，通过对钧瓷产品的生产工序和工艺进行标准化规定，提高钧瓷产品的质量和内涵，以维护钧瓷产品形象。对于不涉及商业机密的制造环节进行标准化管理，对涉及商业机密或秘方的制造环节，可非标准化管理。

二是行业协会引导企业形成良好的行业自律。钧瓷行业协会要积极发挥作用，加强行业管理，形成行业自律。具体措施方面，钧瓷行业协会要严格掌控鉴定证书发放权，打击假冒、仿冒行为。同时，行业协会可以联合多部门审查钧瓷企业资质，建立灵活的市场准入、退出和奖惩机制。

三是规范使用区域品牌和国家地理标志。提高产品品质，设定使用区域品牌和国家地理标志的标准和门槛，对于不达标的钧瓷产品，不授权使用"中国钧瓷之都"和"禹州钧瓷"的标志；对于符合标准的钧瓷产品，可采取统一产品检验、等级鉴定、品牌营销行动。

四是打造钧瓷非遗园区。完善钧瓷非遗园区的建设，举办各种评定活动和大赛，以更好地评定钧瓷珍品、钧瓷名窑等，打造集钧瓷展示、体验、创作于一体的旅游体验基地。以校企合作发挥大学保护钧瓷非物质文化遗产的特殊作用，加大钧瓷通识教育和非物质文化遗产教育。以保护钧瓷文化为起点进行钧瓷产业的知识产权保护，需要发挥钧瓷行业协会在钧瓷文化宣传教育中的关键作用，要借助各种新媒体方式进行主题宣传。

3. 企业需要树立知识产权意识

企业需要从多个方面强化自身的知识产权意识。一是要重视自主创新，积极创造知识产权。钧瓷企业应当增加研发资金、研发设备、研发人员的投入，提高自身的研发能力，创造更多的知识产权。二是制定知识产权战略，设定知识产权管理部门，不仅要注重知识产权的创造和运用，更要对企业的品牌、商标、商誉等知识资产进行保护。三是要对企业员工进行知识产权专题培训。企业内部强化知识产权保护意识，加大产权宣传，进行产权培训。四是企业要维护自身的知识产权。作为权利人，企业是知识产权的所有者、受益者，要主动学会用法律手段进行保护。五是科学合理地使用自身的知识产权。由于知识产权的独占性、时间性、地域性比较强，企业应熟悉知识产权的这些属性，合理地使用知识产权，使自身收益最大化。

参考文献

[1] 岳红强、张罡：《论钧瓷产业发展中知识产权的法律保护》，《许昌学院学报》2017 年第 6 期。

［2］卢青：《钧瓷非物质文化遗产的价值及其传承策略》，《许昌学院学报》2017年第3期。

［3］席新蕾：《禹州钧瓷文化的挖掘和保护》，《美与时代：创意（上）》2018年第8期。

［4］谢昊等：《传统工艺振兴视域下陶瓷烧造产业保护和发展研究——以河南禹州钧瓷为例》，《市场周刊》2019年第11期。

［5］陈维肖：《禹州钧瓷文化产品的开发策略及应用研究》，《品牌》2015年第2期。

［6］王佳：《禹州钧瓷文化产业发展策略》，《合作经济与科技》2015年第8期。

［7］牛梦婷等：《基于品牌定位DPM动态模型的禹州钧瓷品牌分析》，《中国集体经济》2019年第12期。

［8］〔美〕迈克尔·波特：《竞争战略》，陈小悦译，华夏出版社，2003。

［9］任洲鸿等：《知识产权的政治经济学分析：以微笑曲线为例》，《当代经济研究》2016年第2期。

［10］冯天学等：《知识资本的概念、结构与特征分析》，《哈尔滨工业大学学报》（社会科学版）2006年第8期。

［11］Barney, J. B. , "Firm Resources and Sustained Competitive Advantage," *Journal of Management*, 1991, 17（1）：99-120.

［12］Richard Makadok, "Toward a Synthesis of the Resource-Based and Dynamic-Capability Views of Rent Creation," *Strategic Management Journal*, 2001, 22（5）：220-232.

技术创新篇
Technological Innovation

B.11
新技术环境下钧瓷物流体系研究

李国政　李蓓蕾*

摘　要： 随着电子商务和现代物流业的发展，钧瓷利用快递被送往千家万户。目前，"互联网+"技术与物流业相互融合，构建出互联互通的物流网络体系，促使现代物流业的智能化、自动化、专业化水平不断提高，对于钧瓷物流体系的发展和完善起着至关重要的作用。本文基于钧瓷物流体系的发展现状，从效率与成本的角度分析了钧瓷物流中的运输、包装装运和仓储环节，从物流的基础设施建设、技术应用、人才培养和政策支持方面提出了相关建议，指出在新技术环境下，促进钧瓷物流综合性人才培养，有利于物流新技术的应用，提高钧瓷物流质量，对钧瓷物流体系的发展完善具有重要意义。

关键词： "互联网+"　钧瓷物流　物流效率

* 李国政，博士，郑州轻工业大学经济与管理学院副教授，主要研究方向为物流管理；李蓓蕾，郑州轻工业大学经济与管理学院硕士研究生。

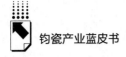

钧瓷是河南省禹州市特产，其以独特的窑变艺术闻名于世，深受广大陶瓷爱好者喜爱。近年来，在电商直播等新营销形式的影响下，为实现钧瓷产业蓬勃发展的目标，禹州市不断探索"互联网+钧瓷"的发展新路径。如今，钧瓷通过互联网平台销往不同地区，这不仅得益于互联网的进步，还有赖于现代物流的发展。

现代物流的灵魂是信息化，大部分企业是利用网络技术解决业务流程的信息化问题，例如仓储存取的优化方案、运输路径优化方案等。而我国很多钧瓷生产销售企业仍处于信息技术应用的初始阶段，还未形成自己专业的物流信息化平台，主要还是利用第三方物流。

目前，数字化技术的发展正在影响传统物流业务。例如，在物流跟踪方面，从仓库管理到物流配送，需要覆盖范围广、低功耗、连接量大、成本低的连接技术，而5G网络技术刚好可以满足上述需求。随着人工智能技术与日常生活的融合日益紧密，5G技术已在物流行业投入使用，它不仅加强了物流企业的信息化建设，还改善了企业内部的管理环境，从整体上提高了物流企业的市场竞争力。

移动互联网向物联网领域延伸，最终实现万物互联，物流行业将迎来"物联网+人工智能"的全新模式，新一代的物流基础设施也将出现，物流行业的整体效率将得到提升。因此，钧瓷物流体系的发展要抓住数字化机遇，推进数字化物流建设，从根本上提升物流流通效率。

一　新技术条件下钧瓷物流体系发展现状

（一）钧瓷产业发展概况

钧瓷生产厂区主要在河南省，尤其以河南禹州的钧瓷最为人熟知。禹州地区陶瓷原料种类多、品质好、储量足，为地区陶瓷产业的发展奠定了坚实的物质基础。经过多年的发展，禹州陶瓷种类日益丰富，产业规模也逐步扩大。

随着经济文化的发展，钧瓷的产量逐年增加，瓷器生产的原材料采购到进入生产加工，以及对产品的存储和转送，这些环节都离不开物流的协同。截至2020年9月，禹州市有300余家钧瓷生产企业，年产量约220万件，虽然年产值已达到24亿元，但在全市工业总产值中所占比重较小。同时钧瓷文化产业链条不健全，产业基础与景德镇瓷区相比差距较大，导致相关产业配套环节不到位。但是在新技术环境下，智慧物流的出现将使钧瓷物流状况得到改进。

（二）钧瓷物流概况

新技术条件下钧瓷物流体系是指在钧瓷产品从供应商到买方所在地的实物流动过程中，将互联网技术应用在运输、存储、装卸、包装、配送、信息处理等基本流通环节，进而形成一个完整的物流系统。如果物流体系中的各部分配置合理，物流质量将得到提升。

1. 钧瓷产品的运输环节

在钧瓷的运输环节，无论是对物流企业的选择，还是运输线路的规划、运输工具的配置等都将直接影响物流的效率与成本。

首先是要选择合适的物流平台。在"互联网+钧瓷"的销售模式下，钧瓷销售运输借助现代物流平台。然而钧瓷产业缺乏自营物流，因此主要借助第三方物流平台，比如京东物流、顺丰物流、德邦快递、"四通一达"等。

在当今互联网技术环境下，第三方物流企业通常使用平台化运营管理模式，利用信息化的网络平台，进行开放式的合作，在全网范围内共享客户资源，整合物流企业的运作资源，以客户对运输服务需求为核心，最大限度地满足客户的物流要求，为其匹配合适的物流服务。下面以钧瓷物流运输中使用的京东物流为例，简要介绍钧瓷产业对第三方物流的使用情况。

京东物流有四种物流模式，分别是FBP模式、LBP模式、SOPL模式和SOP模式，而钧瓷销售运输主要采用FBP模式，它与完全托管的物流配送模式类似。在商家与京东商城达成合作关系后，商家首先在京东商城上传货品的相关信息并进行备货，随后由京东商城完成货物在仓库间的转移，并在

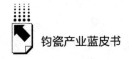
消费者产生订单后，对商品进行配送，最后在商城完成交易后与商家进行结算。在这种模式下，系统是开放给商家的，以便于其查看当日订单信息，比如商品的发货情况、发票开具情况等，同时商家可以随时查看库存情况，以便及时补货。该模式可使用京东自营的仓储、配送及自提点，正好弥补钧瓷自营物流网点的不足，借助第三方物流网点进行配送，有效缩短了配送时间并降低了货物的运输成本。

其次是钧瓷运输方式及运输工具的选择。随着钧瓷业的快速发展，国内外市场对陶瓷产品的需求逐渐增加，钧瓷的销售量不断提高，需要高效的物流运输服务与之匹配。钧瓷运输在选择物流方式时，一方面要考虑运输的效率，另一方面要考虑相关成本的问题。这两方面的考虑，直接影响钧瓷物流交通运输方式的配置。而对于运输工具的选择，钧瓷供应商需要考虑到目前铁路、水运、空运以及公路运输方式的优缺点，扬长避短，提升运输效率。当一种运输方式满足不了运输需求时，则考虑它们之间的有效组合。

第一种，铁路运输。在"一带一路"倡议中，河南正处在"一带一路"的衔接点，郑州也因此成为重要的支点城市。特别是在铁路运输高度发达的现在，河南省已经成为全国物流由南向北和由东向西两个方向的必经之路。铁路运输作为钧瓷的主要运输方式之一，其优势主要表现为：运输能力大且受自然条件限制较小、连续性强。在钧瓷运输过程中，火车运行较为平稳，在一定程度上降低了瓷器的损坏率，运输成本也随之降低。

第二种，公路运输。公路运输是对外贸易运输和国内货物运输的主要方式之一，具体表现在它是港口、站点和机场等运转地点物资集散的重要媒介。目前，在钧瓷的中、短途运输中，公路运输运送速度快，货物损耗小，并且与其他几种运输方式相比，公路运输更具灵活性。但其运输能力小，能耗高，且由于汽车体积较小，对于大件瓷器的长途运输具有局限性。因此，在钧瓷物流运输的过程中，主要利用公路运输的优势，当货物到达站点后，使其成为各个站点之间的连接方式，提供运送中转服务。

第三种，水路运输。在国际贸易交往中，水运是我国发展经济和对外友好往来的重要方式。目前水路运输分为远洋运输、沿海运输和内河运输。水路运输通航能力限制较小，非常适合大吨位、长距离的运输，但是正因如此，其运输时间较长，运输速度慢。

第四种，航空运输。航空运输与其他运输方式相比，具有较快的运输速度，安全性能较好，货物破损率也较低。目前郑州已经成为空港型国家物流枢纽，这是建设郑州—卢森堡"空中丝绸之路"的重要载体，也是钧瓷对外贸易发展及物流体系完善中的重要一环，航空运输的发展会进一步提升钧瓷的物流效率。

以上四种运输方式，各有千秋。如果可以利用其运输方式的优点，运用运输的综合性和衔接性特点，则能够提高运输质量。多式联运的出现，使得运输服务更加高效。多式联运是一种复合型运输，其运输过程通常由两种及以上的交通工具相互衔接、协调完成。

随着我国经济的快速发展以及区域综合运输网络体系的不断建设和完善，多种运输方式之间的组合运输已成为现代运输发展的一个重要方向。该运输方式对于缩短物流运输时间，降低运输成本，以及提高运输效率有着重要意义。近几年，河南基本实现了"铁、公、机"的有效衔接，标志着河南省在建设以机场为核心的多式联运体系方面取得了重要成果，这也使钧瓷物流体系得到了进一步完善。

在过去，对以上五种运输方式的选择，多数情况下基于以往的运输经验。而在大数据技术得到运用的今天，钧瓷物流体系在发展过程中，可以利用该项技术模拟运输环境，对运输过程中可能出现的意外状况做出预测，帮助减少意外情况的发生，降低损耗，提高物流运输效率。

最后是运输线路的规划。在"一带一路"倡议的影响下，钧瓷既可以通过海上丝绸之路、陆上丝绸之路以及空中丝绸之路销往欧洲以及东非各国，又可以通过公司合作的方式，以合适的运输方式，固定地向某一地点运输约定数量的瓷器。因此，钧瓷的运输需要根据瓷器的具体特性、运输距离、运输成本与效率等因素，选择不同的运输方式及路线。

河南作为内陆省份，不沿边、不靠海、不临江，主要是依靠航空运输打通面向全球的物流通道，与世界相连。现在河南省充分利用地理位置上的优

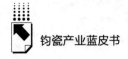

势，形成了铁路、航空、公路多元覆盖的交通运输网络。利用地区交通优势，通过最优路径测算，规划开设钧瓷运输专线，以最短的物流时间或最低成本的方式，提升物流运输效率。

2. 钧瓷产品的装运（卸）环节

物流运输和产品搬运是钧瓷流通中的重要环节和关键步骤，现阶段陶瓷行业的运输方式最经常采用的是公路运输，较长距离则采用铁路或者航空运输的方式，而沿海地区也有采用海运方式。无论是采取何种运输方式，瓷器的破损最容易发生在装卸、搬运的环节。

陶瓷产品的搬运和装卸方式以人工搬运装卸为主，特殊情况下发送整托大宗陶瓷产品要用叉车进行搬运、装卸。由于瓷器质地一般比较脆，在物流运输、搬运装卸的过程中极易因受到磕碰而损坏，从而使产品失去原有价值。

因此，钧瓷产品在运输、搬运前通常会做好缓冲包装，比如在钧瓷包装盒内放置用泡沫塑料或瓦楞纸板做成的各种缓冲衬垫。同时还要注意陶瓷产品的外包装方式，需尽量使用耐磨性更好的纸质材料采用全包方式包装。此外，在装卸时要提醒搬运人员，搬运陶瓷时应当做到轻拿轻放，尤其是放置陶瓷时要做到平行着地，避免损坏。

3. 钧瓷产品的仓储环节

随着现代信息技术的进步，物流信息的传输、共享及处理等方面不断融合互联网技术，促使仓储管理逐渐向自动化、集成化、智能化的方向发展，而且越来越多的企业对智能仓储管理系统逐渐认可并开始建设使用。目前钧瓷物流在仓储环节与电商物流形成合作，逐步实现仓储环节的智能化、信息化。

仓储作为物流运作的环节之一，仓储平台管理是将仓库基础设施系统、物流设备系统、操作人员等，与数据库技术、网络技术、数据采集技术和自动识别技术相结合，以实现准确、高效的信息存储的数字化管理方法。推进钧瓷仓储的平台化管理，提高信息集成水平，可以保证企业物流的健康发展。

因此，利用互联网信息化技术，构建数字化、智能化仓储管理系统，以实现科学合理的仓储布局和物流调配，可以完成对钧瓷仓储与其他作业流程的协同管理。同时采用精细化管理的方式，可以提高仓储管理水平，降低钧瓷的仓储成本，使钧瓷物流流程得以持续完善。

4. 钧瓷物流的发展机遇

近年来，钧瓷物流的发展主要来自两方面的机遇。一方面是钧瓷文化产业的不断发展。禹州市坚持"传承、创新、提升"理念，将钧瓷产业作为特色产业，对其进行重点培育，大力弘扬钧瓷文化，振兴钧瓷产业，钧瓷产业步入了一个快速发展的黄金时期。目前，禹州市钧瓷企业已达300余家，瓷器种类不断丰富，产品涵盖十多个不同瓷种，销售收入也逐年攀升，形成了多瓷种竞相发展的产业格局。当前，随着互联网数字技术的高速发展，直播电商已经发展成为一项新兴产业。钧瓷产业不仅依靠互联网平台打开了新的销售渠道，拓展了线上市场，而且借助电商物流，加快了钧瓷物流体系的发展。传统的钧瓷物流配送方式，在使用电商物流之后发生了深刻的转变。网络技术的使用，简化了传统物流配送管理的程序，使得物流配送时间在新技术环境下大大缩短。另一方面是河南省不断完善的交通网络。河南的交通区位优势明显，它是连接南北和东西方向的重要交通枢纽。在此基础上，河南逐步建立了多种交通方式互联互通的综合运输体系。钧瓷的物流运输正是依托于河南省运输系统。

铁路方面，河南已经建设成为全国"米"字形高铁第一省，逐步实现与全国高速铁路网的有机连接。公路方面，通过同步规划并建设公路、铁路货运站点以及航空枢纽，增强各站点之间的衔接，提高物流运输中货物集疏的效率。航空方面，随着经济全球化的深入发展，货运航线得到了拓展，航线网络布局逐步完善，航空公司也在不断提升航空运力。在航空运输发展的基础上，目前已基本建成"郑州—卢森堡"双枢纽，形成以郑州为中心，连接欧、亚、美三大洲的国际航空货运网络。钧瓷的销售可以通过空中丝绸之路销往欧、亚、美三大洲国家。

钧瓷物流体系发展离不开河南物流体系的发展，而河南物流体系的发展主要凭借地区交通的优势。比如，目前河南所形成的"四港联动"集疏运体系，不断吸引人、物和资金的快速流动，使其成为丝绸之路经济带沿线货物集散地。

因此，为促进钧瓷物流体系的发展，应持续完善河南物流配套设施，推动多种运输方式的融合发展，实现运输一体化的格局，提升不同物流方式之间互联互通的效率，使综合交通的效能得到充分发挥。

“一带一路”由丝绸之路经济带和21世纪海上丝绸之路组成，影响了钧瓷供应商对于不同运输方式的选择。在“一带一路”倡议下进行的国际贸易合作，需要一套较为系统的运输协调机制，以实现货物运输方式的高效衔接。而实现多种运输方式高效联合的关键是要利用好物流的信息化平台，从大数据角度解决钧瓷运输方式的选择及调配问题，完善钧瓷的物流运输配置，提高钧瓷运输速度。

此外，在向电子货运时代迈进的进程中，郑州机场航空电子货运试点已初步形成航空物流标准化体系，电子运单中性平台和航空电子货运信息服务平台已经开始运行。接下来，郑州将进一步完善郑州机场航空电子货运试点项目，实现枢纽内机场与各方相关数据的互联互通，达到航空物流全操作链条的电子化目标。

郑州空港型国家物流枢纽持续建设，与海关建立密切协作，优化通关环境，提高海关、边检通关保障效率，支持入驻枢纽内的航空企业与机场结成互利共赢的“命运共同体”，形成密切配合、信息互通、资源共享、高效协同的枢纽发展合力。另外，其服务保障能力也在不断增强，货物保障能力达到国际水准，超长超重和危险品货物保障能力全国领先；实现了“多货站、多关区”货物自由调拨，提升了空侧货站与陆侧货站衔接效率；构建了“空空+空陆”多式联运集疏运体系，货物集疏范围覆盖了长三角、粤港澳、京津冀、川渝等主要经济区。

与此同时，枢纽内“三大系统平台”全面建成投用。国际物流多式联运数据交易服务平台能够使境内公路、铁路、海港等运输方式与国际航空、境外陆运等运输链上的信息实现共享，目前已经实现了卡车运输单证的电子化。在国际进港业务上，基本上实现了以航空运单为主导的多式联运“一单制"模式。大中型机场货站生产系统和航空物流信息平台的各模块和子业务系统已全面投用，为服务各方的数据互联互通提供了有力支撑。同时，在建的货运区引入云计算、物联网、大数据、人工智能等创新型物流技术，配套自动化设施，使货运区智慧园区成为新型智慧化货站，为完善钧瓷物流体系打下了坚实的基础。

二　新技术环境下钧瓷物流存在的问题

在经济全球化背景下，从现代物流的发展过程中可以发现钧瓷物流需要解决的主要是成本与效率的问题。而物流成本与效率又是相互影响的两部分，例如：在运输过程中，运输的需求首先是道路和车辆，而道路和车辆是否被充分利用体现的是物流的效率；如果物流的效率可以得到保证，那么物流的成本也就可以估计。钧瓷物流存在的问题具体体现在以下方面。

1. 从整体上来看钧瓷企业对物流发展认识不足

钧瓷制造属于传统的手工业，钧瓷生产企业大多是家族企业，其经营的重点通常是在生产和销售方面，而对于物流方面的关注较少，还未形成完整的物流管理观念。目前，钧瓷在运输环节还未形成属于自身的独立的物流产业，主要是依靠第三方物流企业。

虽然钧瓷企业使用专业的第三方物流公司会降低运输车队、仓储管理等方面的支出，但是对于瓷器这类易碎品，在物流过程中会不可避免地出现损坏的情况。而为了减少此类情况的发生，钧瓷生产企业或者产品经营商通常会要求物流公司提升包装的安全性，比如为同款产品定制纸箱、泡沫板、塑料气垫等以减轻运输过程中造成的损失，而这往往会增加物流的成本。

因此，可以选择加快建设属于钧瓷的专线物流，以便提供更加高效的物流服务；或者为第三方物流企业的发展创造更多的有利条件。例如，许昌（神垕）钧瓷文化产业园通过园区建设和招商引资实现了钧瓷产业的聚集发展，培育了一批像大宋官窑、孔家钧窑、金鼎钧窑、坪山钧窑等发展潜力大、发展后劲足的优势项目，推动了钧瓷文化企业以及神垕经济的快速发

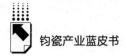

展。同时，钧瓷的销售模式以及物流形式均受到互联网的影响，尤其是在物流方面。

智慧物流是物流业发展的大趋势，其对物流的智能装备以及自动化、信息化需求十分旺盛，而对于钧瓷企业来说，一般的中小企业难以有大量的资金投入以构建智慧物流体系，因此，规划建设物流枢纽园区显得尤为重要。物流枢纽园区不仅可以为钧瓷物流高效发展提供基础，还可以尽快实现钧瓷物流企业的统一管理，优化资源配置，打造系统联动的钧瓷产业集群。

2. 钧瓷在流通过程中存在一些有待改进之处

第一，钧瓷产品的包装未形成统一规格。陶瓷制品通常具有鉴赏价值或实用价值，但由于其易碎的特点，极易在物流运输过程中产生破损。因此在流通过程中，钧瓷产品的包装会直接影响其运输、装卸搬运环节的效率。一方面，为保证钧瓷在物流过程中的安全性，其包装通常较为繁杂，会降低人工搬运的效率，且消耗各类泡沫板、塑料气垫、纸箱纸板等材料，不够环保。另一方面，钧瓷作为文化产品，如果其包装能够凸显钧瓷的文化特色，达到一定的美观度，则可以提升钧瓷产品的辨识度，然而目前钧瓷还未形成统一规格的包装。

第二，钧瓷产品装卸搬运效率较低。由于瓷器易碎的特点，在移动钧瓷包裹时需要做到轻拿轻放，因此，难免会在装卸环节投入较多的时间和人力，物流费用也随之提高。然而目前这个问题还没有得到解决。但是，智慧物流的出现可以缓解该环节物流成本高的问题，信息化和自动化设备可以节约人力、节省产品的出（入）库时间，同时降低瓷器的损坏率。

第三，运输风险造成的成本与效率问题。以钧瓷的对外贸易为例，在瓷器运输环节中，钧瓷供应商除了要考虑不同运输方式的效率问题，还要关注运输成本的问题。不同的运输方式产生的运输费用不同，而且运输费用与运输风险有直接关系，即运输风险越大，运输费用就越高。因此，在钧瓷运输过程中，需要对可能遇到的运输风险进行防范与控制，并采取相应的措施。在过去的对外贸易运输环节中，钧瓷主要使用铁路运输和水路运输。在此期间，最常见的运输风险就是自然因素导致的损失，比如运输途中极端天气的出现易造成瓷器损坏。为降低自然因素的影响，钧瓷供应商或者采购商可以给货物购买意外运输保险以减少损失，降低物流成本。而在新技术条件下，运用大数据、信息化等手段可以提前预测物流风险，以规划合适的物流路线，降低物流成本。

三　新技术环境下完善钧瓷物流体系的对策建议

在新技术环境下，河南省物流基础设施建设得到了快速发展，为钧瓷物流体系建设和发展提供了坚实的基础，但是，目前钧瓷物流行业还未实现标准化，比如：在仓储管理方面主要还是依靠人工盘点存储等情况，还未实现智能化；统一标准的钧瓷包装能降低产品在运输过程中损坏的概率，而目前钧瓷物流还未统一包装规格；缺少针对钧瓷产业物流运输的政策，没有统一协调和规划等。总体来看，当下钧瓷整体物流水平还有待提升。

现代物流体系发展主要依靠互联网技术与物流信息技术的结合，目前主要使用的技术有大数据、云计算、物联网、区块链和人工智能，钧瓷物流网络体系也在朝着信息化、智慧化和追溯化方向发展。而且在疫情之下，物流企业的信息技术含量越高，受疫情的影响就越小。这从某种程度上说明信息技术将会成为物流行业的内生驱动力，而人工智能、工业物联网等新型基础设施的建设和使用将促进物流业的升级。

因此，要加快钧瓷物流信息平台的建设，使物流运输实现数据化。利用物联网等新技术手段，提升物流过程的信息透明度，解决物流运输中产生的问题，为终端用户提供便捷的物流服务，从整体上提升物流效率。为健全钧瓷物流体系，进一步推动钧瓷产业的发展提出以下建议。

（一）建设综合型钧瓷物流服务园区

钧瓷产业大部分物流具有运输范围广、运输量大、运输条件高等特点，对物流运输设施的要求高，而物流行业作业的标准化可以提升行业整体的服务效率。因此，在钧瓷物流园区的建设发展中，要考虑园区的规模、配套服务等问题。首先，物流相关设施的建设需要与钧瓷工业园区协调发展，有针对性地建设物流设施，使其能够更好地服务园区内的钧瓷生产企业。其次，物流园区的规模应满足当地的经济发展需求，根据钧瓷产业目前的发展状况和今后的发展趋势，建设适当规模的物流园区。最后，物流园区内的配套服务最好与其他物流企业产生链接，形成合作，降低物流成本，同时利用各自的物流优势，将钧瓷产品及时、完整地交予顾客。

（二）加强与第三方物流企业的合作

随着钧瓷产业的规模化发展，钧瓷销售量不断攀升。为保证钧瓷运输质量，在运输钧瓷产品时，使用点对点的直达物流可以避免多环节周转、搬运导致的破损，但此种方法仅限于短途运送。对于大部分钧瓷供应商来说，只有钧瓷产品贸易拥有完善的物流配送体系，才可以保证物流运输的质量。如果选择自建物流，需要投入大量资金且短期内难有回报，对于钧瓷供应企业来说，经济负担过重。而选择将物流外包给有实力的物流企业，不仅可以减少物流所需设备、人员方面的投入，还能享受第三方物流企业提供的一体化、标准化服务。

目前，第三方物流企业基于已有的物流设施和规模，灵活运用新技术，进行物流信息平台更新、设备更新，不断对物流各环节的效率进行优化，比如缩短运输时间，提高各环节物流设施、人员的利用率。

随着信息化时代的到来，第三方物流发展潜力巨大。与过去只提供基本的运输、配送等服务不同，现在更倾向于满足顾客的个性化物流需求。专业的第三方物流企业对信息的接收速度快，能够以最快的速度满足顾客的需求，比如，鉴于瓷器易碎的特点，将钧瓷产品进行统一规格的包装，降低运输中瓷器的损耗。

因此，通过加强与第三方物流企业的合作，使其涵盖从揽收、运输到分拣、派送等的一系列服务，既有利于转移钧瓷运输过程中的风险，又能够帮助钧瓷供应商节省物流成本。

（三）推进钧瓷物流场景化应用

会展陶瓷物流以及精品陶瓷物流因产品附加值和货损货差率都比较高，物流风险也比较大，因此信息化建设在钧瓷物流发展中有着重要的作用。然而，目前钧瓷物流在运输过程中的数据采集能力较弱，导致智慧物流服务存在一定不足。

因此通过使用物联网技术，推进物流场景化应用，对物流运输、仓储、装卸等环节进行可视化管理，使钧瓷供应商实时掌握货物流通情况，对钧瓷物流体系构建有着重要作用。主要体现在以下方面。

1. 对钧瓷销售运输物流路径的规划

在规划货物从一个地点到另一个地点时，不同的运输方式代表着不同的时间和成本。通过人工智能技术，对最优路径进行推理和运算，得到成本最低、效率最大、用户可接受的结果。确定好路线以后，进行可视化运输管理。在运输过程中，可以通过卫星定位技术实时获取车辆位置，把握路况信息，实现在线调度，对路径进行优化，提高运输效率；通过各类传感器和监控摄像头，实时监测货物状态以及驾驶员行为，保障货物及人员安全，降低运输成本。

2. 对钧瓷运输中必需的集装箱装箱规划

不同规格的钧瓷，对集装箱的使用是不同的。由于集装箱的空间是有限的，且集装箱的使用是有成本的，通过利用物流场景化技术，依据钧瓷的重量和大小等属性，对集装箱的装箱顺序进行模拟，可以使其空间利用达到最大。

3. 可视化仓储管理

通过对仓库内的货物、托盘及操作硬件等资产安装 RFID 标签的方式，实现货物订单内容及其位置等信息的即时传送，达到实时的可视化库存管理目标。管理人员以这种方式快速了解到仓库内每一样资产的位置及保存状况，可以有效提升工作效率。例如，监控货物的出入库情况能够更加准确地把控货物数量。同时，通过摄像头，利用人工智能识别图像的形式，实时监

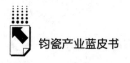

测发现违规操作并做到及时提醒，对于降低钧瓷产品的破损率具有现实
意义。

4. 货物质量追溯管理

基于物联网技术，产品追溯系统在货物追踪、识别、查询、信息采集与
管理等方面发挥了巨大作用。无论是仓储还是运输环节，该技术的应用为产
品的质量与安全提供了保障，对于钧瓷物流运输过程中出现的产品损坏的责
任判定以及对后续操作的改进均具有重要意义。

因此，充分利用物联网技术快速传递信息的能力，将其应用在物流行
业，则不仅可以提高物流运营过程的透明度以及可靠性，实现提高效率和降
低成本的目标，还有助于改善物流服务质量，提高仓库、运输车辆等资产的
利用率。

（四）培养钧瓷智慧物流应用人才

随着信息技术的发展和普及，在市场经济和经济全球化的推动下，物流
行业开始由传统向现代转变，现代物流主要使用现代科技手段和网络信息技
术，为顾客提供一体化综合物流服务。在钧瓷物流体系建设过程中，信息系
统的现代化建设是关键，尤其是在进行国际贸易时，只有构建完善的物流信
息系统，实时跟踪系统中的物流信息，才能确定钧瓷包裹在运输中的物流状
态，确保其在运输环节中的可控性。同样地，在钧瓷物流体系的发展过程
中，物流线路的设计工作、运输工具的最优配置，都需要有专业人员进行测
算和规划。

总之，钧瓷物流体系的发展和完善，离不开互联网信息技术的支持和物流
专业人才的投入，这就需要运输企业重视人才的培养和使用。随着"一带一路"
的发展，国际贸易交易不仅需要物流专业的人才，更需要熟悉国际贸易的综合
型人才。此外，鉴于钧瓷产品易碎的特点，对于其包装技术的研究也应该被提
上日程。通过研究专门的钧瓷包装，一方面，做到在物流运输装卸环节减少破
损情况的发生，从而降低成本；另一方面，合理有效的包装可以节约运输空间，
使得同样的运输空间装载更多的货物，进一步提高物流效率。

因此，可以依靠与物流专业研究所或者高校合作等方式，培养专业的钧瓷物流复合型人才，加强物流新技术的研发和创新，加快打造钧瓷物流所需要的设备，提升物流装备的现代化程度，推进物流信息共享，从而达到及时完善钧瓷物流体系的目标。

（五）加强钧瓷物流相关政策的支持

首先，系统地对钧瓷物流产业的发展进行规划。仓储设施、转运中心等物流园区基础设施占地面积大，且在建设过程中需要投入大量资金，因此需要政府科学制定钧瓷物流园区发展规划，提高土地利用和管理水平，加快基础设施建设，推动钧瓷物流产业的发展。

其次，加强钧瓷物流体系的建设。加大对物流基础设施投资的扶持力度，对符合条件的物流企业和物流园区在运输、仓储、配送等环节的基础设施建设方面给予必要的资金扶持。

最后，由于现代物流体系的建设主要依靠信息化技术，还要注意建立健全钧瓷物流体系过程中可能产生的道德伦理问题，比如：明确信息采集和使用的原则，避免造成数据滥用。因此，需要加强相关法律法规的制定和实施，强化行业自律，完善钧瓷物流信息管理制度。

结　语

数字经济的快速发展为钧瓷产业提供了良好的发展机遇，钧瓷产品的宣传、销售等渠道逐渐增多，同时，在大数据时代，数据技术的应用为钧瓷物流体系向现代智慧化物流方向发展奠定了基础。

智慧物流网络体系的发展基于信息的互联互通，因此需要加快互联网技术与物流系统的融合。通过运用新技术，增强对物流数据的使用，加快物流网络系统互联互通方面的建设，使整个物流网络体系更加智能、过程可视，达到信息透明、共享的目标，从而带动钧瓷物流体系持续稳定发展。

企业通常借助智慧物流的运营模式，优化仓储、运输、配送等物流环节，

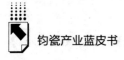

解决以往物流过程中存在的问题。同样，智慧物流与钧瓷产业相融合的新型运营模式，不仅可以提高物流运输的效率和质量，还能够进一步降低钧瓷企业的运营成本，对其实现高质量、可持续发展的战略目标具有重要意义。

因此，在新技术条件下，钧瓷行业要抓住"互联网+"和大数据技术发展的机遇，以物流信息化、一体化为方向，做好基础设施建设，营造良好的物流环境，推进钧瓷物流体系的互联互通，增强物流活力，提升物流服务的能力，不断优化钧瓷物流体系。

参考文献

［1］崔雯静、欧阳明荟、王慧：《"一带一路"倡议下我国瓷器运输最优化策略研究——以景德镇"瓷乐"运输为例》，《中国商论》2018 年第 32 期。

［2］谢泗薪、孙秀敏：《"一带一路"战略下物流多式联运发展模式与策略研究》，《铁路采购与物流》2017 年第 1 期。

［3］《河南北方瓷区抖音电商直播基地授牌启动仪式在我市神垕镇钧瓷工业文化园举行》，禹州市人民政府官网，http：//www.yuzhou.cn/jryz/004001/20210402/8e5fd84e-12dc-42df-8ea8-9d78f269e57a.html。

［4］陆雪文、潘家坪：《我国第三方物流的现状及发展对策》，《物流科技》2020 年第 9 期。

［5］郭娜、万雨萌：《数字化技术环境下场景物流生态探究》，《物流技术》2021 年第 11 期。

［6］王潇怡：《物联网视域下以 RFID 技术为载体的仓储物流管理系统设计》，《自动化技术与应用》2020 年第 9 期。

B.12
钧瓷产业绿色发展必由之路

——烧成制度解析优化

袁培 孙红闯*

摘　要： 烧成制度优化对于推动钧瓷产业向节能环保和智能制造发展
有着至关重要的地位和不可替代的作用。本文围绕钧瓷烧制
技艺非物质文化传承、钧瓷烧制过程中烧成制度、智能监测
及控制技术、新型节能技术和绿色清洁排放技术等方面，系
统阐述新材料、新工艺、智能监测、智能控制、节能减排等
技术，强化钧瓷行业产、学、研、用协同创新，解决当前钧
瓷烧制过程中存在的成品率低、窑变色彩差、自动化水平低、
过程能耗和污染物排放高等问题。提出通过现代烧成制度来
提高钧瓷的成品率及烧制过程的智能化和自动化水平，通过
技术转化突破为钧瓷产业快速高质量发展提供支撑。

关键词： 钧瓷产业　烧成制度　解析优化　绿色转型

钧瓷源于河南禹州，历史悠久，享誉中外，拥有"入窑一色，出窑万
彩"的窑变特色，被誉为"中原文化最绚丽的名片"。钧瓷发展历史曲折而
源远流长，改革开放以来，钧瓷行业发展受到各级政府愈来愈多的重视。20
世纪80年代，市场经济逐渐代替计划经济，钧瓷企业在市场变革中也开始

---

* 袁培，博士，郑州轻工业大学能源与动力工程学院副教授，主要研究方向为陶瓷烧制工艺；
孙红闯，博士，郑州轻工业大学能源与动力工程学院讲师，主要研究方向为高温窑炉氛围
控制。

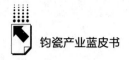

相互竞争，各企业在技术、设备、人才、生产规模等方面进一步发展。但是，由于传统观念影响深远以及初期的市场效应不明显，钧瓷未能得到良好的发展。90 年代，为了大力弘扬传统文化，禹州加大了对钧陶瓷文化的发展力度，成立了钧官窑址博物馆和钧瓷研究所，开展对钧瓷生产工艺的传承和保护工作。21 世纪，市场经济得以快速发展，人们的消费能力得到了极大提升，对于精神层面的追求也越来越高，陶瓷成为消费者重点的追捧对象，市场对陶瓷的需求大大提升。陶瓷产业市场繁荣，陶瓷科技和陶瓷文化也得以飞速发展，作为传统陶瓷文化代表的钧瓷业进入了全新的高速发展期。

钧瓷不是简单意义上的工艺品，学者们对钧瓷艺术给予了极高的评价，称之为"国之瑰宝"。钧瓷已成为重要的国际交往的礼品，周恩来、邓小平、胡锦涛等常把钧瓷作为国礼赠予外国元首和国际友人。近些年，日本、美国、德国、澳大利亚等国家的名人、专家、学者纷纷慕名到禹州神垕镇参观考察钧瓷产业。

一　钧瓷烧制过程中面临的问题

钧瓷烧制技艺作为钧瓷生产工艺的一个重要环节，体现了钧瓷艺术的独特价值，具有独特的历史地位。通过对烧制技艺的解析，可以反映出各个时代的生产水平，因此，可以说烧制技艺是时代发展水平的年轮。全面探索钧瓷烧制技艺，不仅可以为传统技艺的解析提供新方向，也为当代传统工艺的改革创新提供了新的视角。

自古以来，钧瓷的制作过程就有"七十二道工序"之说，无论哪个步骤出错都将功之一匮，烦琐的制作工艺是钧瓷成品率低的一个重要原因。现如今，人们常以生产工序划分钧瓷烧制的工艺过程，包括：成型、釉料、烧成。其中，烧成是钧瓷烧制最关键的一个环节，"生在成型，死在烧成"是陶瓷行业对烧成过程重要性的总结。目前，钧瓷烧制过程主要存在以下三个问题。

（一）成品率低，窑变色彩差

"过手七十二，方可成器"，是烧窑人熟知的一句话。如今，钧瓷烧制从选择原料到制成成品仍然有 20~60 道的工序。这些工序各有其重要性，而在所有工序中，最重要的过程就是烧窑，它决定了钧瓷制作的成败，稍不注意就会前功尽弃，浪费人力、物力和财力。因此，在钧瓷生产上，残次品大都出现在烧窑环节。

烧窑是钧瓷制造过程中关键之关键，尤其是颜色釉的烧成，与炉膛内火焰性质、温度、烧成时间及燃料种类等有重要关联。在实际操作过程中，由于无法控制这些因素，在烧制过程中有 70% 的产品会报废掉，而烧成品中的上品极为罕见。所以，有人称颜色釉的烧成是一门"火的艺术"，也确有其道理。

钧瓷烧制过程中，影响钧瓷成品率的最重要因素就是烧成制度。烧成制度是指陶瓷在烧成过程中窑炉内火焰属性、火焰流速、炉内温度、压力、氛围的总和，也称热工制度。传统钧窑烧制，其生产过程大多仍旧停留在"凭经验、靠手工"的阶段，以肉眼观察与手动记录为主，因此无法把握烧制过程合理的烧成制度，很难避免工作中出现种种失误，人为差别大，工作效率低，成品率低。

（二）自动化水平低，智能化程度低

钧瓷烧制过程主要包括素烧和釉烧。首先进行素烧，把成形的精坯先烧一次，可以增加坯体的强度和吸水性，利于上釉操作，素烧的温度需要控制在 900℃~950℃。然后把素烧后的素胎进行上釉，使素胎表面粘附一层釉浆，上釉可以采用浸釉、浇釉、刷釉等方法。最后，将上好釉的釉坯，入窑烧成，也就是釉烧。釉烧的温度一般控制在 1280℃~1300℃。

烧成燃料随着历史发展经历了多次演变，主要经历了柴烧、煤烧和气烧三个阶段，后来随着柴烧工艺的恢复，柴烧又受到了愈来愈多的追捧。烧成时由于火焰温度、气氛以及环境气候等的影响，钧瓷产品具有色彩斑斓、变

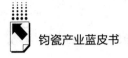

化万千的窑变效果。影响钧瓷成品品质的因素除了胎料、釉料组成和施釉工艺之外，窑炉结构、装窑方法以及烧窑工艺等是主要因素。当前烧制工艺纷杂多样，烧制过程中的自动化水平低，烧窑过程中温度、气氛的控制通常由操作者通过经验进行判断，这对操作者经验要求高，并且增加了人力成本。

（三）烧制过程能耗高，环境污染严重

根据所用燃料的不同，钧瓷烧制主要可分为柴烧、煤烧和气烧，反映了钧瓷烧制工艺的历史沿革。陶瓷烧制过程能耗高、污染大，需要消耗大量矿产资源，生产过程中会产生大量的废气、废渣、粉尘，废气带着大量废热排入大气，对环境造成破坏。特别是在陶瓷产业密集的区域，陶瓷产业的发展对当地空气、土壤、水流等的污染较为严重；有些地区对矿产资源过度开采，加剧了生态环境的破坏。此外，现如今，仍没有很好的方法回收利用陶瓷废料，造成资源的浪费，也极大地阻碍了陶瓷行业的可持续发展。随着全世界环保意识的提高，我国也先后出台了一系列政策约束高能耗、高污染产业，鼓励发展和利用清洁能源，促进各产业绿色转型，陶瓷行业又面临新的挑战。2019 年 4 月河南省生态环境厅出台《河南省2019 年工业炉窑污染治理方案》，对工业窑炉的污染物排放指标进行了明确规定，当前烧制过程能耗高、部分污染物排放量不达标也限制着陶瓷产业的进一步发展。

二 钧瓷烧制工艺现状及社会需求

钧瓷作为传承千年的河南传统文化代表，从断代到复烧几经风雨，它的造型朴实亲切，色彩鲜艳而明亮。20 世纪六七十年代，中科院上海硅酸盐研究所对宋元时期的钧瓷做了较为系统的研究，有如下的一些发现。

通过化学分析，钧釉中 Al_2O_3 含量低而 SiO_2 含量高，还含有 0.5%~0.95% 的 P_2O_5。早期宋钧的 SiO_2 与 Al_2O_3 比为 11.0~11.4，P_2O_5 含量多数为 0.8%，官钧釉的 SiO_2 与 Al_2O_3 比在 12.5 左右，P_2O_5 含量为 0.5%~0.6%。

钧釉的红色是由于低价铜离子的呈色作用，红釉中含有 $0.1\%\sim0.3\%$ 的 CuO，还含有相近数量的 SnO_2。在天蓝、天青和月白色釉中，CuO 含量则极低，只有 $0.001\%\sim0.002\%$，和一般白釉中的含量差不多。钧釉的紫色是红釉与蓝釉相互作用的结果，而钧釉上的紫斑是由于在青蓝色的釉上涂上一层铜红釉所得。

钧瓷通常在还原气氛中烧成，温度通常在 $1250℃\sim1270℃$。由于 Fe_2O_3 和 Al_2O_3 在硅酸盐玻璃的网状体中所起的作用相似，在还原气氛中可以大大降低 Fe_2O_3 的含量，以便分相过程可以顺利进行。如果是在氧化气氛中，Fe_2O_3 的含量就会大大提高，这就跟提高 Al_2O_3 含量所起的作用相似，会阻碍釉的分相。

现有的研究对钧瓷的呈色机理与钧瓷原材料的关系做了初步探索，以及对钧瓷烧制过程划分了大致的温度阶段，然而尚未完全揭示钧瓷烧制过程中烧成制度对钧瓷呈色的具体影响和钧瓷烧成过程的传热传质机理。火焰流速、温度、压力、气氛多种因素相互联系，相互影响，相辅相成，其相互作用的过程需要深入探索。

钧瓷是河南省乃至全国的一张文化名片，是经历了一千多年的沉淀才形成的文化品牌，钧瓷文化拥有辉煌的历史和举足轻重的文化底蕴，具有丰富的精神文化内涵，对我国文化自信建设具有重要的价值，同时也能产生巨大的经济效益。然而，钧瓷烧制过程中存在窑变色彩差、成品率低、能耗大、排放高等问题，加之陶瓷生产加工过程自动化程度低，阻碍了钧瓷产业的进一步发展。

截至 2020 年 6 月，郑州市及周边地区陶瓷企业达到 980 家，年产量突破 10 亿件，年销售产值达到 60.2 亿元。周边城市以钧带陶战略推动钧瓷产业实现集聚发展，如禹州市投资 15 亿元建设钧瓷文化产业园，投资 6 亿元的神垕钧瓷文化创意产业园，已有 3 家投资过千万元的钧瓷企业入驻。地方政府也积极引导创建钧瓷文化旅游示范企业，提升了钧瓷企业的文化旅游形象，极大地促进了钧瓷行业的快速健康发展。

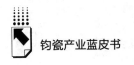

三 钧瓷烧制工艺研究分布状况

21世纪初，我国深入开展对非物质文化遗产的保护和传承，在国家实施"中国传统工艺振兴计划"的背景下，钧瓷的传承与保护也取得明显的成效。各地政府为确保钧瓷烧制工艺的传承与发展，打造钧瓷品牌，建设大规模生产基地，投入了大量的人力、物力和财力，认定了多位国家非物质文化遗产代表性项目传承人。为了保证禹州神垕的钧瓷传承，提高钧瓷的发展和创新能力，禹州政府建立了钧瓷研究所，设立了钧瓷发展基金，鼓励钧瓷产业创新改革。这些措施推动了钧瓷烧制工艺的绿色发展转型，钧瓷行业获得多项国家专利和艺术奖项，产品时常作为国礼登上世界舞台，产业得到了长足的发展，涌现出了刘富安、晋佩章、孔相卿等国家工艺美术大师。

为进一步促进钧瓷产业的发展，郑州轻工业大学和禹州市人民政府合作建立了河南省轻大钧陶瓷产业技术研究院。研究院依托郑州轻工业大学的人才资源和技术优势，结合河南省钧瓷方面的资源和产业优势，开展新材料、新工艺、新艺术设计和新营销模式的研究及应用，建立钧瓷全产业链智能化服务平台，突破钧瓷产业发展的瓶颈，进行成果转化、人才培养、企业孵化，为钧瓷产业的快速、高质量发展提供技术服务。

国内专门从事钧瓷烧成制度工程技术研究的单位不多，主要集中在传统制作技艺的"传承"领域，着重剖析钧瓷传统制作技艺中的传承问题。科技进步对钧瓷的发展起到了巨大推动作用，钧瓷艺人借助先进技术进行了大量的技术革新。但其中有些新技术如以化工原料呈色、一次烧成等新技术对传统技艺的传承也产生了一定的负面影响。从根本上讲，新的科技必须通过钧瓷手艺人的理解才能得以运用，既要提高人的主体性，又要提高手艺人的文化素养。这样才能使钧瓷手艺人在深刻理解钧瓷传统技艺精髓的基础上运用现代科技，既提高钧瓷品质，又保持钧瓷烧制技艺的本质特征。

在钧瓷烧制过程中，环境温度、气氛属性、空气流量和火焰流速等因素都影响着钧瓷的烧成质量和成品率，尤其是釉烧过程中的温度和火焰属性，足以影响整个窑变过程。烧制过程中各个阶段的温度、气氛、压力、空气流量等参数的最佳值范围都需要做具体的研究，这样才能最终实现高效、低排放、绿色烧制。河南省轻大钧陶瓷产业技术研究院积极开展与地方政府和各种企事业单位的合作，紧跟市场需求，加强钧瓷产业"政产学研用"的优化和完善，打造钧瓷行业智慧服务平台，使成果转化更加科学和规范，提高成果转化效率，推动钧瓷产业健康、科学、高效和快速发展。

四　钧瓷烧成制度研究的目标

钧瓷烧成制度研究的目标是在国家科技政策指导下，结合产业实情，利用现代科学技术，力求在体制和机制上进行创新，遵循市场导向、效益优先、产学研用结合的原则，开创出一种满足科技发展又适应市场的运作模式。同时，立足河南，面向全国，围绕钧瓷烧制过程中的成品率低、能耗高等问题，结合河南省钧瓷方面的资源和产业优势，开展烧成制度、智能控制、节能减排等方面的研究，建立钧瓷全产业链智能化服务平台，突破钧瓷产业发展的瓶颈，进行成果转化、人才培养、企业孵化，为钧瓷产业快速高质量发展提供技术服务支撑。

（一）科研开发

全面深入调研国内外陶瓷生产的技术变革、市场需求和发展趋势，制定钧瓷企业技术进步的发展规划，结合各类瓷器的特征，对烧制工艺过程潜在的新技术、新工艺、新产品进行研究和开发，调研国内外市场信息，不断开发或引进市场所需的新技术、新工艺和新材料。根据对市场未来走向的分析，为相关企业的长期发展提供可行的意见和建议。

（二）人才培养

加强团队建设，建立人才培养和引进的科学制度，强化技术创新的激励机制，造就一批开拓创新能力强、学识高、有影响力的学术带头人，同时建

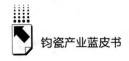

立培训高水平技术人员的基地，提高人才的知识水平和创新能力，为钧瓷行业培养一批懂技术、会管理的高水平专业技术人员。强化人才的整体政治素养和职业道德，打造一支真抓实干、精明强干的高层次人才队伍，使整个钧瓷行业的人才竞争力达到较高水平。

（三）交流与合作

加强与国内知名高校、科研机构、企事业单位的合作，采取引进的方式，有针对性地引进国内知名院校、科研机构的先进技术成果。聘请行业专家教授，开展专业技术讲学和技术指导，使钧瓷产业的工艺、产品水平位居国内领先水平，甚至国际水平。与相关企事业单位展开合作研究，借用企事业单位的大型厂房、平台进行技术工艺的规模化发展，实现技术工艺由实验室向产业应用落地，并借助企业销售通道实现产品向用户的推广，最终实现产、学、研结合，提升技术研究的经济价值和社会价值。

（四）科研平台建设

为了适应我国社会主义市场经济规律和钧瓷产业的科学发展规律，加速科技成果转化，建立以产品研发为主体、以实际应用为目标、以人才培养为核心、以经济发展为保障的技术创新体系。促使重点高校和优势企业协同合作，根据自身特长建立陶瓷技术研究中心，加强与相关企业的合作，深化技术协作。从实际出发，建立多种形式的钧瓷研究技术中心或中试基地，最终向研发型工程技术中心迈进。集聚钧瓷烧成制度、智能测控、节能减排等方面的技术资源，充分发挥高等院校的人才优势和科研机构的技术优势，建立高校与企业对接的无壁垒研发平台，提升钧瓷技术的综合研发和创新能力。

五　钧瓷烧制过程优化

钧瓷烧制过程中烧成制度、智能监测及控制技术、新型节能技术和绿色清洁排放技术等方面的研究工作，要以传统的知识经验为基础，融合艺术、材料学、燃烧学、传热学、流体力学等多门学科的理论与方法，解析"窑变"过程的秘密，为可控化的钧瓷烧成奠定理论基础，开辟钧瓷烧制发展的新道路；要收集和调研国内钧瓷销售的市场信息，开发新型钧瓷产品，优化烧制技术，开发新技术和新工艺。

利用先进的新材料、新工艺、热工监测、节能环保和智能化等技术，深化陶瓷行业产、学、研、用协同创新，致力于解决当前钧瓷烧制过程中存在的成品率低、窑变色彩差、自动化水平低、过程能耗和污染物排放量高等产业应用中存在的问题，提高钧瓷烧制过程的智能化和自动化水平。形成新型智能化钧瓷烧制技术工艺，突破钧瓷烧制过程中面临的技术瓶颈问题，进行成果转化、人才培养、企业孵化，为钧瓷产业快速高质量发展提供技术服务支撑。烧成制度的解析优化对于推动钧瓷产业向节能环保和智能制造发展有着重要的地位和不可替代的作用。

（一）钧瓷烧制工艺非物质文化传承

沿用至今的钧瓷传统烧制工艺凝聚了古今烧窑者的心血和丰富的经验，在一代又一代的改良中，达到了如今成熟的状态。因此，要改革钧瓷的烧制工艺，首先要弄懂传统窑炉烧制的工艺过程，了解清楚传统窑炉烧制过程中炉内的氛围环境，利用现代技术，分析窑炉环境对瓷器色彩纹路的影响规律。

要选取典型案例，利用现代先进仪器，测量和分析传统钧瓷烧制工艺的细节，基本掌握古代钧瓷烧制工艺，并归纳总结钧瓷传统烧制工艺的传承和保护现状，了解其存在的问题和难点，通过借鉴国内外其他非物质文化遗产传承与保护的典范方法，提出适合钧瓷烧制工艺保护与传承的策略建议。

（二）钧陶瓷烧制过程解析

釉料的组分对钧瓷的成品和精品有着至关重要的作用，通过化学分析发现，钧釉中 Al_2O_3 含量低而 SiO_2 含量高，还含有少量的 P_2O_5。不同釉料中的组分又存在着不同，从而使得成品的色彩也有显著的差异。总结来看，钧瓷釉药的发色效应主要受三个方面因素的影响。

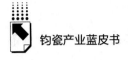

1. P₂O₅的含量

含有磷酸盐的天青基本釉中，P_2O_5的重量占比为0.35%~1%。磷元素的含量对乳浊效果有着深刻的影响，一般而言，磷的含量越少，成熟的釉药越清凉。反之，磷含量越多则成熟的釉药越乳浊。而所谓的"失透"现象，就是釉料中P_2O_5的含量超过了1%，人们所熟知的月白釉就是由上述情况造成的。如果P_2O_5含量达到5%左右，釉药就会产生龟裂、针孔，且会生成大量的气泡。

2. 铜元素的运用

钧釉的烧成技术主要是通过还原氛围的控制，使釉中微量的铜元素尽可能朝低价的氧化亚铜的方向去反应，二价铜粒子越多则窑变色越蓝，氧化铜含量越多，则釉变的色调黑暗，只有氧化亚铜的含量较多，才会显出美丽的红色。

3. 烧窑技术

釉中含有氧化铜和氧化铁，都会促进氧化亚铜的生成，其关键就是对火焰的控制。烧制铜红釉色时，最好的方式是形成阶梯式的烧成曲线表，在900℃~1000℃时，进行第一次还原气氛烧成，此后每上升100℃进行50℃的氧化氛围烧制，然后再进行100℃的还原氛围烧制。在接近1260℃时，因为铜粒子非常活跃，很容易随火焰飞离釉面，所以到了此时最好用中性焰烧到结束，这样，烧制的成功率较高。

通过现代技术对钧瓷烧成过程的研究，钧瓷的烧成过程大致可划分为以下四个阶段。

1. 第一阶段：氧化焰阶段（0~1040℃）

窑炉内温度从点火到400℃，这一阶段的升温不宜过快，此阶段就是氧化焰阶段，用小火烘烤，窑炉内温度缓慢地上升。在这一阶段，窑具、胎体及窑室内的水分逐渐排出，如升温速度过快，水分急速挥发会导致气体快速膨胀，很有可能导致胎体开裂甚至炸裂。窑内温度达到400℃以后，水分已经基本排除，升温速度可以适当增快，直到转火温度达到1040℃，这一阶段通常需要5~8小时。这一阶段釉面受热膨胀，表面一般呈未烧结的多孔状态。由于高温氧化，釉内的各种有机杂质及沉积在釉面上的碳粒子基本完全反应，为第二阶段还原焰烧制打下了一个良好的基础。

2. 第二阶段：还原焰阶段（1040℃~1150℃）

窑炉内还原气氛主要是由人为控制燃烧程度形成的，通过人为减少进风量，氧气减少还原性增大。在还原的气氛下，由于空气减少，窑内的火焰呈现浑浊状态，使燃料的燃烧不充分，在窑中产生一定量的一氧化碳，进入胎釉中，使氧化铁失去氧原子后被还原成氧化亚铁，而氧化铜失去氧原子被还原成氧化亚铜，还原反应使胎釉中的微量元素得到还原，从而实现釉变与胎变，得到美观的颜色。此阶段是钧瓷釉烧的重要阶段，窑炉内温度缓慢上升，胎体开始瓷化，并接近烧结，最终在达到烧结温度后，胎体的密度最大，收缩率最大，吸水率最小。

3. 第三阶段：弱还原阶段（1150℃~1280℃）

在弱还原阶段，窑炉内的温度要保持上升，保证釉面能够形成完好的玻璃体。同时，高温下釉层流动，可以消除釉层的气泡和针孔等缺陷，从而使釉面更加光亮，这也是我们看到的钧瓷都非常光亮的原因。为了保证还原后的釉面在温度上升时不会被氧化，这一阶段必须严格防止氧化发生，因此需要弱还原气氛，否则会严重影响成品率。因此，此阶段以弱还原焰烧制为最佳选择。

4. 第四阶段：氧化阶段（1280℃~1300℃）

当窑内温度达到1280℃时，均热保温1~2小时，尽量缩小窑炉同一断面不同部位以及瓷体内外的温差，使瓷体内外的物理化学变化均匀，使组织趋于一致，这样可以减小瓷体内部的热应力，减少由于温度不均而引发的开裂，提高成品率。实践中，适当地降低烧成温度，而延长保温时间，也有利于提高产品的品质。保温过后，可立即停火，打开窑炉闸门，使炉内自然冷却，刚开始炉内温度下降得很快，随着温度的降低降温的速度逐渐变慢，当温度下降到200℃左右，可以稍微打开窑炉的大门，使炉内快速降温，此时的胎体釉固化，显现颜色，釉产生液相分离，釉面固化。大量的新鲜空气流入窑内和高温下的釉面接触，釉面的氧化过程是不同颜色釉层形成的主要原因，整

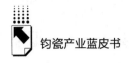

个釉层是由多个颜色各异的微小釉层组成的。由此可见，不同的颜色釉必须在还原气氛和后期氧化气氛的综合作用下才能形成。

此外，坯体中也会含有碳酸盐、硫酸盐等杂质，它们在高温下会分解生成 CO_2 或 SO_2 等气体。而钧瓷坯釉中含有的少量 K_2O、Na_2O、CaO、MgO、Fe_2O_3 等氧化物，在不同温度下，能与 SiO_2 和 Al_2O_3 形成各种低共熔物。随着温度的升高，原料熔融，坯体中的玻璃相逐渐增多，温度愈高，时间愈长，熔解的量越大，玻璃相越多的产品透明度越高。

钧瓷坯体在烧制过程中还会出现重量减小、体积收缩、气孔率变化、强度变化、硬度变化、颜色变化等，总体过程非常复杂，其物理化学机制尚未被完全解析。明确目前钧瓷烧制的详细工艺流程，需要搭建钧瓷烧制的实验平台，通过在实验室进行小规模的烧制实验，探索不同阶段烧制温度、气氛、压力、气体流量、火焰流速等参数对烧制过程和钧瓷品质的影响。

通过对钧瓷物料配比的分析，可以研究不同物料在烧制阶段中的物理形貌、孔隙结构变化、化学成分演变和晶相组成变化，明确 P_2O_5、CuO 和 Fe_2O_3 对钧瓷发色效应的影响；通过参数优化分析，可以明确获取高品质钧瓷的物料配比。

当今技术条件下，可以实现对炉膛内温度、压力、流量等参数的准确测控，从而实现特定参数影响规律的研究分析。烧制中可采用高温分段式电加热立式反应炉（见图1），比如德国纳博热公司的高温窑炉，其升温范围为 0~1500℃，通过高温窑炉模拟钧瓷烧制过程中的温度变化，分段式加热可以模拟钧瓷在烧制过程中不同部位的受热情况，这样，有助于解析烧制过程中的温度梯度分布对钧瓷品质的影响。在高温窑炉上加装气体输送装置，通过调节气体配比，模拟钧瓷烧制过程中的气氛变化，可以探究还原性气体对钧瓷品质的定量影响规律。

（三）计算流体力学技术在钧瓷烧制方面的应用

随着计算机技术的发展，计算流体力学（Computational Fluid Dynamics, CFD）应运而生，它是一个综合数学、流体力学、热力学和计算机技术的交叉学

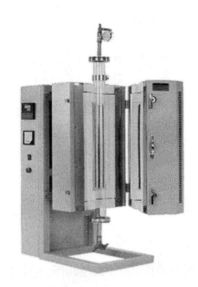

图1 分段式电加热立式反应炉

科，利用现代计算机技术和数值分析方法来求解流体的控制方程，对流动、传热、传质、化学反应等问题进行模拟。CFD 的发展为窑炉内气氛的研究分析提供了新思路，特别是燃烧过程数值模拟的发展，对窑炉初期设计有着重要的指导作用。本文在燃烧理论、流体力学、化学动力学、传热学等理论基础之上，结合实验修正和数值算法，建立起了燃烧过程的数值模拟方法。

燃烧过程属于非稳态流动传热传质过程，燃烧过程的内部结构虽然十分复杂，但它仍遵循连续介质假设，以及动力学定律和能量守恒定律。流动中的物理量随时间和空间的变化而变化，但流场中任一空间点上的流动参数满足黏性流体流动的 N–S 方程组：

1. 连续性方程（质量守恒方程）

$$\frac{\partial \rho}{\partial t} + \frac{\partial}{\partial x_j}(\rho v_j) = 0$$

2. 动量守恒方程

$$\frac{\partial}{\partial t}(\rho v_i) + \frac{\partial}{\partial x_j}(\rho v_j v_i) = -\frac{\partial \sigma_{ij}}{\partial x_j} + S_{vi}$$

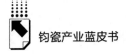

3. 能量守恒方程

$$\frac{\partial}{\partial t}(\rho \tilde{H} - p) + \frac{\partial}{\partial x_j}(\rho v_j \tilde{H}) = \frac{\partial}{\partial x_j}\left(\Gamma_h \frac{\partial \tilde{H}}{\partial x_j} + \sum_l \Gamma_l Q_l \frac{\partial m_l}{\partial x_j}\right) + Q_h$$

4. 化学组分平衡方程

$$\frac{\partial}{\partial t}(\rho m_l) + \frac{\partial}{\partial x_j}(\rho v_j m_l) = \frac{\partial}{\partial x_j}\left(\Gamma_l \frac{\partial m_l}{\partial x_j}\right) + R_l$$

5. 状态方程（对炉内环境而言，气体温度高，可作为理想气体处理）

$$p = \rho RT$$

这些方程是窑炉内参数变化规律的数学表达式，通过求解方程的解，可以了解窑炉内各个位置随时间变化的参数变化规律。随着 CFD 技术的发展，已有很多商用软件应用于窑炉内氛围的分析研究。其中 Fluent 软件应用范围最广，计算精度也能满足要求。Fluent 可用于模拟流动、热传导、两相流、燃烧和化学反应等问题，具有强大的网格支持功能，可使用混合网格、非连续网格、滑动网格、变形网格等来解决复杂的流动传热问题，其计算结果可以用等线图、分布云图、散点图、矢量图等多种形式表示。利用 Fluent 软件可以解决多场耦合的物理问题：如可压缩与不可压缩流动问题；非牛顿流体问题；对流传热传质问题；层流、湍流问题；辐射传热问题；相变及两相流动问题；化学反应动力学；燃烧过程等。

通过 CFD 模拟，可以得到窑炉内的温度分布、压力分布、组分分布等氛围参数，对比炉内不同位置处瓷器的烧制效果，可以建立起氛围与瓷器烧制效果的关系规律，进而对烧制效果优良区域的参数进行分析，为炉内氛围控制提供依据（参见图 2）。CFD 模拟的优势在于，可以快速、低成本且相对准确地完成对窑炉内气氛的分析，制定合适的控制策略，其缺点是难以考虑到真实窑炉内的全部因素，与实际的烧窑效果会有差异，因此 CFD 模拟往往需要与实验测试结合起来，通过真实数据的修正，得到更加准确的结论。

结合窑炉实验和数值模拟，可以加快对钧瓷烧制物理化学过程的解析，建立钧瓷品质的分析评价模型；使用多因素分析手段，探索钧瓷烧制过程中操作参数对钧瓷品质影响的贡献，获取影响钧瓷品质的主要参数，并通过对主要影响参数的优化分析，明确钧瓷烧制的优化调控方向。

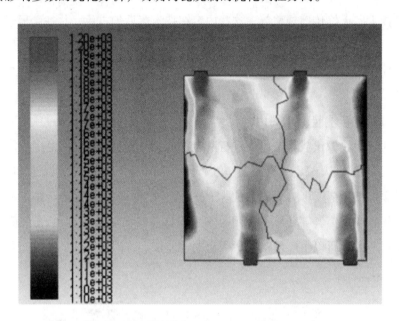

图 2　四喷火口炉膛内温度分布 CFD 模拟结果

资料来源：康建喜、景辉：《基于 CFD 辊道窑内气体流场及温度场的数值模拟》，《陶瓷》2020 年第 3 期。

此外，基于 CFD 流体仿真，结合虚拟现实技术，可以建立起一座虚拟的窑炉，应用于陶瓷烧制过程的研究分析，这是未来钧瓷烧制过程解析研究的另一种新方法。然而，由于陶瓷烧制过程涉及流动、传热、传质的强耦合作用，该方法实施难度较大，目前仍处于发展阶段，但计算机技术的进步，CPU 运行速度的加快，必能够促进钧瓷烧制过程虚拟现实技术的发展。未来，人人可以在虚拟现实中，"烧制"心仪的瓷器。

（四）钧瓷烧制过程监控技术

钧瓷烧制过程中的关键参数检测和精准控制是获得高品质钧瓷的最后一

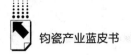
步，也是最关键的一步。通过先进的温度、压力和流量检测设备对烧制过程进行精准控制，可以为获得高品质钧瓷提供保障。

窑炉环境分析涉及高温环境下温度、压力、气体流量的测量技术，组分测量技术，火焰传播规律等，这些内容在技术落后的古代，往往是通过观察炉膛内的颜色来判断大致的范围，从而指导下一步的工艺过程。红外热像仪、气相色谱仪、火焰检测仪等先进的设备，给精确量化炉膛内环境提供了条件。

（1）温度测量：窑炉内的温度范围广，低温段（低于800℃）可采用常规的红外热像仪或者热电偶进行测量。而高于800℃的高温范围，需要应用高温计测量火焰温度。比色高温计（见图3）的测量范围为800℃～2000℃，测量精度可接近量程上限的±1%。比色高温计的优点是：在有烟雾、灰尘或水蒸气等环境中使用时，由于这些媒质对λ_1及λ_2的光波吸收特性差别不大，所以由媒质吸收所引起的误差很小，因而测量的温度值很接近真实温度。

图3　比色高温计

红外热像仪在陶瓷领域的应用已有30年以上的历史，随着其精度的提高和范围的增广而成为窑炉内温度测量最重要的方法（见图4）。通过红外热像仪测量温度并反馈给控制系统，从而做到控制炉膛内的温度，可以有效提高成品率。

图 4 红外热像仪观测窑炉内温度分布

资料来源：Philippe Kerbois：《LAND 红外热像仪在玻璃窑炉中的应用和收益》，《2019 第 22 届全国玻璃窑炉技术研讨交流会论文汇编》，2019。

（2）压力测量：窑炉内可达很高的温度，仪器内的酒精挥发较快，仪器调整频繁，所以应该用膜盒式压力表测量。

（3）窑内气氛测量：测量窑内气氛需要采用气相色谱仪，它能够检测不同氛围下窑炉内气体的组分，从而构建氛围与温度的关系曲线。例如，在 1050℃~1200℃，利用气相色谱仪测量气氛中 CO、CO_2、O_2、N_2 的百分组成，并计算烟气中的空气过剩系数，测定 CO 的含量和过剩系数，可以判断还原气氛是否得当。

（4）流速流量测量：流体的流量和流速对窑炉内的热工制度有着重要的影响，比如空气流量的减小能提高炉内的还原氛围，达到美丽的色彩釉变，提高产品的烧成质量。同时，合理的介质流量控制，可以提高窑炉的热利用率，减小窑炉的总体能量消耗，对钧瓷产业的绿色转型有着重要的意义。

其中，流速测量分为直接测量和间接测量。

①直接测量法。直接法可用仪表测量出流量或与流量对应的压差瞬

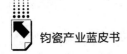
时数值和变动量，这类仪表有电磁流量计、靶式流量计、转子流量计、涡轮流量计、孔板流量计或节流装置、椭圆齿轮流量计等。②间接测量法。间接法是用仪表先测出流体在管道内的平均流速，再乘以流体流经的截面积，换算成单位时间内的平均流量值，这类仪表有毕托管、风速仪等。

在准确测量的基础之上，结合现有的自动控制技术，对窑炉进行自动化控制设计，由中央控制系统控制钧瓷制备生产系统的运行，包含检漏系统、燃料控制系统、尾气排放系统、故障鉴别系统、还原性气体控制系统和温度鉴别系统等（见图 5）。各系统在总控制系统下，协调工作，反馈调节，实现窑炉内温度、组分等参数的准确调整，为瓷器成型提供最佳的氛围条件，极大提高工作效率以及产品的成品率。

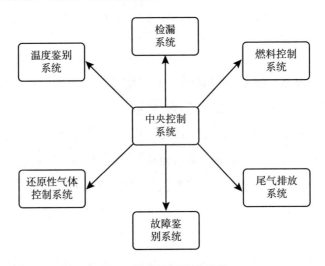

图 5　钧瓷烧制控制系统

资料来源：笔者总结。

（五）节能与低污染排放技术

钧瓷产业绿色发展应明确钧瓷生产加工中的主要技术参数（如燃气量、空气量、气路分布、温度等），通过优化各参数配比、改进炉型、优化钧瓷原料配比、选取新型环保材料等技术手段，大幅减少生产加工中的能耗，实现低能耗、可持续发展模式。通过检测尾部出口烟气的主要组分，反向调节含氧量、空气配比等参数，完善炉内火焰分布，对钧瓷原料进行预处理，定向脱除污染性组分，实现尾部烟气的低污染排放。

为发展节能型钧瓷窑炉，可以利用温度压力控制技术和回热原理，研发出一种温度可控、氛围可调、高效回热的烧制系统，有效提升装置烧制钧瓷的成品率。该系统结合现代技术，实现更好的氛围控制，可提高烧制钧瓷的效率和成品率。

节能型窑炉设计尚需要完成多方面的技术攻关，包括高效回热型烧制系统优化设计：研究开发新型高效回热的环保型窑炉，研究窑炉的布置方式对气流组织、烧成制度的影响规律，优化烧成工艺，保证烧制成品率。钧瓷烧制影响因素解析：在烧成系统优化基础上，对钧瓷烧制的影响因素进行系统研究，包括气氛温度、气氛压力、气氛组分等，揭示烧制过程中对钧瓷品质的影响因素。钧瓷烧制氛围的控制方法：在钧瓷烧制的不同阶段，研究其氛围如还原性气体、温度场均匀度对钧瓷窑变过程的影响，解析窑变的规律，发展控制烧制氛围的方法。

六　钧瓷烧成制度研究的长远意义

截至 2021 年 8 月，河南省陶瓷企业已达上千家，从业人数十万人，年销售额接近百亿元，因此钧瓷的研发不仅对钧瓷的传承和创新具有重要的意义，对经济发展和稳定就业也有重要的意义。当代的钧瓷工艺，在先进的科学技术革新下，也有了极大的进步。在造型上，不拘泥成法，运用现代设计理念和审美观念，创造出类型多、品种多、样式多的造型，具有鲜明的现代感，是一个时代的象征。在文化内涵上，对古老钧瓷烧制工艺的传承和保护，不仅能够反映中国的传统文明和璀璨的历史文化，而且与当代的文化背景相结合，逐步形成了现代钧陶瓷的艺术风格和文化特征。钧瓷在高端收藏品、餐具、日用家具或者陈设和装饰器皿等方面都受到越来越多的关注，市

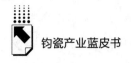

场需求逐年增加，市场规模有望得到进一步扩大。钧瓷产业虽然取得了很大的成绩，但仍有很多因素制约着它的发展。现在钧瓷市场上部分产品釉层单薄，缺少变化，甚至还有人工涂抹，人为地制造"窑变"，釉色呆滞，毫无钧瓷应有的韵味，阻碍了钧瓷文化的健康发展。

我国经过数十年的经济高速发展，人们在物质生活丰富的基础上，越来越认识到传统文化传承与发展的重要性。传统工艺是传统文化的重要组成部分，它不仅能洗礼人文思想，而且能孕育和催生出新生文化力量。目前，钧瓷的发展与历史上宋代其他四大名窑汝、哥、官、定相比，其传承延续、保护和开发情况最好，其艺术影响和产业效益也最大。

中国钧瓷产业集群的发展在我国中部地区非常具有代表性，走"资源技术导向型"的发展道路，对钧瓷产业的发展具有十分重要的意义。产业集群是促进产业发展多种因素集聚的有效载体，能够快速推动资金积累、人才和技术集聚，迅速培育出工业经济和创意经济并肩时代最需要的各类企业家和大师。通过平台的建设，走钧瓷的可控化烧制路线，可为钧瓷行业的迅速发展，提高钧瓷产业在禹州市国民经济中的占比，促进经济的发展，建设区域创新体系具有重要的作用。

解析烧成制度，可为钧瓷产业发展提供关键技术，促进研究平台创新运行机制和平台技术共享机制的形成，提升钧瓷产品加工制造企业的工艺创新开发能力和现代化制造水平。可以通过高校、企业、政府资源互补共享和企业协同集成的工作技术平台，借鉴国内外先进技术和产业优势，充分挖掘钧瓷产品市场潜力，促进区域经济协作发展，实现共同进步。另外，对烧成制度的研究有利于钧瓷烧制领域高层次人才及技术创新团队的建设、成长和储备；同时将促进新材料、新工艺、动力工程与工程热物理、环境科学等多学科的交叉融合，增强钧瓷行业在烧制工艺与设备创新方面的国际国内竞争力，并为陶瓷产业的健康持续发展奠定理论与技术基础。

参考文献

［1］ 巴一：《禹州钧瓷产业文化发展研究》，硕士学位论文，河南师范大学，2016。

［2］ 温丰泽、于亚伟：《天人合一：设计美学视角下钧瓷的创新美》，《收藏与投资》2022 年第 3 期。

［3］ 刘红生、任星航、李正安：《传统钧窑的生态烧制路径再探究》，《陶瓷科学与艺术》2021 年第 10 期。

［4］ 郑永彪：《禹州市钧瓷原料矿产资源及钧瓷产业发展研究》，博士学位论文，中国地质大学（北京），2009。

［5］ 李胜强：《浅析钧瓷的烧制工艺》，《东方收藏》2020 年第 16 期。

［6］ 孔春生：《钧瓷的烧成与探索》，《遗产与保护研究》2018 年第 4 期。

［7］ 薛冰：《钧窑工艺特征及其对广钧的影响》，《许昌学院学报》2020 年第 6 期。

［8］ 邓贞：《文创产业背景下非物质文化遗产传承困境及突破——以禹州钧瓷为例》，《百花》2021 年第 9 期。

［9］ 高根长：《烘炉钧瓷烧成技艺研究》，《陶瓷科学与艺术》2014 年第 9 期。

［10］ 薛琳婧：《计算流体力学软件在玻璃窑炉设计中的应用》，《工业加热》2020 年第 2 期。

［11］ 康建喜、景辉：《基于 CFD 辊道窑内气体流场及温度场的数值模拟》，《陶瓷》2020 年第 3 期。

［12］ 杨鸽：《耀州窑制瓷工艺虚拟可视化艺术研究》，硕士学位论文，西北大学，2019。

［13］ 曾令可、张功元、吴卫生：《红外热像仪在陶瓷工业中的应用》，《激光与红外》1996 年第 2 期。

［14］ Philippe Kerbois：《LAND 红外热像仪在玻璃窑炉中的应用和收益》，《2019 第 22 届全国玻璃窑炉技术研讨交流会论文汇编》，2019。

B.13
禹州钧瓷原料及当地矿产资源分析

郭会师　张林森*

摘　要： 钧瓷为我国宋代五大名窑（钧、汝、官、哥、定）之一，有一千多年的历史，并始终闪耀着绚丽夺目的光彩。钧瓷的形成和发展与当地的地理环境、气候及矿产资源等密切相关。本文首先根据禹州地区的地质概况，分析了当地钧瓷起源和发展的天然独特优势，然后结合陶瓷工艺学原理，按照黏土类原料、石英类原料、长石类原料、钙镁质原料、其他熔剂类和辅助性原料、地方制备原料及熔块原料六大部分详细阐述了钧瓷制备所用原料的种类、作用及其矿产资源特点。本文将对我国钧瓷新材料、新工艺的研究与发展提供相应的理论依据，并对我国传统国粹的发扬与传承具有重要意义。

关键词： 禹州　钧瓷　原料　矿产资源　黏土

　　禹州是传说中我国历史上第一个奴隶制王朝——夏的都城，启曾在这里的钧台宴会天下诸侯并主持盛典，钧瓷也由此命名。钧瓷从唐朝开始烧制，在宋朝达到鼎盛，并且经历了元、明、清等朝代直到今天，已经有一千多年历史了，始终闪耀着光彩夺目的光辉。

　　早在北宋年间，钧瓷便被徽宗皇帝钦定为皇室用珍品，为官窑瓷，还拥有"黄金有价钧无价""纵有家财万贯，不如钧瓷一片""似玉非玉胜似

---

* 郭会师，博士，郑州轻工业大学材料与化学工程学院讲师，主要研究方向为陶瓷材料；张林森，博士，郑州轻工业大学材料与化学工程学院教授，主要研究方向为功能陶瓷材料。

玉"的赞誉。之后在金、元等朝代，钧瓷继续发展，直到明朝和清朝的中叶，禹州钧瓷发展才有所减慢。在清朝后期，直到民国，钧瓷则进入了缓慢的复苏阶段。新中国成立后，在周恩来总理等国家领导人的直接关怀下，禹州钧瓷又开始恢复了烧制工作，并得到迅速发展。改革开放以后，中外客商纷至沓来，钧瓷声誉大振，其工艺水平得到很大的提升，不断作为国礼呈现于世界，钧瓷这一传统国粹又重新迎来了绚丽的春天。

钧瓷作为我国宋代五大名窑（钧、汝、官、哥、定）之一，它的形成和发展与禹州当地的地理环境、气候、自然资源等密切相关。

一 禹州地质概况分析

禹州当地素有"南山的煤，西山的釉，东山的瓷土处处有"之说，禹州位于颍河的上游，在东经113°03′~113°39′及北纬33°59′~34°24′之间，其东面与许昌和长葛接壤，西面又与登封及汝州交界，南边与襄城、郏县等相连，北面又与新郑、新密等接壤。禹州全境的面积达到1469平方公里，人口总数130余万。

从禹州所处的地理环境来看，其位于伏牛山余脉及豫东平原间的过渡地带，地势是由西北向东南方向倾斜。禹州的西、北、南部均为多山地貌，在山前有众多起伏的丘陵，并有较多的沟壑纵横其间，禹州的中部是呈簸箕状形貌的冲积平原，因此整个禹州地区可谓是"山环丘绕，颍川百里"。在禹州地区，有山峰约913座，并且是以颍河为界线，形成了南（箕山）、北（具茨）两大山系，环抱颍川平原。禹州西面和北面的山海拔相对较高，如西部的大洪寨山海拔可达1151米，北部地区的大鸿寨山海拔达788米，整个东南面平原的海拔约为100米。因此，禹州整个地区形貌的特征可谓是多山峰、多沟壑、多山岗及多季节性河流。

禹州境内的地质构造相对复杂，属于中朝准地台嵩箕台隆及华北凹陷两大二级的构造单元，禹州北部及西部地区为嵩箕台隆，东部地区又为华北凹陷构造。禹州境内下的沉积地层有太古代、下元古代、震旦纪、寒武纪、奥

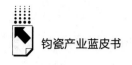
陶纪、石炭纪、二叠纪、三叠纪、第三纪及第四纪。

早在太古代及下元古代等时期，禹州地区的地壳活动便相对频繁，且嵩阳运动使得当地在太古代时期形成了巨大的褶皱，还生成了坚硬的基岩，同时还使太古代时期的地层发生了变质，形成了变质岩层。禹州无梁和浅井等北部地区的各种片岩及矽质条带状的灰岩等就是由此运动产生的。后来在震旦纪、寒武纪、奥陶纪等时期，禹州境内又多次遭受到了海水的侵蚀，并先后沉积形成了来自震旦纪的石英岩、寒武纪的鲕状灰岩以及奥陶纪的白云质灰岩等岩层。后来，进入石炭纪，禹州地区又多次受到海侵，并沉积形成了由燧石结核产生的灰岩。后期等到海水退去，当地气候开始变得湿热，植被也十分繁茂，同时地壳结构也趋于稳定，震荡性下降，大量的枯枝败叶与泥沙岩屑等相互堆积，一直到了二叠纪，在禹州当地形成了大量的煤层。之后，随着气候逐渐炎热，当地土地干旱，又开始沉积并形成了三叠纪时期紫红色的砂岩。

第三纪时期，禹州境内的地壳下部沉积有砖红色的砂砾岩及泥质的灰岩等，而上部则沉积了呈杂色并含钙的胶结状砂砾岩、泥灰岩等。第四纪时期，当地分布有较多的河川谷地，它们是由大水冲积形成的砂质、泥质的堆积物。第三纪的地层，大部分又被第四纪的地层覆盖，仅有少量地点可以出露。因此禹州境内露出地层的大部分是沉积岩，其次是变质岩。

禹州境内特殊的地质构造及其地理环境特点，形成了种类众多、储量丰富且品质良好的瓷土矿物资源，同时当地煤炭储量丰富（达 22 亿吨之多）、森林资源茂盛，且河流众多，为古代和现代制瓷业的发展提供了得天独厚的物质条件。

二　禹州市钧瓷原料矿产资源分析

我国古代先民最早采用天然泥土制成了世界上第一种人造材料——陶，之后随着人们对劳动实践的不断总结及对大自然认识的逐步加深，其制备陶瓷的技术不断进步。到宋朝时期，我国已经可以制备出精美绝伦的瓷器，特别是当时五大名窑（钧、汝、官、哥、定）的产品，尤为世人称道。其中，延续至今的钧瓷素有"黄金有价钧无价"之说，那么钧瓷到底是用什么"泥土"制备的呢？

用于制备钧瓷材料的原料有很多种，根据用途，大致可以将其分为坯用原料及釉用原料两大类。其中，坯用原料可分为塑性原料及瘠性原料，釉用原料又可分为基础釉料和成色釉料。

塑性原料主要为各种黏土类矿物原料，包括高岭土（$Al_2O_3 \cdot 2SiO_2 \cdot 2H_2O$）、多水高岭土、膨润土等，它们经过煅烧以后多呈白色。塑性原料有助于钧瓷坯体的成型，在生产过程中起到了塑化及结合的作用，并且还赋予了坯料一定的可塑性或有注浆成型的作用，同时，还保证了干坯具有一定的机械强度及烧后制品的各项性能指标，如耐热稳定性及化学稳定性等。

瘠性原料主要为各种石英类原料，它们可以降低坯料的黏性。在烧成过程中，一些石英类原料溶解于长石玻璃中，它们不但可以提高液相的黏度，还可防止瓷胎的高温变形，待后期冷却后在瓷胎中起了骨架支撑的作用。其实，除了石英类原料，起到瘠化作用的还有各种熟料及长石类原料等。长石类原料属于具有溶剂性的原料，它们在高温熔融以后，可有效溶解部分石英类原料及高岭土等，同时，其熔融后形成的高黏度玻璃相也可起到黏结的作用，促进瓷胎的烧结致密化。

基础釉料是配成钧瓷釉料过程中必不可少的原料，包括各种长石、钧药、方解石等。

成色釉料是在钧瓷釉料中可起发色作用的矿物原料或添加剂，如铜矿石、CuO、Fe_2O_3等。

接下来，为了较为全面地介绍制备钧瓷所用原料的性能、用途、产地等，我们将按照黏土类原料、石英类原料、长石类原料、钙镁质原料、其他熔剂类和辅助性原料、当地制备的地方原料及熔块原料六大部分来分别介绍。

（一）黏土类原料

黏土是制备钧瓷所用的主要天然矿物原料，它主要是一些含水的铝硅酸

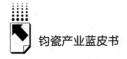
盐矿物，晶体结构为由硅氧四面体层和铝氧八面体层以顶角连接的层状结构，并呈现片状、管状、球状、六角鳞片状等多种晶体形貌。黏土的外观多为疏松的柔软状或致密的胶状，显现出白、青白、灰白、灰、黄、红、黑等颜色。黏土矿物多与各种微细矿物和杂质混合，并由于其组成及生成条件各异，黏土的某些物理性能呈现较大差别。黏土大多具有较强的可塑性，有利钧瓷坯体的成型，同时还具有较好的耐火度及吸附性。

1. 黏土矿物成因

天然的黏土矿物是地壳中的铝硅酸盐质岩石经过漫长地质年代的风化或热液蚀变等作用而形成的。经过风化或热液蚀变作用生成的黏土统称为黏土的母岩，且风化黏土常位于地表或不太深的风化壳下，热液蚀变黏土则常位于地壳较深处，制备钧瓷所用的黏土多为风化黏土。黏土的风化类型主要有物理型、化学型及生物型。物理型风化是指温度的改变、积雪、冻融、水力、风力等的自然力量作用使坚硬的岩石粉碎成细块或微粒状。化学型风化则是指在大气中的 CO_2、阳光、雨水、河水、海水及氯化物、硝酸盐等长时间侵蚀作用而形成的黏土矿物。生物型风化是指一些原始生物的残骸吸收空气中的 C 和 N 元素等而形成的腐殖土。以上三种风化往往是交错相互作用的，而不是单独进行的。

黏土的主要矿物组成为高岭石、多水高岭石、蒙脱石、水云母等，并常伴生有石英、长石、方解石、赤铁矿、褐铁矿等，以及一些有机物质，其主要化学组成为 SiO_2、Al_2O_3 和 H_2O，并由于成矿时的差异，还含有少量 Fe_2O_3、TiO_2、MnO、CaO、MgO、K_2O 和 Na_2O 等。知晓了黏土的化学组成，便可据之大致推断评估钧瓷烧后的颜色、耐火度以及某些工艺性能。如当黏土中 Al_2O_3 的含量较低而 K、Na 等碱金属氧化物含量高时，就可大致推断其耐火度低，不适合制备坯体；黏土中 Fe_2O_3、FeO 及 TiO_2 等着色氧化物含量过多时，可以估计制品烧后的白度会相对较低；如果黏土中的碳酸盐、硫酸盐或硫化物含量丰富时，钧瓷制品在烧后则易产生气泡等缺陷。

2. 黏土矿物在钧瓷生产中的作用

黏土是钧瓷生产的重要原料，赋予泥料良好的可塑性和烧结性，并对钧瓷生产产生了较大的影响，不仅有利于钧瓷成型，还影响了烧后制品的多种性质。黏土在钧瓷生产中的作用主要有以下几个方面。

（1）其可塑性是钧瓷坯料成型的基础。可塑性是指黏土与适量的水混炼后成为泥团，此泥团的形状在外力作用下可以改变但不产生开裂，当外力去除后，泥团仍然能够保持其形状而不发生改变的性质。黏土的塑性通常可通过塑性指数或塑性指标来表示，其可塑性的变化对钧瓷成型影响很大，因此选择合适的黏土种类及用量，从而实现对泥坯可塑性的调节，成为确定钧瓷坯料配方的主要依据之一。

（2）使料浆具有良好的悬浮稳定性，有利坯体的注浆成型及釉浆的制备。

（3）黏土多为细分散的颗粒状，具有良好的结合性，对瘠性原料具有结合能力，并赋予坯体塑性和干燥强度，有利加工成型。通常黏土的分散性愈高、比表面积愈大，则其结合能力也愈强。同时其结合能力还与黏土矿物的种类、组成、特性及粒度组成等有关。

（4）赋予了钧瓷坯体一定的烧结性能。黏土为钧瓷坯体的主体，经高温煅烧，其将发生分解、脱水、化合、重结晶、晶粒长大及体积变化等一系列反应过程，最终成为致密坚硬的烧结体，且最终的平衡相为莫来石和方石英，赋予钧瓷胎体良好的力学强度、热/化学稳定性及良好的吸水性和吸附能力。黏土矿物的化学矿物组成对胎体的烧结性能影响较大。

3. 钧瓷生产所用黏土矿物的种类

钧瓷生产使用黏土类矿物均是禹州当地所产，主要有以下几种。

（1）碱石（焦宝石类）：其外观呈青灰色、灰色或褐色等（见图1、图2），质地硬，且呈致密的块状，属硬质黏土，其化学组成中 Al_2O_3 的含量在 38wt% 左右，SiO_2 含量为 45wt% 左右，Fe_2O_3 含量一般小于或等于 0.5wt%。碱石遇水能迅速分解成小块或粉状，是坯体和釉用的主要原料，可减少坯体的干燥收缩，提高生坯干燥强度及可塑性，经 1300℃ 烧后呈白色或灰白色。禹州地区的碱石矿物主要分布在梨园、华沟、侯沟、刘家山、方山、扒村、朱屯、李楼等地区，矿体的平均厚度在 2 米以上，并且比较容易开采，已经探明的储量在 3000 万吨以上。

图1　碱石

图2　焦宝石

　　（2）富山土：它的外观大多呈灰黑色，并为层状形貌，质地相对较为细腻。其化学组成中 SiO_2 的含量在 40wt% 左右，Al_2O_3 含量在 44wt% 左右，K_2O、Na_2O 含量为 2wt% ~ 8wt%。禹州地区的富山土矿物主要产于石炭纪煤系地层灰岩的下部，并主要分布在富山、大涧、侯沟、大石头沟、菜坪山及尚沟等地，矿层厚度达 1.5 米，探明储量约为 550 万吨。

（3）紫木节：外观呈紫、黑、褐、灰色等，当地俗称"黑毛土"或"干子土"等，其化学性质稳定，矿物组成简单，Al_2O_3含量在15wt%～33wt%、SiO_2含量在60wt%左右，并含有较多的碳质和腐殖质等。禹州境内的紫木节产于石炭二叠纪和侏罗纪的煤系地层中，其是在地表条件下由煤层风化淋滤形成的沉积型高岭土，并与黏土页岩共生。由于其主要矿物组成中高岭石的结晶度较低，颗粒较细，并含有较多有机质，质地柔软，可塑性非常好，黏结能力强，泥浆的悬浮及流动性好，可显著提高坯体的强度。禹州地区的紫木节根据产出地不同，又可分为北山毛土、西山毛土和南山毛土三种。北山毛土主要产于当地的浅井、扒村一带，属于碱性黏土，可塑性较强，但杂质也稍多；而南山毛土则出于三峰山一带，它属于半酸性黏土，可塑性较北山毛土稍差，但杂质含量也较少；西山毛土产于当地磨街乡的黑沟、孙庄一带，它属于酸性黏土，可塑性最低，但杂质含量也低。已经探明，禹州紫木节矿物的储量大约为1500万吨。

（4）铁足土：其含Fe量较高，可以使钧瓷底部的露胎部分显现出铁红色或芝麻酱色等。

（5）铝矾土：这是禹州产的一种铝矿石，其主要矿物组成为水铝石（α-$Al_2O_3 \cdot H_2O$）和高岭石（$Al_2O_3 \cdot 2SiO_2 \cdot 2H_2O$），主要化学成分为$Al_2O_3$，在高温煅烧过程中发生一系列物理化学变化，可显著提高钧瓷坯胎的耐火度。其广泛分布于禹州的神垕、磨街、方山、浅井等地。

（6）一和土：其外观呈青灰或灰黄色，当地俗称"鸽子灰"，风化程度较好，可塑性较强，Al_2O_3含量约29%，并含一定量的铁质，熔点相对较低，可单独使用烧结成瓷，且不变形，在古代的钧瓷制备中多有使用。一和土主要产于禹州神垕镇西北的温塘村和刘家沟一带。

（7）黄矸土：它的外观为深黄色，并且还夹杂些许的灰色，含Fe质相对较高。

（8）豆腐石：也称为浮石，其外观呈白色或者是淡黄色等，它的密度相对较低。

（9）白土：这是禹州市当地产的含Fe量相对较低的一种瓷土，外观为

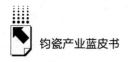

白色（见图3），Al_2O_3 含量一般在 44wt% 左右，成瓷后较其他当地瓷土白，因此俗称"白土"，并主要分布于阎庄、仝庄、夫子庙和大涧等一带。

图3　白土

（10）花子土：这也是禹州当地产的一种黏土，含 Fe 量相对较高。

（11）青矸：外观为青灰色，与碱石类似，也是当地的一种黏土。

（12）旱水泉土：产于禹州旱水泉的一种天然黏土。

（二）石英类原料

石英是制作钧瓷的另外一种重要的天然矿物原料，属于瘠性原料，不具有可塑性，化学组成为：Si 46.6wt%、O 53.3wt%，分子式为 SiO_2。石英是由硅氧四面体以共顶连接的三维网络结构，由于其共价键连接，因此结合紧密、空隙很小，其他原子一般难以进入空穴中，使晶体的纯净度、硬度、强度及熔融温度均很高，熔点可达 1713℃，并具有良好的抗酸侵蚀能力。石英在常压下有 7 个变体和 1 个非晶形变体，分别是 α-石英、α-磷石英、α-方石英、β-石英、β-磷石英、β-方石英、γ-磷石英及石英玻璃，在加热过程中石英会发生晶型转变，并发生体积变化。石英是制备钧瓷所用的主体原料之一，在钧瓷的坯体和釉料中都发挥着重要的作用。

1. 石英类原料在钧瓷坯料中的作用

石英常作为瘠性原料加入钧瓷坯料中，是钧瓷坯体主要成分之一，在坯体成型、烧成等过程中都发挥重要作用。

（1）在烧成前，石英是瘠性原料，可以调节泥料的可塑性，降低坯体在干燥过程中产生的收缩，缩短干燥的时间，还可以防止坯体形状发生改变。

（2）在烧成过程中，石英发生体积膨胀，这可适当地抵消坯体的烧成收缩。同时，在高温阶段，当熔融玻璃相大量出现的时候，部分石英将会溶解于玻璃相中，将会显著提高玻璃相的黏度，而未溶解的石英则构成坯体的骨架，起到支撑的作用，防止坯体的软化变形，因此可认为石英是钧瓷胎体的"骨头"。

（3）石英还可协同改善坯体的机械强度，提高其透光度和白度等。

2. 石英类原料在钧瓷釉料中的作用

石英类原料在钧瓷釉料中的作用主要为以下三点。

（1）在钧瓷的釉层内，石英类原料被易熔融物溶解，并生成透明状的玻璃层，改善钧瓷釉层的光泽。

（2）降低钧瓷釉面的热膨胀系数，提高其热稳定性及坯釉适应性，调节钧釉的开片效果。

（3）改善钧瓷釉面的机械强度，提高其抗冲击性能及硬度和耐磨性。

3. 钧瓷生产所用的石英类矿物原料

禹州市境内的石英类矿物原料主要有石英岩、石英粉砂岩、平顶山砂石、玛瑙石、皮砂石等，其成分及分布主要如下。

（1）平顶山砂石：呈白色的沙砾状结构（见图4），SiO_2 含量 92wt%，K_2O、Na_2O 含量 3wt% 左右，Fe_2O_3 含量 1.14wt% 左右，主要用于钧瓷坯体的制作，它可以代替石英和少量的长石。平顶山砂石的矿体主要分布于从白塔山到大刘山以及云盖山、五旗山、官山、杏山坡等地的含煤地层中，生成于二叠纪时期，砂石矿体的厚度一般为 2~5 米，总储量大约为 4 亿吨。

（2）石英粉砂岩：外观多呈青白色（见图5），并含有少量的云母，其

图4 平顶山砂石

化学组成中 SiO_2 的含量为97wt%左右，含 Fe 量相对低，矿体的厚度一般为 1~2 米。在禹州地区，石英粉砂岩主要分布在神垕、官山、方山等地的含煤地层中，它们生成于二叠纪时期，总储量大约为 1500 万吨。

图5 石英粉砂岩

（3）石英岩：它的外观为白色，化学组成中 SiO_2 含量在98wt%以上，Al_2O_3、碱金属-碱土金属氧化物及 Fe_2O_3 等的含量均相对较低，是制备钧瓷所用的优质瘠性原料。禹州的石英岩主要分布于浅井以北的书堂山及赵老庵附近的灰灰菜沟一带的变质岩层中，这两处岩层形成于元古代，矿体的厚度基本在100米以上，长度为3000米，总储量大约为2亿吨。

（4）玛瑙石：玛瑙石是天然石英族矿石的一种，在钧瓷釉料中的作用与石英相类似，可以用石英代替。

（三）长石类原料

长石类原料是钧瓷制备中最常用的原料之一，在钧瓷生产中，它们是坯料、釉料、色料及熔剂的重要组成部分，用量很大，为三大原料之一。长石类原料在地壳中分布极广，为架状硅酸盐结构，其主要的化学成分为含K、Na、Ca和少量Ba的铝硅酸盐。在自然界中，天然的纯长石类天然矿物原料较少存在，多以混合体产出，共生的还有石英、云母、角闪石、铁的化合物、霞石等天然矿物。长石类原料在钧瓷坯体和釉料中都发挥着十分重要的作用。

1. 长石类原料在钧瓷坯料中的作用

长石类原料在钧瓷坯料中主要有以下作用。

（1）长石在高温下熔融，形成黏稠玻璃状，促进烧结致密化，有利于成瓷，并降低烧成温度。

（2）长石在高温熔融生成玻璃相，使高岭土、石英等溶解，并促进莫来石（$3Al_2O_3 \cdot 2SiO_2$）等晶体的生成与长大，使坯体具有良好的力学强度和高温、化学稳定性。

（3）长石类原料在熔融后形成玻璃，玻璃相物质填充于各晶体的颗粒间隙，这样有助于气孔率的降低、坯体致密度的提高，并且改善坯体的力学强度和透明度。

（4）长石为瘠性原料，在制坯过程中有利于缩短干燥时间，减少坯体干燥收缩及变形。

2. 长石类原料在钧瓷釉料中的作用

长石类原料在钧瓷釉料中起的作用主要有以下几点。

（1）长石类原料在高温下熔化后可生成玻璃态的物质，并转化为钧瓷

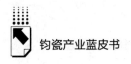

釉层的主要成分。

（2）长石类原料的熔点相对较低，很容易玻璃化，大多在1100℃便开始发生熔融，且熔融生成的玻璃相能够进一步溶解黏土及石英等原料。

（3）长石类原料使烧后的釉面有较好的玻璃状光泽，呈现透明且润泽状态，提高了观赏价值。

（4）长石类原料还可进一步扩宽釉层的熔融温度范围，使其有较宽的烧成温度，提高成品率。

（5）长石类原料还可有效降低钧瓷釉面的热膨胀系数及在高温下的流动性。

（6）长石类原料可有效提高钧瓷釉层的抗侵蚀性能。

3.钧瓷生产过程中所用的长石类原料种类

钧瓷生产过程中所用当地的长石类矿物资源，主要有以下几种。

（1）瓷石：其产于元古代变质岩地层中，外观呈淡肉红色，块状，SiO_2含量在76wt%左右，K_2O、Na_2O含量为6wt%~8wt%。禹州境内的瓷石矿体主要分布在当地的官山、李村等，已经探明的储量大约在2100万吨。

（2）高钾铝页岩：其外观多呈现红白色，并且与铝土矿共生，主要产生于石炭系的地层中，其化学组成中SiO_2的含量在55wt%左右，K_2O的含量为6wt%~12wt%，属于非晶质结构，可用于钧瓷坯料和釉料中。禹州境内的高钾铝页岩矿体主要分布在当地的方山一带，总储量大约在2400万吨。

（3）碗药石：它是禹州当地产的一种釉用的重要原料，也俗称为"本药"或"碗药"，将其粉碎以后，可以直接当作原始的粗碗釉，在钧瓷釉料中起基础釉的作用。碗药石矿体主要分布于禹州境内鸠山乡的碗药山地区，储量颇丰。

（4）汝药：它是附近汝州所产的一种钧瓷釉用矿石，外观多呈黄色，也多俗称为"汝州黄长石"。在禹州地区，釉有时也称为药，在钧釉制备中，汝药的作用与碗药石相似。

（5）宝丰药：它出产于附近汝州市的宝丰县境内，由于宝丰与禹州距离较近，因此宝丰药与禹州当地釉石的性质较接近，现在禹州钧釉也有用宝丰药的。

（6）黄长石：它为禹州当地产的一种矿石，加工后呈淡黄色，粉末状，其化学组成中，K_2O 和 Na_2O 含量较低，在钧瓷釉料中的作用与碗药石类似。

（7）红长石：它也为禹州当地的一种釉用矿石，加工后呈粉红色，其化学组成中，K_2O 与 Na_2O 含量比黄长石高。

（四）钙镁质原料

钙镁质原料主要用于钧瓷的釉料中，常用的钙镁质原料多为方解石、石灰石、萤石、白云石、滑石、菱镁矿、骨灰、草木灰及磷灰石等。由于钙镁质原料中的 CaO、MgO 能和钧瓷釉料中的 SiO_2、Al_2O_3 等形成具有较低熔点的化合物，所以它又属于助熔的原料。在钧瓷釉用原料中加入方解石、石灰石等，可以显著地降低釉层的熔融温度和在高温下黏度，促进坯釉中间层的生成，并提高釉面的弹性、光泽度及透明度等，防止釉面中龟裂、脱釉、堆釉等缺陷的出现。

（1）方解石：多为白色，当有杂质混入时，可呈现出灰、黄及浅红等颜色，形貌呈脉状或薄层状，有玻璃光泽。方解石的主要化学成分为 $CaCO_3$，在850℃左右时开始分解并放出 CO_2，在950℃时发生剧烈反应。方解石在分解前，可在钧瓷坯料及釉料中起到瘠化的作用，其分解后可作为熔剂，降低釉层的烧结温度、缩短保温时间，并提高釉面的透光度及光泽度。但若使用不当，则易产生乳浊现象，并在煤烧或柴烧钧瓷中引起阴黄或吸烟现象。在禹州地区，方解石矿体主要分布在当地的角子山、官寺、台沟、浪花山及浅井等地，其形成于寒武纪时期的灰岩中，已探明储量约100万吨。

（2）萤石：在钧瓷釉料中加入少量的萤石，可以有效地降低釉层的熔融温度，增加釉层的流动性及釉浆的悬浮性。同时，由于萤石为颗粒状，是结晶釉中良好的促晶剂，具有乳浊作用，可提高釉面的光泽度。

（3）白云石：其为 $CaCO_3$ 和 $MgCO_3$ 复合盐，又叫镁质石灰石。纯净的白云石为无色或白色，含 Fe 时为黄褐色或褐色，而含 Mn 时呈淡红色、灰色或绿色，有玻璃状或珍珠状光泽。白云石在钧釉中的作用与方解石相似，但它又不像方解石那样容易产生吸烟现象，并且很少析晶。在禹州地区，白云石矿主要分布于无梁、浅井和鸠山等一带，形成于寒武纪时期，当地白云石矿中的 CaO 含量为 30wt% 左右，MgO 含量为 20wt% 左右，其总储量在 1 亿吨以上。

（4）滑石：它也是一种含水的天然硅酸盐矿物，化学式为 $3MgO \cdot 4SiO_2 \cdot H_2O$，属单斜晶系，有滑腻感和脂肪状光泽，外观呈灰色、浅黄、浅灰、淡绿或淡褐色等。加热时，滑石会分解出一部分 SiO_2，变成易熔顽火辉石。滑石经过加热煅烧后，在钧瓷釉料中可作为熔剂使用，能降低釉的熔融温度及热膨胀系数，提高钧瓷釉面的弹性模量及耐热稳定性，有效促进钧瓷中胎釉中间层的生成，同时还可以增加釉的白度和透明度。

（5）菱镁矿：也叫菱苦土，化学式为 $MgCO_3$，天然的菱镁矿为晶体或隐晶质的白色碳酸镁岩，因杂质使其颜色呈现白色、浅灰、暗灰及黄或灰黄色等，并有玻璃状光泽。菱镁矿在钧瓷釉料中作熔剂使用，能扩大釉面的熔融温度范围，改善釉面弹性模量及热稳定性，调节釉面的开片。菱镁矿在传统钧釉中很少使用，但是在现代钧釉的试制中有一定效果。

（6）植物（草木、木、豆秸）灰、骨灰及磷灰石：

草木灰是将树木、草枝等燃烧后收集的灰烬，灰中含有 CaO 和 P_2O_5 等氧化物，它的外观多呈现青灰色或黄灰色。通常，需要将草木灰先进行水洗，撇去上面的浮渣、清去底部的沉淀，并且炕干后才能使用。在钧瓷釉料制备中，草木灰主要是作为熔剂使用，可以有效降低釉层的烧成温度，同时还有助于在钧瓷釉层中形成乳浊相。草木灰在古代钧釉制备时多有使用，而如今多用当地较白的马牙石代替。

木灰实则为钙质的粉末状固体，它也是一种人造的化工熔剂，并且当地的松木灰和栗木灰较好。木灰和草木灰的性质作用大体相当。通常情况下，燃烧 1 千克的木柴，可以得到大约 10～20 克的木灰。木灰又分为炊灶灰和木炭灰两种。炊灶灰是人们在炊灶做饭烧柴时的产物，它们多是夹杂枝干的炭块灰泥沙，质地相对混杂；而木炭灰是将木炭烤火取暖的废物，它的质地相对细腻且纯净。在具体使用前，炊灶灰和木炭灰都需要经过淘洗、漂洗、过筛、淋晒等处理，用纯净的水浸去易溶的碱性杂质，使木灰的化学成分更加纯净，耐储且不易变质。木灰的颗粒相对较为细微，容易进行研磨，在釉料浆体中的沉降速度较缓慢，且挂釉层较为均匀，因此，在我国古代有"无灰不成釉"的说法。在禹州当地所用的木灰中，P_2O_5 的含量约为 2.58wt%，它们在钧釉中主要起助熔的作用。

豆秸灰，顾名思义，它是将豆秸燃烧后所得的灰烬，也是一种钙质的粉末状物质，质地相对纯净均一，在钧釉中的作用与木灰相似。

骨灰，是将猪、牛或羊等脊椎动物的骨骼在 900℃~1300℃ 高温下煅烧后的产物，主要矿物成分为羟基磷灰石，它的结构式为 $Ca_{10}(PO_4)_6(OH)_2$。在古钧釉中，磷多由骨灰引入，骨灰中的 P_2O_5 含量为 40.7wt%。骨灰与长石及石英等的混合物在 920℃~1160℃ 可以逐渐分解并发生反应，在 1200℃ 左右时，将会出现明显的熔融液相；在 1250℃~1280℃，钧瓷釉面会形成微晶型的非均质的玻璃相，其化学组成中 SiO_2 含量在 69wt% 以上。在现代钧瓷釉料制备中，骨灰多选用牛骨灰，其在釉层中可使釉面更光滑润泽。但使用过多时，又会使釉色发紫，且当釉层中 $P_2O_5 \geq 2$wt% 时，则钧瓷釉面容易产生针孔和气泡等缺陷。

磷灰石，其为天然的磷酸钙矿物，化学式为 $Ca_5(PO_4)_3(F, Cl, OH)$，化学组成与骨灰相似，可部分代替骨灰。添加少量磷灰石可显著提高钧瓷釉面的光泽度和透明度，且釉面更为柔和。但若用量过多，由于其成分中含一定的 F 元素，会导致釉面出现针孔、气泡及发暗等缺陷，且形状的稳定性下降。

（五）其他熔剂类和辅助性原料

（1）铜矿石：又称为孔雀石，它是一种含 Cu 的天然矿石原料，化学成分相对较为复杂，并含有一定的 Ca 和 Mg 等元素。铜矿石的外观多呈现褐黄色，既可作为着色剂，可使钧瓷釉层呈现出铜红色，又可作为熔剂，有助于钧瓷釉面烧成温度的降低。

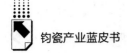
（2）铅丹：外观呈红色，有一定的毒性，不单独使用。铅丹多与硼砂制成熔块，在低温釉中使用。

（3）氧化锌：又叫锌白，化学式为 ZnO，它的外观多呈黄白色，粉末状。氧化锌是钧瓷釉层的熔剂和助色剂，可以显著降低釉层的烧成温度，有利于釉层呈色，并使钧瓷釉面的呈色富于变化。另外，ZnO 在钧釉中还可起到乳浊的作用。

（4）锆英石：其主要成分为 ZrO_2 将 ZrO_2 引入到钧釉中，可以明显地降低釉面的热膨胀系数，提高其热稳定性，同时还可以提高钧瓷釉层的高温黏度，扩大其熔融温度的范围，同时，它们对制作冰裂釉（压应力引起的）有辅助作用。

（5）锡石：其主要成分为 SnO_2，外观呈浅黄或白色，粉状，有助于钧釉发色，并使钧釉釉面光亮，是一种重要的乳浊剂。

（六）当地制备的地方原料及熔块原料

由于钧瓷艺术的地方性非常强，技术人员常常根据钧釉的艺术效果，就地取材，加工制备成为具有特殊作用的原料，以代替天然的矿物原料，达到有效改善釉料性能的目的。

（1）有的技术人员将一定比例的牛骨和柞木灰一起煅烧，然后再进行粉碎、淘洗、烘干，在制作釉料时使用。

（2）广钧釉助剂——水白，它是将桑枝灰和草灰按照一定的比例混磨，然后再进行陈腐、淘洗和烘干制备而成。

（3）宜钧釉的辅助原料——窑汗，它是将在石灰窑窑内壁上刮取下来的松木灰和石灰石一起熔融形成的结合体，其外观为黑色的块状，半透明，气孔相对较多，并含有一定量 Mg、Ca、K、Fe 等的氧化物。

（4）景德镇配的钧红釉用釉灰，是用石灰石与凤尾草搭配，石灰石与凤尾草的重量比为底层 154：62，二层 254：100，三层 231：110，四层 298：112，将其煅烧至 1000℃，并放置地窖中陈腐 3 个月，然后再进行研磨、淘洗、干燥而成。

（5）有人将玉米秆烧成灰烬，然后再经陈腐、淘洗和烘干备用。

（6）有人将麦秸灰与少量的石灰石一起煅烧，然后再进行陈腐、粉碎、淘、漂和烘干后备用。

（7）有人将锡料在铁锅中加热熔化，然后经急冷，并捣碎研磨成粉末备用。

（8）有人将古代的铜钱捣碎，研磨成粉末备用，可用于铜红釉的制备。

（9）有人用含钴的天然矿物原料制成蓝粉，在钧釉中可呈现出天蓝色。

（10）有人将孔雀石进行煅烧并粉碎后备用，用作钧瓷釉料的呈色剂。

（11）有人采用柏木灰制备原料。

在禹州当地，更多的自备原料是具有熔块性质的原料，有些也是各种天然矿物的混合体。有时，技术人员为了配方保密，会将一些原料进行预先处理，其效果与直接入釉有别，使得钧釉方案愈加复杂化。但为了使钧瓷文化、技艺及当地企业能够长远、更好、更快地发展，并切实保护发明人的权益，当地还需进一步提高知识产权保护的意识和力度。

结　论

从禹州的地质情况和钧瓷原料来看，禹州境内制瓷资源自古以来便十分丰富。当地的森林茂密，煤储量很大，已探明煤田面积达到了 400 平方公里，占全市总面积的 26.8%，且分布在大刘山、弥陀寺、方山、张堂、扒村、玩花台、褚河等地，总储量约为 22 亿吨，是名副其实的"煤海"，且当地煤田的埋藏相对较浅，很容易开采。神垕镇附近盛产四四煤和六四煤，其灰分很小，发热量大，硫分又很低，十分有利于钧瓷的烧制。另外，禹州境内还有颍河、涌泉河等 16 条大河流，遍布于全市。瓷器制备所需要的瓷土、水源、燃料等十分齐全，从禹州市西南到西北部的山岗地区，到处蕴藏着丰富的天然瓷土矿资源，当地《禹县志》就有记载："州西南六十里，乱山之中有镇曰神垕，有土焉可陶为瓷。"同时在禹州市的北部也有瓷土矿资源，根据《禹县志》卷三《山志》记载："八里村（现在的扒村，在禹州

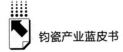

市的北部），产陶土及煤、铁。宋、金东张镇旧瓷场也……"同时在钧瓷重要原产地神垕流传有"南山的煤，西山的釉，北山的瓷土处处有"等谚语。

考古调查发现，禹州地区古窑址星罗棋布，在仅仅 1469 平方公里土地上，就发现有大小窑场 150 余处之多，并且密集分布于西部山区，建于蓝河、涌泉河、磨河、潘家河、肖河两岸。相关调查资料表明，仅仅东从顺店的党砦，西到鸠山官寺，南从神垕白峪，北到白沙桃园一带，在 500 平方公里的山谷中，就集中分布了窑场 100 余处。在清代，当地就有民谣"进入西南山，烟火遮住天。客商天下走，日进斗金钱""十里长街，烟火柱天，日进斗金"，可见当时钧瓷作业的繁荣场景，因此，可以说禹州地区丰富的优质自然资源及地理环境优势是钧瓷起源和发展完善的重要物质基础。

然而，尽管禹州地区的天然瓷土矿资源种类较为丰富，且储量多、品位较好，但是它们都属于不可再生资源，随钧瓷产业的快速发展，原料需求亦日益增多，无序开采乃至滥采矿产资源，必将影响当地钧瓷产业的长远发展。因此在弘扬传承我国传统文化、发展钧瓷产业的过程中，地方政府还须统筹兼顾，保证宝贵资源可持续开发和利用，保护当地的绿水青山。

参考文献

［1］中国硅酸盐学会：《中国陶瓷史》，文物出版社，1982。

［2］张贤良：《河南禹州地质灾害区划与安全性评价》，《地质装备》2012 年第 4 期。

［3］孙彦春：《中国钧窑志》，中州古籍出版社，2011。

［4］李家驹：《陶瓷工艺学》，中国轻工业出版社，2005。

［5］李雪亚：《钧瓷泥料工艺制备》，《陶瓷科学与艺术》2018 年第 9 期。

［6］张自军：《钧瓷探微》，《中国陶瓷工业》2016 年第 5 期。

［7］郑永彪：《禹州市钧瓷原料矿产资源及钧瓷产业发展研究》，博士学位论文，中国地质大学（北京），2009。

［8］赵青云、赵文斌：《钧窑瓷鉴定与鉴赏》，江西美术出版社，2000。

数字化转型篇
Digital Transformation

B.14

钧瓷的虚拟直播营销策略探讨

符加林 殷振平*

摘 要: 本文聚焦于数字经济背景下，钧瓷的虚拟直播问题研究。首先分析了钧瓷的数字化营销创新及虚拟直播的价值与环境支持；然后讨论虚拟直播的内涵及其优势，阐释虚拟直播的逻辑基础，包括场景营销、互动营销及 AISAS 理论等；再以直播实践为依托分析虚拟直播的发展现状及相关五大应用场景，为钧瓷虚拟直播提供借鉴；最后，结合禹州钧瓷营销现状，探讨数字化背景下钧瓷营销存在的问题，在此基础上，针对性地提出钧瓷虚拟直播的营销策略。期望未来通过虚拟直播等营销策略的实施，提升禹州钧瓷的市场竞争力，提高禹州钧瓷产业的知名度，将优秀的文化产品与数字化营销理念结合，推动禹州钧瓷这一传统文化产业持续健康发展。

关键词: 虚拟直播 钧瓷 网络营销 营销策略

---

* 符加林，博士，郑州轻工业大学经济与管理学院副教授，主要研究方向为营销管理、行为科学；殷振平，郑州轻工业大学经济与管理学院学生。

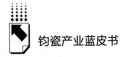

在互联网技术日益更新的时代下，特别是疫情防控常态下，网络营销呈现出高速发展的趋势。禹州钧瓷是具有千年悠久历史的中国代表性瓷种，然而在激烈的市场竞争中也面对着巨大的挑战，线上营销的发展一直处于低迷状态。[①] 在数字化的今天，伴随"元宇宙"的热潮，一种新型直播营销的方式——虚拟直播也渐渐成长起来，并展现出自身强大的优势，这对于陶瓷行业的发展或许会是重大的契机。因此本文通过研究禹州钧瓷线上的营销状况，找出钧瓷网络营销的问题，并结合当前新型直播模式即虚拟直播的发展现状，对禹州钧瓷提出相应的营销策略。

一　钧瓷虚拟直播研究的价值与环境支持

（一）钧瓷虚拟直播研究的价值

近年来，随着国家对禹州钧瓷实施地理标志产品保护，禹州市成为河南省最大的钧瓷产业基地。钧瓷在我国宋代是著名的五大名窑之一，有着辉煌的历史。然而随着互联网技术的发展，在传统营销方式逐渐被新媒体营销方式取代的形势下，禹州钧瓷也面临营销转型的任务。因此对于钧瓷虚拟直播的研究有很大的价值，主要可以从理论意义与现实意义两个方面来说明。

1. 理论意义

目前，对许多传统业务领域的营销策略的理论分析已经十分成熟，但是对虚拟直播产业相关课题的研究尚未建立一套完备而又具体的理论框架，而针对"虚拟直播+营销"相关课题的研究成果更是屈指可数。本文主要通过将互联网时代"虚拟直播+营销"商业模式的优势与产品营销的相关理论加以结合，探索传统文化产品在互联网时代的新机遇。挖掘全新的文化产品营销模式，为钧瓷产品及其他相关文化产品提供新的营销思路。

---

① 熊瑛：《基于电商网络直播的市场营销策略研究》，《现代商业》2022 年第 11 期。

2. 现实意义

如何精准把握消费者的心理并满足其个性化的需求，如何利用互联网技术、数字化营销、新媒体等做大做强钧瓷产品，成为钧瓷产业面临的难题。[①] 如今电子商务的发展已经日趋成熟，各个领域的企业都已经开展了相应的网络营销的业务，并尝试开辟网络营销的新市场。开展网络营销不仅可以降低成本，而且能够为企业带来可观的利润。更为重要的是，在经济全球化以及疫情常态化防控背景下，网络营销成了企业营销的首选方式。网络营销的热潮始终不退，直播营销的发展也在不断创新，学会利用先进的技术开展营销活动是企业发展的重点。[②]

因此本文通过研究禹州钧瓷线上的营销状况，剖析钧瓷在网络营销过程中的问题，并结合当前新型直播模式——虚拟直播的发展情况提出相应的营销策略。[③] 一方面，这对钧瓷产业未来的发展是有一定的启发和借鉴意义的。另一方面，将优秀的文化产品与数字化的营销理念结合，与时俱进不断创新开辟出文化产品发展的新理念，一定程度上也能更好地保护中华民族的传统文化。

（二）钧瓷营销向虚拟网络直播发展的环境支持

以下基于 PEST 分析框架，分析钧瓷进行虚拟网络直播营销的发展环境。

1. 政治环境

2021 年作为"十四五"开局之年，国家乡村振兴局也正式挂牌成立，国家农村工作的重心从精准扶贫转向乡村振兴，而乡村振兴的重中之重在于产业振兴。因此，乡村文化振兴就成了促进乡村新产业、新业态提质升级的

---

① 邓贞：《文创产业背景下非物质文化遗产传承困境及突破——以禹州钧瓷为例》，《百花》2021 年第 9 期。

② 汤晨、赵鹏宇：《禹州市瓷旅产业融合发展研究》，《现代商贸工业》2019 年第 2 期。

③ 范孝雯：《虚拟主播在直播电商中的应用策略研究》，《现代营销》（学苑版）2021 年第 8 期。

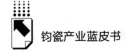

重要抓手。习近平总书记在考察马栏山视频文创产业园的讲话中指出："文化和科技融合，既催生了新的文化业态、延伸了文化产业链，又集聚了大量创新人才，是朝阳产业，大有前途。"文化与科技的深度结合显示出更为重要的战略意义。近些年来，在国家乡村振兴战略的指导下，各地依托政府扶持和社会机构的投入积极促进乡村文化振兴，带动了乡村文化旅游市场的快速发展，而短视频、电商直播等业态在全社会范围内加速了乡村文化的推广和传播。由此可见，虚拟直播与传统文化产品的结合符合时代发展的趋势。

2. 经济环境

2022年1月发布的《"十四五"数字经济发展规划》指出，要加强人工智能、自然交互、虚拟现实等技术的研发。此外，虚拟的偶像、员工、主播等虚拟形象可以满足用户的个性化和多样化的需求，因此发展前景较为广阔。在未来，伴随着中国经济的不断转型升级，人工智能、大数据等数字技术的不断成熟，虚拟人产业也将迎来更高质量的发展。

从虚拟人相关企业数量来看，据艾媒咨询的数据显示，2020~2021年，虚拟人相关企业数量呈现快速增长趋势。其中，2021年中国虚拟人存续企业数量为167670家，新增企业数量为66293家（见图1）。近年来，虚拟人物形象不断涌出，形成了一定的粉丝基础。虚拟人的红利吸引了资金的投入，虚拟人相关企业数量不断增加。

从市场规模来看，艾媒咨询分析师认为，随着政策扶持力度的加大、中国人均教育文化娱乐消费支出的增加、虚拟现实技术的提升，虚拟人的产业将呈现出稳定增长态势，预计2025年，中国虚拟人核心市场规模和带动市场规模分别达到480.6亿元和6402.7亿元（见图2）。中国直播电商行业从2018年开始成为风口，到了2019年，一些头部主播强大的直播带货能力和强大的变现能力进一步催生了直播电商迅速发展。2020年"宅经济"进一步火热，也激发了直播电商行业的活力，市场规模不断扩大。

从MCN机构数量来看，艾媒咨询的数据显示，中国MCN机构数量增长迅速，从2019年开始MCN行业市场规模越来越庞大（见图3）。MCN机构的繁荣离不开明星和相关平台、政策的支持。受到直播电商市场前景良好的

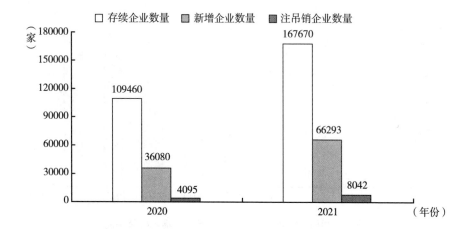

图1　2020～2021年中国虚拟人相关企业数量

资料来源：艾媒咨询。

图2　2017～2025年中国虚拟人核心市场和带动市场规模及预测

资料来源：艾媒咨询。

影响，未来虚拟直播也将成为发展的重要方向，机构将吸引更多虚拟偶像或明星进行带货宣传。

3. 社会环境

由于互联网的不断发展，网民数量持续增加，直播受众群体也不断扩

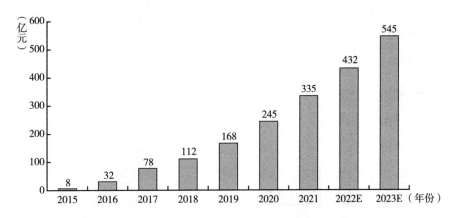

图3　2015~2023年中国MCN行业市场规模及预测

资料来源：艾媒咨询。

大。从当前的社会大背景来看，近些年来，在疫情防控常态下人们越来越倾向于在虚拟的世界中寻求互动，虚拟直播正是迎合人们的需求而日益发展起来的。从消费群体的价值观念来看，随着Z世代逐渐步入职场成为消费主体，美妆、饮食、服饰、文娱等很多行业正面临着崭新的发展机会。网络购物现如今成为主流的消费方式，消费的群体也渐趋年轻化，当今互联网背景下的网络原住民更加容易接受新鲜的事物。他们之所以能够成为虚拟主播的受众群体，是因为他们在年幼时就已经开始接触动漫文化，从小就受虚拟人物的熏陶，更容易对虚拟人物形成情感的联结。此外对于大多数年轻的消费群体来说，他们更热衷追求新鲜事物，强调个性化，冲动型消费较多。

4. 技术环境

在新经济时代，我国更加关注创新发展，在电子商务、5G、大数据、人工智能等众多领域走在了全球的前例。国家对科技的发展愈加重视，促使企业加紧数字化转型。相关新技术的持续发展突破，也给企业数字化转型提供了强大的技术支持。在市场方面，企业直播服务能够通过AI和人工智能对直播运营进行优化，进而提升运营效率，帮助企业更好应对激烈的市场竞争。2021年以来，随着数字技术的不断进步与中国二次元用户数量的不断增加，初音未来、洛天依、一禅小和尚、柳叶熙等虚拟偶像受众持续提升，在直播带货、虚拟演唱会、虚拟偶像选秀等各种场景中的应用层出不穷。

此外，近些年我国还不断鼓励发展数字经济，移动互联网下的新型业态也受到政府政策的鼓励，这些无不体现着我国发展战略性新兴产业的决心。同时在人工智能、虚拟现实、移动互联网、物流网、区块链等领域密集出台相关政策，更是促进了智能科技产业的发展。国家政策也支持智能科技发展，依托 AR、VR、区块链技术、交互技术和互联网的元宇宙也因此受益，这也有利于元宇宙行业的发展。除此之外，与直播相关的底层技术也频频受到政策的鼓励，直播行业规范陆续出台。因此，企业虚拟直播技术的发展非常契合国家政策的号召。

二 虚拟直播的内涵与理论

（一）虚拟直播的内涵与优势

1.虚拟直播的内涵

随着科学技术的不断发展，有关元宇宙的概念正在蓬勃发展，在元宇宙概念下也诞生了新兴直播行业即虚拟主播。[①] 虚拟主播拥有独立人设与虚拟形象，依靠表情捕捉、动作捕捉、实时渲染等技术实现与观众的互动。它是由真人通过表情与动作来实时驱动虚拟形象，需要真人参与塑造。从虚拟主播定义来看虚拟直播就更加清晰了，虚拟直播就是通过构建虚拟人进行直播带货的模式。在 20 世纪晚期，虚拟主播开始在日本逐渐形成，绊爱、初音未来、辉夜月等都是风靡全球的二次元"顶流"。在我国伴随 Z 世代消费力量的崛起以及当前真人直播的一些缺陷，国内虚拟主播洛天依、柳夜熙、ViVi 子涵等在电商直播中也日益火了起来。

---

① 唐莉琼：《电子商务社交平台营销绩效的影响因素——AISAS 模型框架下的考量》，《商业经济研究》2021 年第 19 期。

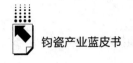

2. 虚拟直播的优势

（1）人设容易建立和维护

明星偶像产业一直以来都是变现极快的行业，众多娱乐和选秀节目催生了一批又一批的偶像明星。但是由于偶像明星负面新闻频出，不少企业开始建立虚拟人物进行直播。虚拟主播相对于真人主播来说人设更容易建立，因为它主要取决于运营团队的设计。此外，比起真人主播或是流量明星来说，虚拟主播角色一旦设定就不会出现负面新闻。这样一来消费者便可以放心地相信，并把情感寄托在虚拟主播上，迎合了受众群体的心理。

（2）省时省力不受时空限制

实景直播需要对直播室进行装饰，要耗费大量的时间、人力、物力、财力；而虚拟直播无须对直播间进行装扮美化，虚拟的场景只需一台电脑、一块绿布就可以制作，比较便捷而且成本低。此外，虚拟直播不会受空间的限制，虚拟的场景可以实现无限的空间，且场景可以根据产品任意打造。

（3）新颖独特、趣味性强

虚拟直播技术对消费者来说接触较少，具有较强的新颖性、独特性，容易引起消费群体的好奇心。而且，虚拟人物的形象可以随意改变来迎合消费者的审美需求，相比真人主播来说趣味性更强，消费者更愿意长时间停留，这也更容易增加消费者的黏性。

（4）直播效率高，氛围感强

虚拟直播具有全天直播的能力，与真人直播相比可以做到无休息，24小时持续在线，消费者何时想观看都能得到即时满足。而真人主播直播的持续时间短，时间一旦较长工作状态就难免不好，而一旦状态不好就有可能在直播过程中出现失误或者直播缺乏氛围。尤其对于新人主播来说，由于缺乏一定的直播经验，他们更容易出现一些突发情况。虚拟主播恰好能弥补真人主播的这些缺陷，时刻让直播间处于活跃的状态，这有利于营造出更好的直播氛围而留住顾客。

（二）虚拟直播设计的相关理论基础

最近几年网络直播的发展越来越成熟，因为直播有着显著的营销成果，被越来越多的企业采用。如今虚拟直播方式的出现，也给部分企业带来了营销创新的思路，企业也开始纷纷在直播中运用各种营销方式抢占市场。

1. 场景营销理论

场景营销主要是对于产品而言，通过营造与产品对应的场景满足消费者需求。场景营销的一个前提就是要具有场景化思维。场景化思维就是设定一个特定的情境中，提供合理的产品和服务，透过用户的心理、情绪来满足用户的真实需求。场景化的设置也会让产品的特征更加突出，从而激发消费者的情感共鸣，触发消费者的购买欲望，使其产生消费行为。

2. 互动营销理论

互动营销是指在营销过程中，通过与消费者互动更好地把握消费者的心理，与消费者建立情感联系，进而实现营销活动。线上的互动营销有很多，如各大商家在门户网站、微博、微信、直播等各类网络媒体平台上随时与消费者进行沟通。互动营销也是一种一对一的营销方式，可以根据客户或者潜在客户的要求进行合理的变动和调整。这种能够根据客户要求做出灵活反应的营销方式，要比一般的直接营销效率更高，效果更好。

3. AISAS 理论

AISAS 理论[①]是由国际 4A 广告公司日本电通广告集团于 2005 年提出的一种全新的消费者行为分析模型，描述了因为网络及移动电话的普及而形成的新消费趋势。"AISAS"即 Attention（引起注意）、Interest（激发兴趣）、Search（进行搜索）、Action（采取行动）和 Share（过程分享）（见图 4）。这种消费趋势指的是：产品在与消费者接触时首先要能引起消费者的好奇心，让消费者对产品产生兴趣和注意，进而诱发消费者的

---

① 孙艺菲：《"直播+电商"营销策略的 SWOT-PEST 分析》，《中国物价》2022 年第 2 期。

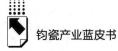

购买欲望。消费者一旦产生了购买欲望就会主动搜索相关信息，消费者在接收信息的同时也加强了与产品的接触。消费者最终购买产品并不意味着营销过程的结束，他们购买后对体验进行分享，为产品带来更多的消费者，赢得良好的口碑才是关键。整个过程中具备网络特质的"S"指出了互联网时代搜索与分享的重要性，也充分体现了互联网对人们生活方式与消费方式的影响。

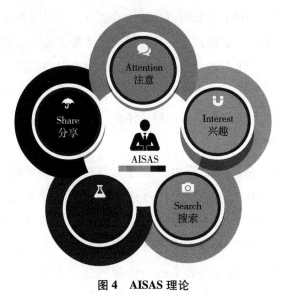

图4　AISAS 理论

三　虚拟直播发展的现实基础

（一）网络直播的发展现状

网络直播已有了迅速发展，主要体现在如下几个方面。第一，从用户规模来看，2021年我国网络直播用户规模超过了6亿人，网络用户所覆盖的年龄段也不断扩展。直播电商已经进入深度发展阶段，网络已经渗透到大众的日常生活中。第二，从市场规模来看，科技的发展加上疫情的冲击，直播电商的市场规模呈现爆发式增长。2021 年以来，中国跨境直播电商的规模也呈加速上升趋势，预计在未来一段时间内还会保持持续的增长趋势。第三，从竞争方面来看，在网络直播中，电商的头部直播平台优势比较明显。根据中国消费者协会对电商直播平台的调查，淘宝直播以绝对的优势处于领先地位，其次是抖音和快手。此外，京东、拼多多、微博等也占有一定的市场份额。

国内网络直播大致经历了以下几个发展阶段。

第一个阶段是 2016 年，国内网络直播平台和直播用户数不断增长。蘑菇街把直播引入电商带货。由于直播购物功能上线，蘑菇街也就成为"直播+内容+电商"平台。随着电商直播概念的落地，2016 年也被认为是电商直播的元年。

第二个阶段是 2016~2017 年，全国电商平台都在做直播的推广，蘑菇街上线两个多月后，京东、淘宝的直播也在慢慢地开始。这个阶段也是互联网行业发展最快的时期。

第三个阶段是 2018 年，短视频平台也嗅到了直播营销的商机，纷纷加入直播带货行列。针对电商直播的一些专业服务商也开始出现，直播逐渐走向专业化。

第四个阶段是 2019 年，直播行业规模呈现爆发式扩大，大量的偶像明星开始参与直播，就连政府、电视台也逐渐加入直播带货中，李佳琦等主播成为主播界的"领头羊"，电商直播也日益成为全民讨论的话题。

第五个阶段是 2020 年至今，直播行业进入规范阶段，政策法规也相继出现。随着各类扶持政策和监督规章的出台，多平台主动完善治理规则，旨在构建一个更安全、更放心的直播环境。

（二）虚拟直播的应用

虚拟直播技术在科技、资本投资、国家政策等各种条件的支持和鼓励下，应用也渐渐走向成熟。随着虚拟主播走近人们的视野，虚拟直播的应用场景不断丰富，在电商、金融、影视、游戏等领域都拥有一定的应用，诸多

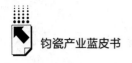

功能也向我们展示了虚拟人在更多领域和更多内容上有着无限的可能性。①

(1) 游戏领域

如《王者荣耀》基于游戏推出的虚拟偶像男团,成员分别为云、亮、白、信、守约,号称"无限王者团"。此外还有《英雄联盟》的人气女团K/DA登陆S8决赛舞台,现场观众通过AR设备进行观看,切实地感受到了虚拟人在游戏领域的魅力。

(2) 新闻领域

如2019年央视网络春晚的虚拟主持人"朱小迅""小小撒""龙小洋"等;在2020年5月,全球首位AI合成的3D版新闻主播播报了新闻。"新小微"是新华社智能化编辑部与搜狗公司携手研发出来的智能化产品。

(3) 金融领域

虚拟数字人在各种金融行业也是大放异彩,2021年12月在央视网演播厅,百信银行在元宇宙热潮下发布了银行未来探索的实践成果——虚拟人AIYA艾雅正式入职了百信银行,"她"成为该行的"AI虚拟品牌官",并成功与央视网的数字主播小C进行了精彩的对话。

(4) 文旅领域

2022年5月,敦煌虚拟人天好在网络上爆火,作为文旅虚拟人,"她"被赋予的是敦煌独特的文化内涵,让观众看了一眼就能感受到敦煌气息。天好文化形象的成功塑造,是敦煌数字文旅的重要一步,形象代言、文化分享的工作将得到更好的展开,也有利于打开数字未来的开阔前景。此外还有苏州高新区文体旅官方数字推荐官枫灵Lynn,"她"展现了令人耳目一新的科技美感与古风美感的完美融合,这就是扎实的虚拟人技术功底给虚拟人赋予的对多种元素的包容性,使其具备文化分享、景区导览、现身指导、形象代言等诸多功能。

(5) 电商领域

2021年ViVi子涵在"双11"期间担任"京东进口超市虚拟推荐官",

_____

① 孙钟然:《虚拟偶像,品牌营销的下一个潮流?》,《现代广告》2020年第2期。

其直播期间同时在线观看人次近 30 万。"她"还作为"京东国际黑五虚拟推荐官",通过 XR 实时虚拟直播技术与消费者进行实时互动。广为人知的虚拟偶像洛天依也逐渐走向了商业化的道路,开启了直播带货,曾做客李佳琦直播间,其"坑位费"堪比一线明星。此外还有美妆方面的柳夜熙凭借制作精良的短视频而一夜爆火,成为知名虚拟美妆博主。

四 钧瓷营销现状及存在的问题

(一)钧瓷的网络营销现状

禹州是中国钧瓷的发祥地,是中国中原瓷都。钧瓷始于唐,成名于宋,金元时期红遍大江南北,成为全国著名的主要瓷种之一。新中国成立后,陶瓷工业受到国家的重视,政府对恢复和发展中国历史名窑做了具体的安排。钧瓷在五大名窑中率先崛起,月白釉、钧红釉、天青釉等产品各领风骚。禹州千年窑火生生不息,制瓷工艺代代相传。钧瓷也曾作为奥运会、博鳌亚洲论坛、中国—东盟博览会的珍贵国礼。如今,以民营为主体的钧瓷企业秉承"官窑"精神,不断拓展商品市场,全面发展壮大。钧瓷工艺品已经进入社会的各个层面,融入现代人生活,继续闪烁着中国陶瓷的艺术之光。

在此次疫情面前,钧瓷行业经受了前所未有的考验。在线下贸易遭受到冲击后,钧瓷行业网络营销模式的弱点逐渐显现出来。近几年来,禹州钧瓷大部分企业的网络营销一直处于低迷状态,应用也不太广泛。部分企业开展电子商务营销、搜索引擎营销等,也有少部分企业采用直播方式进行营销。通过深入分析可以发现,大多数企业对网络营销的运用都不太深入和全面,例如在直播营销中缺乏吸引消费者的亮点,直播内容大同小异,并没有融合自身特色。此外,不少小企业为了眼前利润而降低价格,造成严重的市场价格混乱、无序竞争等问题。再加上一些产品质量问题给许多消费者带来了困扰,导致即使有一定的影响力和知名度的产品,消费者也不敢轻易购买。

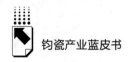
（二）钧瓷行业在直播营销中的问题

1. 新型营销模式意识淡薄

最近几年，互联网对各行各业的推动作用都很大，塑造了一个又一个知名品牌，但是钧瓷行业在互联网的发展中为何举步维艰？一个重要的原因是钧瓷行业缺乏采用新型营销模式的意识。在网络直播渐渐成为人们消费的重要方式时，钧瓷的一部分企业才意识到营销模式转变的必要性，可这时市场已经被瓜分得差不多了。而一些企业则仍以传统的方式维系着企业的发展，随着激烈的竞争也渐渐在市场的大浪中消失。科技的发展对传统文化产业的冲击是巨大的，但这也是一把"双刃剑"。传统文化企业不应当被科技的发展推着走，这样就会使自身一直处于被动地位，一旦无法适应就会被时代淘汰。因此传统文化企业要主动适应营销发展的新理念，拥抱科技的变化，运用科技的发展改变自身现状。在竞争日趋激烈的市场中，要时刻关注网络营销发展的新趋势，一旦赶不上这趟"科技"的列车，就要远远落后甚至被淘汰。

对于钧瓷产业来说，更要时刻关注网络科技的变化，善于和当今新科技结合，全力为消费者打造出高科技与传统文化产品相结合的独特体验。[1] 让消费者在感受科技的同时，不断领略传统艺术的魅力。在科技日新月异的今天，一种新型直播模式——虚拟直播也渐渐发展起来，这种营销模式的发展对钧瓷产业既是一种机遇又是一种挑战，钧瓷产业要树立营销转型的意识并做好充分的准备。

2. 缺乏有影响力的代言人

钧瓷文化的发展虽源远流长，但时至今日也在渐渐走下坡路。虽然政府及钧瓷协会等建有网站如"钧瓷网""中国禹州网""中国钧瓷之都神垕镇"等，还有博客如"钧友博客""万彩堂""华豫钧瓷"等，微信公众号如"禹州钧瓷""钧瓷网""微神垕"等，但我们能够发现一个关键性的问

---

① 牛梦婷、陈佳浩、代丰恺：《基于品牌定位 DPM 动态模型的禹州钧瓷品牌分析》，《中国集体经济》2019 年第 12 期。

题就是无论网站、博客，还是微信公众号都缺乏一个能够代表禹州钧瓷文化的官方特定形象代言人与消费者互动，也就是说，钧瓷与消费者之间缺乏一座沟通互动的桥梁。虽然每一位钧瓷技艺传承人都能成为自家的代言人，但是这种代言不够统一化、规范化，不具有代表性。这里讲的代言人并不是指狭义的明星、"网红"等，而是指能够代表钧瓷文化、钧瓷精神、钧瓷工艺、钧瓷特色与当地风土人情的人物，它既可以是卡通人物、二次元人物，也可以是虚拟人物，最重要的一点是，无论什么样的人物，一看到它就能自然而然联想到钧瓷文化和钧瓷产品，只有做到这一点，人物塑造才算得上真正意义上的成功。

3. 直播场景缺少感染力

文化产品的直播只有结合特定的场景才更加有感染力。对于大多数进行钧瓷直播营销的企业来说，他们通常直接把产品带入直播间来进行售卖，售卖方式无外乎两种，要么是很多产品放在一起贴上标号供消费者自行选择，要么就是将产品放在展台上进行逐个介绍（见图 5 左 1 和左 2）。这样的直播不免显得有些苍白与无趣，那些已经有了购买欲望的顾客或许会驻足观看，而对于潜在消费者来说则没有太大的吸引力。其实对于钧瓷来说，直播场景大有文章可做，从钧瓷的制作、烧制，再到开窑，每一步都可以作为直播场景。就拿开窑来说，抖音直播平台中有一家叫"乐悠堂"的账号就是通过"开窑"这一过程吸引了很多消费者（见图 5 左 3），直播间开播不到 1 小时在线观看人数就高达 2000 多人。吸引这么多消费者的一个重要原因就在于，直播间里每一件产品都是现场从窑具中打开获得的，就像开盲盒一样，吸引了很多对其感到好奇的顾客。在这一过程中一旦开出瑕疵大的瓷器就现场销毁，而微瑕的器具则用来"宠粉"，或者作为新粉福利，赠送给观众。这样不仅卖了人情还涨了粉丝，因此直播间的气氛也是相当活跃和热闹。可见，做钧瓷直播的电商也可以从直播场景入手，通过变换场景提升直播的氛围感。①

---

① 邢杨柳：《浅述数字营销中虚拟偶像营销的逻辑与困境》，《老字号品牌营销》2021 年第 6 期。

图 5　文化产品的直播

4. 主播技能不够专业化

主播的业务能力是直播中的关键一环，主播不仅要具备相应的产品知识，还要有一定的直播专业素养。钧瓷产业中大多数主播都是钧瓷生产者，自己的产品自己做直播，对于直播技能的培养都是在边直播边学习中进行的，因此专业化程度不够高。大多数钧瓷电商主播只具备一定的产品知识，而对于直播专业素养相对缺乏，如营销意识、互动意识、沟通能力、应变能力等。

五　钧瓷虚拟直播营销策略建议

上文分析了禹州钧瓷网络直播中的诸多问题，从虚拟直播发展的环境支持来看，虚拟直播有着很大的优势，也有着相当大的潜力。因此针对钧瓷网络直播中的问题，我们可以通过创建虚拟直播进行营销来解决。虚拟直播的营销策略主要包括三大方面。

（一）人物选择和应用

1. 基于产品特色选择虚拟人物

以 2022 年 5 月网络爆火的文旅类敦煌虚拟人物"天妤"为例（见图6），其发布抖音仅 3 天粉丝就突破 40 万。"她"的形象完美展现了虚拟技术与传统文化的跨时代结合，开启了传统文化与元宇宙结合的序幕。与其他虚拟人相比，"天妤"最大的特征就是在东方古典造型中融入了现代元素。据称她的服装是严格根据历史资料设计的，妆容也最大限度还原了敦煌艺术中的面貌，深入地将传统文化以"文化+科技"的形式展现出来。"她"的出现可以说是文化与科技的碰撞，这种独特的方式不仅让历史文化得到了很好的传递，也使得敦煌文化找到了贴近人们生活的展现方式。

"天妤"的出现对钧瓷行业虚拟人物的选择有一定的借鉴意义。禹州钧瓷最令人骄傲的一方面就是它源远流长的传统文化及精湛的工艺，它与敦煌一样有着深厚的文化底蕴，因此在构建虚拟人物时，也可以赋予其更多的社会文化和历史文化意义。将虚拟人物与钧瓷的工艺美加以结合，并将其作为真实世界与虚拟世界信息传输的纽带，让虚拟人物能够与消费者有较多的接触点，在更大程度上引起消费者的注意力，产生对钧瓷的兴趣。事实上，让钧瓷虚拟人物得到广大消费者的认可，也是营销成功的一种体现。除此之外，虚拟人物的建立，要注意把握好人物的风格、特点和优势，还要注重虚拟人物外表和行为的真实性，提升人物的认可度。切实地将钧瓷产品的文化

图6　敦煌虚拟人物"天妤"

精神注入人物之中，让虚拟人物更好地代表禹州钧瓷，进而更好地与外界交往沟通。

2. 提升虚拟人物活跃度，打破距离感

当大家对钧瓷虚拟人物慢慢感兴趣时，人们自然会主动搜索，因此也需要做好对于虚拟人物的推广和维护。在互联网的风口下，要善于利用互联网平台与消费者建立联系，政府与钧瓷行业机构要发挥好引领带头作用，建立统一的官方平台。善于利用微信、微博、小红书、B站等各种社交平台建立自己的官方账号。同时可以在抖音、快手、西瓜视频等短视频平台亮相，与大家慢慢接触。

另外，在直播活动的传播方面，除了在官方平台直播出外，也要同步到一些主流平台上去扩大传播范围。比如可以将直播中的精彩片段剪辑投放，配合整体活动对外宣发。这不仅能让大家迅速地了解钧瓷历史，感受钧瓷文化的魅力，还能够实时地与潜在消费者保持联系。总而言之，就是要利用好各大平台来增加虚拟人物的活跃度，提升其曝光率，增加消费者的黏性。

当然，也要开展好线下的各种活动。在钧瓷文化节、世博会等场景中都可以用钧瓷虚拟人物与观众互动，真正做到科技和文化深度结合。此外，在建立好账号的同时也要做好日常维护，如与消费者进行日常互动，不断更新账号和视频内容，让内容更能贴近生活，让话题更有吸引力。可以通过提升人物的活跃度扩大钧瓷品牌的影响力，从而为品牌塑造更高的知名度，更好地保护好文化产品、保护好我们的传统工艺。

（二）内容设计和创新

1.基于直播产品设置多元化场景

内容设计是直播过程中的重中之重，就钧瓷类直播的现状而言，内容同质化十分严重。大多数直播间都是相似的场景、相似的布局，内容形式几乎没有什么亮点来获得消费者的关注，所以直播间的观看人数少之又少。这种现状完全可以以虚拟直播来改变，因为虚拟直播的直播场景比较多元化，能够突破想象即时地转换直播场景，也可以随着主播话题的转变带领消费者线上感受产品在不同场景中的状态。

2022年3月底，抖音上一场主题化的专场直播迅速火了起来，一同火起来的还有虚拟数字人物"胡兵"。在这场直播当中，"胡兵"每隔一段时间就更换一套服装，在不断变换的场景下，不间断地展现了服装的优点和特征。真正地展现了一场沉浸式的带货直播，博取了人们的眼球，也给观众带来了深刻的沉浸式体验。虽然对于大众来说，虚拟带货主播不是第一次出现，但是进行这种沉浸式场景的营销，"胡兵"还是带货"第一人"。在当今的电商直播当中，用户的消费需求已经越来越多样化，他们更看重的是体验感。在这现场直播当中，不断变换的场景，为顾客提供了一种新的体验，他们需求也可以得到更好的满足，这样激发了消费者更加强烈的购买欲。

场景化直播营销同样也可以用在钧瓷直播中。对于钧瓷来说，场景化的设计可以从产品的不同角度来进行。众所周知，钧瓷最大的特点就是窑变，每件产品都可谓独一无二，场景化就可以从钧瓷的颜色、斑点、纹状以及造型等出发。在窑变的影响下，钧瓷的釉色绚丽多彩，有的像山、像海，像树、像花等，有的像星空、像草原、像翠湖等（见图7）。此外，从产品的用途也可以进行场景设计，如餐器、酒器、花器、装饰品、小摆件等，都可以打造生活化场景，风格也可以根据产品定位进行设计，可以是高雅奢侈的，也可以是温馨浪漫的，还可以是简约低调的。总之，无论场景风格如何都要贴近生活，给产品赋予生活化的特质，这样才会使场景更有说服力、渲染力和影响力，进而更好地满足消费者的个性化需求，促使消费者购买行为的增加。

2.赋予产品意义促进产品销售

在历史的长河中，我们一直善于用勤劳的双手和智慧的头脑去创造属于自己的灿烂文明，这也深刻影响着我们的生活。钧瓷的传承人同样也在用瓷器传承着古老的优秀文化，每一件钧瓷的创作都有其寓意。

如今，传统文化正在被越来越多的年轻人所接受，因此直播的内容可以以产品为载体，以文化寓意为营销中心。由此提升品牌价值，传播品牌价值的力量，与消费者的文化精神形成共鸣。比如图8中的钧瓷"知音"，用钟子期和俞伯牙的故事将朋友之间的情谊融入钧瓷作品之中，这也增加了直播过程中产品的卖点，拉近了钧瓷与消费者的距离。对于文化类产品，其寓意是消费者购买的动力之一，产品本身也是情感的寄托。因此在直播的过程中可以根据产品背后的寓意将产品进行分类，比如表达友谊的、感恩父母或老师的、传达爱情的、象征健康长寿的等。产品的寓意要能引起共鸣，以寓意促营销。此外，也完全可以在一些节日如教师节、感恩节、春节等设置专场直播对钧瓷加以营销。营销要善于开发产品与生活的关系，主动挖掘与消费者的联系，不能等着消费者寻找产品，而应当主动寻找消费者。

（三）直播体验和服务

1.增强直播的互动性

互动性是直播的一个巨大优势，首先要选择一个专业的虚拟直播系统，

图 7 钧瓷

图 8 钧瓷"知音"

让直播间的功能更加丰富，高质量的直播互动能够有效提升观众的参与度。在实时互动中，主播通过互动能够为粉丝传递相关信息，自然而然地完成销售过程。事实上，互动的过程也是主播与消费者培养感情的过程，因此虚拟直播中，主播要加强对表情和肢体动作的运用，让动作更加真实化。在虚拟直播营销过程中，主播的角色至关重要，它是产品与消费者连接的纽带，也是吸引消费者驻足观看的关键，这就要求主播拥有一定的魅力或优势。对于虚拟主播而言，增强互动性可以从话题带入、才艺表演和增强人物亲和力入手。选择的话题不能枯燥，要与大众的日常生活结合，要突出趣味性、新颖性，最好能与产品联系起来，在与大家互动过程中传递企业相关信息。对于才艺表演，在直播开始时虚拟人物可以从讲述钧瓷的坊间故事或神话传说入手。同时，设置相应的答题环节，也可以进行一些抽奖活动，吸引用户的关注，充分调动直播气氛。对于虚拟人物亲和力，可以从语言方面打造，适当使用当地的方言会使直播间亲和力倍增，让观众在直播间停留更长的时间，让活动有更多的观众参与。

2. 加强全方位服务，提升消费体验

服务的提升主要从两大方面进行。第一点是产品服务方面，无论是在线上还是在线下购买商品，消费者最担心的就是产品的服务问题。好的服务是获取消费者信任的基础，也是营造良好口碑的开端。产品服务包括售前、售中和售后。直播营销中，售前对于产品的宣传要做到实事求是，杜绝虚假宣传，不随意改变产品价格；售中耐心解答消费者的疑问和顾虑，从消费者角度出发，做到以诚相待；售后要及时解决消费者反映的相关问题，让消费者在整个消费过程中拥有较好的购物体验。消费者只有对服务满意才可能主动分享给朋友，进而触发裂变式传播。第二点是技术运用方面，高质量的直播是建立在先进技术之上的。因此要具有与时俱进的意识，加强对虚拟直播技术的开发与运用，重点培养专业技术人才，利用科技的发展不断提升直播的质量，如提升虚拟人物和虚拟背景的真实性，直播画面的清晰度、流畅度等，还要不断更新直播页面的相关功能，用心为消费者带来较好的直播购物体验。

参考文献

[1] 熊瑛：《基于电商网络直播的市场营销策略研究》，《现代商业》2022 年第
11 期。

[2] 邓贞：《文创产业背景下非物质文化遗产传承困境及突破——以禹州钧瓷为
例》，《百花》2021 年第 9 期。

[3] 汤晨、赵鹏宇：《禹州市瓷旅产业融合发展研究》，《现代商贸工业》2019 年第
2 期。

[4] 范孝雯：《虚拟主播在直播电商中的应用策略研究》，《现代营销》（学苑版）
2021 年第 8 期。

[5] 康科：《数字经济时代特色农产品网络营销品牌策略研究》，《老字号品牌营
销》2022 年第 8 期。

[6] 孙艺菲：《"直播+电商"营销策略的 SWOT-PEST 分析》，《中国物价》2022 年
第 2 期。

[7] 唐莉琼：《电子商务社交平台营销绩效的影响因素——AISAS 模型框架下的考
量》，《商业经济研究》2021 年第 19 期。

[8] 孙钟然：《虚拟偶像，品牌营销的下一个潮流?》，《现代广告》2020 年第 2 期。

[9] 亢得霖：《虚拟偶像的发展及营销应用》，《国际品牌观察》2021 年第 36 期。

[10] 覃凯：《人工智能背景下 AI 虚拟主播直播带货创新应用研究》，《商场现代
化》2022 年第 5 期。

[11] 郭全中、张营营：《粉丝经济视角下虚拟偶像发展演化及营销进路探析》，
《新闻爱好者》2022 年第 3 期。

[12] 奚望园：《基于直播电商的农产品营销策略研究》，《金融理论与教学》2022
年第 2 期。

[13] 陈晓培：《中原传统钧瓷文化的传承创新思路》，《明日风尚》2019 年第
18 期。

[14] 牛梦婷、陈佳浩、代丰恺：《基于品牌定位 DPM 动态模型的禹州钧瓷品牌分
析》，《中国集体经济》2019 年第 12 期。

[15] 王志佳、孙家正、韩光鹤：《黑龙江省农产品抖音直播带货营销策略》，《合
作经济与科技》2022 年第 10 期。

[16] 邢杨柳：《浅述数字营销中虚拟偶像营销的逻辑与困境》，《老字号品牌营销》
2021 年第 6 期。

[17] 白华艳：《探析"互联网+"背景下农产品的新媒体营销方法》，《中国商论》

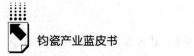
2022 年第 8 期。

［18］康科：《数字经济时代特色农产品网络营销品牌策略研究》，《老字号品牌营销》2022 年第 8 期。

［19］殷姗姗：《基于品牌管理的市场营销策略探析》，《老字号品牌营销》2022 年第 8 期。

［20］梁丽艳、张秋仙：《基于网络直播平台的农产品带货营销策略探析》，《才智》2022 年第 8 期。

B.15
钧瓷产业数字化赋能发展问题研究

刘 瀑*

摘 要： 数字技术的迅猛发展、消费领域的巨变和新冠肺炎疫情防控的常态化，使数字化赋能成为数字经济时代钧瓷产业战略选择的必然趋势。目前，钧瓷产业数字化赋能整体处于起步阶段，赋能领域较为广泛、线上销售渠道不断拓展、与企业规模高度相关。钧瓷产业数字化赋能尚存在缺少顶层设计、缺乏复合型人才、产业基础薄弱、数字化保护与传播形式单调、创意不足等问题，需要进一步从做好顶层设计和战略规划、培养复合型人才、夯实产业发展基础、丰富保护与传播形式等方面推进钧瓷产业数字化赋能。

关键词： 钧瓷产业 数字化赋能 禹州

具有浓郁文化气息和深厚文化底蕴的禹州钧瓷，反映着一千多年黄河文明的交流和演进成果，其传统烧制技艺包含原材料加工、造型设计、制模、成形、素烧、釉烧和拣选等工序，是艺术与科学的完美结合。2008 年，钧瓷烧制技艺入选国家非物质文化遗产名录。随着社会主义市场经济的不断繁荣，人民精神文化生活需求呈现多样化和高品位化，钧窑传统工艺的传承面临严峻的形势：传统窑口和工艺濒临消失；钧瓷产品同质化严重；器型难以满足消费者的现代审美需求。钧瓷产业面临着传承和创新的双重命题。2021年 3 月，《中华人民共和国国民经济和社会发展第十四个五年规划和 2035 年

---

* 刘瀑，博士，郑州轻工业大学经济与管理学院教授，硕士生导师，主要研究方向为产业经济理论与政策。

远景目标纲要》（简称"十四五"规划）将"加快数字化发展，建设数字中国"作为中国未来发展的目标之一。同年 5 月，文化和旅游部在《"十四五"文化产业发展规划》中提到："加强对传统工艺的传承保护和开发创新，促进文化资源数字化转化和开发利用，推进与数字技术的新形式新要素结合"，"工业美术业要探索基于数字化的个性化定制、精准化营销新型生产经营方式"。国家在顶层设计上明确以数字化驱动生产方式、生活方式和治理方式变革，促进数字经济与实体经济深度融合，这为钧瓷产业的创新发展提供了新方向和新路径，我们需要进一步研究数字化赋能钧瓷产业发展的内涵和动因，探究其对钧瓷产业发展带来的新契机。因此，面对新时代，数字化赋能成为钧瓷产业发展的必然选择，本文基于对禹州神垕近百家钧瓷企业的调查数据，系统地阐述了数字化赋能钧瓷产业发展的现状，深入分析了钧瓷产业数字赋能发展过程中可能面临的困难与挑战，并在此基础上进一步探讨了加速钧瓷产业数字化发展的政策建议，从而为提升钧瓷产业竞争力，实现其可持续发展提供有益借鉴。

一　钧瓷产业数字化赋能的内涵及动因

（一）钧瓷产业数字化赋能的内涵

"赋能"一词最早属社会学范畴，后又被广泛应用于管理学和经济学中，是指客观环境赋予某一个体或组织某种能量，使活动主体利用非正式或正式组织实践活动，对其作用客体具有更强的掌控能力。数字化赋能是指数字技术与传统生产要素结合，通过重构和整合生产要素，驱动社会创新及商业创新，从而带来企业革新、产业链价值提升等系列增值变化。钧瓷产业数字化赋能是指以现代信息网络为主要载体，凭借数字化信息和技术与传统生产要素的融合应用，构建创新性的钧瓷生产范式、商业模式和价值链增值模式，从而使得钧瓷企业获取更多的生命力和延展性，促进其形成包容、创新、高效的可持续发展的创造力，以达到钧瓷产业文化价值和产业价值协同提升的良性循环发展态势。

具体而言,钧瓷产业数字化赋能包含三个维度和两个属性。三个维度分别是:结构赋能、资源赋能和价值赋能。其中,结构赋能主要是指数字化发展改变钧瓷产业内外运营环境,提高组织结构、组织效率,增加钧瓷企业的柔性与反应速度;资源赋能主要反映在数字化背景下钧瓷企业提升获取、控制和管理企业资源的能力与竞争力;价值赋能主要是指数字技术与钧瓷产业设计、生产和营销等全产业链相结合,推动价值链增值的过程。通过数字化赋能,钧瓷产业可以利用数字化技术,整合产业链条上各企业的资源,增强企业间的沟通和联结效率,打通产业内外沟通渠道,将原材料提供商、设计商、生产商、客户、中介组织和政府有效联结,增强钧瓷产业的创造力和竞争力。由此可见,钧瓷产业数字化赋能最重要的特征便是技术属性和经济属性。在技术属性上,数字化赋能意味着钧瓷产业运用数字技术,实现技术轨道上的跃升过程;在经济属性上,数字化赋能推动钧瓷产业在生产、组织、管理和商业上的创新,带来经济效益的提升和价值增值过程。数字化赋能丰富了钧瓷产业内容和产业层次,提升了钧瓷产业竞争力,是实现其高质量增长的重大突破口。

(二)钧瓷产业数字化赋能的动因

1. 数字技术迅猛发展为钧瓷产业数字化赋能提供技术支撑

2020年,与土地、劳动力、资本、技术等要素一起,数据要素作为一种新型要素被明确写入中央文件,数据作为基础性战略资源,与其他要素一起融入产品价值创造过程,改造了传统的生产制作技术,改变了传统的经济发展模式,不断衍生出新的业态、新的商业模式。以数字技术创新为核心驱动力的数字经济已成为引领经济社会变革、推动经济高质量发展的重要引擎。《中国数字经济发展白皮书(2021年)》报道:2020年中国数字经济规模已经达到39.2万亿元,占GDP比重为38.6%,同比增长9.7%;其中,产业数字化规模达到31.7万亿元,占GDP比重为31.2%,同比增长10.3%。以5G、大数据、人工智能、虚拟技术、云计算等为代

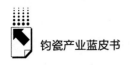

表的数字技术的广泛应用，为钧瓷产业的发展注入了新活力，不仅提高了钧瓷设计的质量和工作的效率，还有利于传统钧窑瓷器生产技术的保护、再现和创新。

2. **消费领域巨变为钧瓷产业数字化赋能提供市场需求**

根据澎湃新闻《2022 年全面数字化发展下的消费市场洞察》显示：2021 年，我国人均国民总收入 1.24 万美元，趋近高收入国家人均国民收入标准（1.27 万美元），城镇化率达到 64.7%，家庭户规模较小，平均每个家庭户的人口为 2.62 人，人们越来越重视自身生活水平的提升，需要设计好、性能好、价格低、易获取、适合自己的产品和服务，形成个性化、多样化、高品质的消费需求，随着数字化的发展，数字经济也正在改变着人们的消费理念和消费行为，平台消费、直播消费蓬勃兴起，消费升级的趋势已经渗透到市场的方方面面。这些消费特征的变化都要求钧瓷产业加强数字化、信息化技术的运用，持续打造沉浸式、体验式和互动式的消费场景，加强与消费者的沟通连接，从而提供更符合时代特征、更个性化和更多功能的器型，给企业带来新的发展机会。

3. **新冠肺炎疫情防控常态化是钧瓷产业数字化赋能的加速器**

持续的新冠肺炎疫情对钧瓷产业的影响是全方位的。一方面，作为生产企业，停工停产带来收入的减少，流通渠道不通畅带来销售成本、库存成本、物流成本的增加，整体经济下滑带来钧瓷消费能力的减弱、消费市场的萎缩；另一方面，钧瓷作为全国非物质文化遗产，使钧瓷产业也具有文化产业属性，新冠肺炎疫情增加了大众出行的成本、减少了出行的意愿，制约了钧瓷产业文旅融合发展。疫情对钧瓷产业传统的生产、销售和文旅融合方式提出了挑战，也为其提供了供给侧改革的动力，推动钧瓷产业数字化赋能。后疫情时代，钧瓷产业更需要利用数字技术打造平台经济，衍生出基于虚拟场景、协调展示等动画技术的"云生产"、"云展览"、"云赏艺"、"云直播"、"云公教"和"云文创"等新业态，打破时空限制，实现线上个性定制，创新消费模式，满足客户的体验消费、网络消费和智能消费需求，减少疫情等不可抗因素导致的销售量的下降。

综上所述，内外因的推动使钧瓷企业数字化赋能迫在眉睫，这既是时代科技进步的必然产物，也是企业高水平发展的内在要求。

二　钧瓷产业数字化赋能发展的现状

（一）钧瓷产业数字化赋能调查问卷设计

禹州神垕镇古时曾四次皇封，被誉为"中国钧瓷之都"，因此我们以神垕钧瓷产业链条上不同企业经营者为调查对象，在调研、访谈的基础上，通过"问卷星"发放问卷，问卷内容主要包括企业经营者性别、年龄、收入等个人信息，企业规模水平，企业在钧瓷产业链的位置，企业数字化赋能的现状及面临的困难等方面。从2022年4月15日到5月1日共回收93份。

（二）钧瓷产业数字化赋能调查问卷结果分析

1. 产业数字化赋能处于起步阶段。调查结果显示，超过45%的企业未开展数字化转型，且10.46%的受访企业表示完全不了解数字化赋能，有35.18%的企业表示稍微了解数字化赋能，但还未在企业生产经营中实施数字化。结合调研访谈发现，一些企业经营者把数字化等同于机械化或者信息化，对数字化赋能钧瓷产业的认识还存在误区。在进行数字化赋能的企业中，对部分业务进行数字化赋能的企业约54.36%（见图1）。整个产业的数字化程度低，处于探索阶段，只有点，没有线，更没有面，尚没有形成从钧瓷设计、钧瓷质量体系、钧瓷物流体系到钧瓷人才培养完整体系的数字化赋能。

2. 产业数字化赋能领域较为广泛。钧瓷产业的设计、生产、销售等产业链条上的各个环节均有不同程度的数字化赋能。受访企业中有53家企业实施了数字化赋能的具体操作，其中在钧瓷平面图文设计环节中使用3Dmax、photoshop、CAD、CoreIDRAW等信息软件的占22.58%；在钧瓷模具设计时使用数控车床、数字雕刻机等完成母模及子模设计的占35.56%；

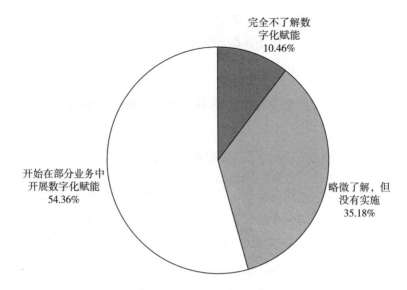

图1　钧瓷产业企业数字化赋能意愿和推动情况

资料来源：笔者整理而得。

在注浆和滚压等成型阶段中，注入浆料的多少、滚压的力度等通过数字控制的企业占30.11%；在上釉过程采用数字化信息实现釉层厚度的精准控制的企业占27.96%；在窑炉烧制过程，收集窑炉的各项数据，并通过电脑进行数字化控制的企业占34.41%；采用库存信息管理系统的企业占31.18%，在钧瓷销售时采用互联网营销方式的企业占78.49%。

3. 钧瓷产业线上销售渠道不断拓展。在受访企业中，仅有12.90%的企业没有进行互联网销售。在进行互联网销售的企业中，有6年以上网上销售经验的占10.75%，随着数据经济的发展和疫情的倒逼，2000年以来采用互联网销售的钧瓷企业约增加了70%（见图2）。其中，55.84%的销售是通过淘宝、京东、抖音和快手等平台销售，44.16%是通过手机建立微信群、发朋友圈进行销售。通过互联网销售年销售额在50万元以内的企业占77.42%，1000万元以上的企业占6.45%（见图3）。

4. 企业规模与企业数字赋能程度相关。企业规模越大，在生产环节的数字化程度越高。在调研企业中，随着企业规模从5人以内扩大到100人以

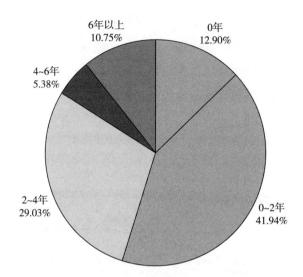

图2　钧瓷企业互联网销售开展时间情况

资料来源：笔者整理而得。

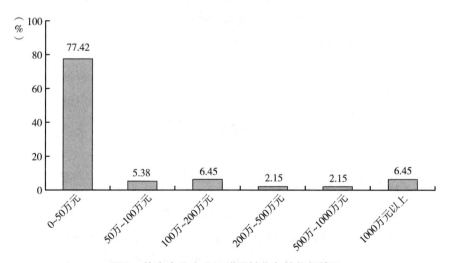

图3　钧瓷产业企业互联网销售年销售额情况

资料来源：笔者整理而得。

上，在上釉过程中采用数字化信息实现釉层厚度的精准控制的企业占比从21.57%提高到80%；在钧瓷窑炉烧制过程中，使用电脑对窑炉各项数据进行数字化收集，并对窑炉温度、湿度等进行数字化控制，以保证产品同一性的企业从 27.45% 上升到 60%（见图4）；企业在互联网上创建自己的网站，并运用互联网销售钧瓷的企业数量与销售规模也是随着企业规模的扩大而扩大，显示出企业规模与数字化程度高度正相关。

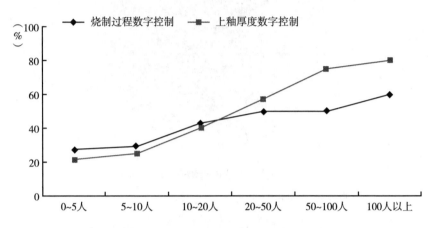

图4 钧瓷产业企业规模与生产过程数字化控制关系

资料来源：笔者整理而得。

三 钧瓷产业数字化赋能的痛点

（一）钧瓷产业数字化赋能缺少顶层设计

数字化赋能具有长期性、曲折性和不确定性，不仅仅是单纯的技术变革，更是整个钧瓷产业的商业模式和业态结构变革，是钧瓷企业价值、经营管理、生产流程、员工的工作方式等的变革，因此需要顶层设计和战略规划。但是，目前还缺乏关于钧瓷产业数字化发展的产业规划，也缺乏整合钧瓷产业资源的数字化服务平台。企业对数字化赋能的认识不足，也缺乏长远规划。调查显示：在未开展数字化转型的企业中，有 22.25% 的企业认为钧瓷作为传统手工艺，它的价值就在于手工制作，数字化没有用武之地，对数字化赋能的重要性和必要性认识不深刻；在已经进行数字化的企业中，有78%的企业认为采用机械设备代替一些手工操作、瓷型设计时运用电脑软件，或者在互联网平台销售产品等行为就是数字化赋能企业发展，对数字化认识是"只知其表不知其里"；有些企业虽然认识到数字化赋能对企业发展的重要性，但是不知道该如何实施数字化战略，在问卷调查中关于"实施数字化困难"问题的回复中，有30.11%的企业选择"制订顶层设计和战略规划"是企业实施数字化的首要难点。

（二）钧瓷产业数字化赋能缺乏复合型人才

数字技术赋能钧瓷产业，与钧瓷产业融合发展，关键需要一批兼具数字技术和钧瓷产业专业技术的复合型人才。现在钧瓷企业的从业人员大多为当地人，大部分来自以前倒闭的国有钧瓷生产企业或是当地的家族企业，很多经验丰富的老技艺人年龄较大，创新能力有限；年轻人虽然接触新鲜事物能力较强，对数字技术有所了解和掌握，但因为制瓷经验不丰富，掌握的专业知识不全面，很难将数字技术融入钧瓷产业发展中。因此，在钧瓷产业数字化赋能发展中，既缺乏纯数字技术人才，如 IT 工程师、数据分析师、AI 算法工程师等，更缺乏钧瓷制作经验丰富、同时又掌握数字技术的高端复合型数字人才。虽然许昌已经和许昌学院、郑州轻工业大学、河南大学等高校合作共同培养复合型钧瓷人才，但是培养人才的数量和质量尚无法满足钧瓷产业数字化赋能发展的需要，在 93 家受访企业中，有 38 家企业反映数字化赋能缺少相关人才，占比 40.86%，是制约企业数字化转型的关键短板。

（三）钧瓷产业数字化赋能的产业基础薄弱

首先，钧瓷产业自身发展薄弱。钧瓷企业以中小企业为主，在对神垕 93 家钧瓷企业的调研中，100 人以上的企业只有 5 家，占 5.38%，10 人以内的企业占 80.65%，致使一些数字化技术无用武之地，如仓储信息管理、客户信息管理等，企业采用传统的记账方式完全可以应付自如，在数字化赋能发展方面的主动意识不强。同时，由于企业规模小、盈利水平不足以弥补成本投入，进一步加大了企业进行数字化转型的试错风险。其次，钧瓷产业数字化赋能需要数字产业化的支撑。在基础设施方面，数字产业化的共性技术和关键性技术的开发与市场应用、5G 网络基础设施、数据智能基础设施建设等方面还需要持续优化，以便为钧瓷产业数字化赋能提供关键支撑和创新动能。目前数字经济与钧瓷产业的融合发展只有一些"点"上的运用（如前文所述），融合方式单一，广度和深度明显不足，数字技术如何赋能钧瓷造型设计、注浆、拉坯、配釉、素烧、施釉、烧制和分拣八大工序，还有待于进一步的深入研究和实践。

（四）钧瓷产业数字化保护与传播形式单调、创意不足

钧瓷生产作为传承千年的技艺，面临着保护与传承的难题。采用数字化管理有利于这项非物质文化遗产的保护和传播，但目前并没有建立关于钧瓷经典产品的多维度和全方位解构、钧瓷制作工艺与制作过程及其所产生的历史文化背景的展示等完善的数字化资源库，不利于钧瓷相关信息的永久保存和管理。在钧瓷传播方面，仅有 24.73% 的企业建立了钧瓷的门户网站，网站上主要是钧瓷产品的照片摄与钧瓷大师的录音录像，形式、内容和板块单一，缺乏创新，无法用数字化技术的更多功能来展现钧瓷工艺的艺术美与价值。2020 年河南省文旅厅联合腾讯文旅推出的首个河南非遗数字馆官方微信小程序"老家河南黄河之礼"正式上线，推出了禹州市钧瓷这一非遗项目，通过非遗地图、礼物互动、非遗内容栏目、礼物电商等模块吸引大众，对保护非物质文化遗产起到积极作用，但是该程序在趣味性和非遗数据管理方面还有待提升，以便起到更好的应用和宣传效果。

四　钧瓷产业数字化赋能的政策建议

（一）做好数字化赋能的顶层设计和战略规划

钧瓷产业规模小、数字化赋能投入大、投资回报周期长，因此需要政府

和企业做好顶层设计和战略规划。

1. 从政府角度，首先，统一认识，树立数字化赋能是实现钧瓷产业可持续发展的必然选择；其次，制定钧瓷产业数字化赋能发展规划，包括钧瓷设计的产业链、钧瓷产业质量体系和编码体系、钧瓷物流体系以及钧瓷人才培养体系的全面数字化赋能规划；最后，在基金投资、技术改造贷款项目贴息等方面做出详细规划，指导和鼓励优势企业率先采用数字化赋能的生产经营方式。

2. 从企业角度，企业经营者应当重视数字化赋能战略思维，在对企业数字化赋能的必要性、重要性以及资源能力的全面认知的基础上，明确适合企业发展的战略定位，从技术层面、组织层面到员工层面清晰地界定企业数字化赋能的范围和价值创造模式，严格管控战略实施过程，利用技术变迁带来的先动优势，通过数字化赋能实现商业模式调适，提升企业动态能力。

（二）培养具备数字化技能的复合型人才

任何最新的数字技术都可以被引进，但钧瓷产业适应未来数字化的能力取决于培养具备数字化技能的人。钧瓷产业兼具文化产业和陶瓷产业的双重属性，肩负传承中国优秀传统文化的重任，其数字赋能涉及钧瓷产品设计、烧制工业程序、生产装备设备、组织管理、销售环节、宣传推广、保护和传承等诸多环节，迫切需要大量同时掌握数字技术和钧瓷专业技能的复合型数字人才。

1. 建立"校企合作"的定制型专业人才培养模式。钧瓷产业要加强与国内外高校，尤其是与省内郑州轻工业大学、河南大学、郑州大学和许昌学院等高校的合作，根据钧瓷产业和企业数字化赋能要求，在培养目标、课程设置和培养制度等方面将数字化纳入钧瓷专业教育中，开发符合未来钧瓷产业发展趋势的学习内容，培养既具有钧瓷制作专业知识又懂信息化和数字化的复合型人才。

2. 加强在职从业人员职业技能培训。政府一方面通过建设公共实训基地、组织钧瓷行业从业人员开展补贴性数字职业技能培训、进行数字技能职

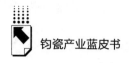

业资格认证等方式提升从业者数字技能；另一方面，帮助钧瓷企业落实好开展培训的税收优惠政策和相关补贴政策，真正支持企业开展多层次、大规模的数字技能培训。

（三）夯实钧瓷产业数字化赋能的产业发展基础

钧瓷产业专业化分工不断细化，企业规模以中小型企业为主，单个企业没有足够的动力和资金进行数字化赋能，这就要求政府和行业协会应从产业链高度整合上下游企业资源，逐步协同推动全产业数字化赋能。

1. 生产方面，首先要推动钧瓷原材料标准化，统一生产标准和钧瓷产品质量等级标准，为标准数据采集和连接打下基础；其次，鼓励大宋、孔家等龙头企业率先试点，通过数字化和智能化生产，提高自动化水平，从而实现大规模定制。

2. 运营方面，建立数据共享通道，推动数据要素从用户端到销售端、到生产端、再到物流端等全产业链逐级流通，以简化钧瓷产业上下游企业交易的中间流程，降低交易成本。

3. 平台方面，搭建设计平台、研发创新平台、工业互联网平台等针对产业发展共性问题的服务生态平台，突破地域限制，加强信息交流，解决企业数字赋能过程中的"卡脖子"技术问题，推动产业向数字化方向高效率发展。

（四）丰富钧瓷产业数字化保护与传播形式

借用信息技术和新媒体平台赋能钧瓷产业，能够在更大更广范围内、以更加便捷和安全的方式对这一非物质文化遗产进行传承和保护，禹州市政府在这方面已经做了初步尝试，如设计"小窑匠"的 IP 形象、与腾讯合作开发"豫见河南非遗"黄河之礼小程序等，已经成功地吸引更多的"〇〇后""九〇后"关注钧瓷、喜爱钧瓷，使钧瓷在传承创新和生产销售上都有一个质的飞跃。除此之外，还可以进一步"深耕细作"，丰富钧瓷产业数字化保护与传播形式。

1. 建立钧瓷数字博物馆。利用多媒体虚拟场景建模、多媒体虚拟场景协调展示等虚拟现实技术，建立包括钧瓷文字、声音、图像、视频、虚拟现实在内的钧瓷多媒体数字博物馆，将传统钧瓷制作工艺的生产方式真实再现，钧瓷爱好者借助 VR 技术，身临其境地参与钧瓷烧制全流程。

2. 开发交互设计应用。主要以 App 和游戏体验的方式，将钧瓷所蕴含的文化底蕴和制作工艺向受众群体进行展示和传播，展现钧瓷制作的趣味性和艺术性，可以满足不同群体的个性化需求，同时提高用户的文化体验，提高设计师、消费者与传统手工艺者的沟通效率。

结　语

禹州钧瓷产业既担负着传播钧瓷文化的重任，又担负着创新发展的使命。在数字经济的时代，传统钧瓷企业要加强对数字化建设的重视程度，提高投入力度；政府要做好发展规划，引导和支持钧瓷产业数字化赋能。通过数字技术赋能钧瓷产业的设计、生产、销售、传播和保护，赋予钧瓷更多的时代特征，突破传统器型的思维局限和生产方式的技术局限，提升钧瓷产业的竞争力，实现钧瓷产业可持续发展。

参考文献

［1］刘启雷、张媛、雷雨嫣等：《数字化赋能企业创新的过程、逻辑及机制研究》，《科学学研究》2022 年第 1 期。

［2］李颖、贺俊：《数字经济赋能制造业产业创新研究》，《经济体制改革》2022 年第 2 期。

［3］徐梦周：《数字赋能：内在逻辑、支撑条件与实践取向》，《浙江社会科学》2022 年第 1 期。

［4］曾春花、王妮娟：《数字化赋能视角下小微企业生态竞争力影响因素研究》，《生态经济》2022 年第 1 期。

［5］陈长：《数字化赋能新时代高标准商品市场体系：逻辑、特征与路径》，《贵州

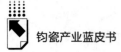

社会科学》2021 年第 2 期。

[6] 黄蕊、李雪威、朱丽娇：《文化产业数字化赋能的理论机制与效果测度》，《经济问题》2021 年第 12 期。

[7] 郭君健：《数字化再现技术在钧窑生产性保护中应用探析》，《广西民族大学学报》（哲学社会科学版）2019 年第 6 期。

[8] 韩静、曾国盛：《数字经济对我国陶瓷产品出口的影响及发展策略》，《中国陶瓷工业》2021 年第 4 期。

[9] 史宇鹏、王阳、张文韬：《我国企业数字化转型：现状、问题与展望》，《经济学家》2021 年第 12 期。

[10] 郑琼洁、姜卫民：《数字经济视域下制造业企业数字化转型研究——基于企业问卷调查的实证分析》，《江苏社会科学》2022 年第 1 期。

[11] 李悦：《数字化在传统手工艺类非物质文化遗产保护与传播中的应用》，《艺术品鉴》2021 年第 24 期。

B.16

禹州钧瓷产业数字营销存在的
问题与优化分析

张 省 赵梦桥*

摘 要： 禹州钧瓷产业在稳步发展的同时，其背后暗藏的数字营销问题也
逐渐暴露出来。本文运用演绎归纳法、访谈法多种研究方法，分
析禹州钧瓷企业数字营销中存在的问题，归纳总结出钧瓷企业数
字营销力量分散，与多媒体耦合度浅、数字表达方式粗糙，专业
的数字营销人才匮乏，数字营销侧重点模糊、数字营销受众针对
性弱这四个问题。通过分析钧瓷企业数字营销问题背后的原因，
从政府、钧瓷行业、钧瓷企业三个主体角度出发，提出了政府引
导，整合资源，形成合力数字营销团体；行业协会整合数字营销
平台，搭建数字营销平台；钧瓷企业引进现代公司管理制度与专
业数字营销团队等对策与建议。

关键词： 禹州钧瓷 数字营销 营销平台 数字技术

    近10年来，钧瓷作品的持续走热，钧瓷文化产业的繁荣发展，带动了
文人学者对钧瓷的学术研究，形成了以高校学者为主的学院派和以禹州传统
钧瓷艺人为主的实用派。这些学者、艺人撰写了大量关于钧瓷的书籍和文
章，所涉及的领域包括钧瓷的历史、文化、艺术、工艺、科技、产业、鉴

---

* 张省，博士，郑州轻工业大学经济与管理学院副教授，主要研究方向为数字化转型；赵梦
桥，郑州轻工业大学经济与管理学院硕士研究生。

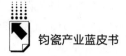

赏、人物、考古等各个方面，并且形成了郑州大学艺术陶瓷研究所、河南大学中国陶瓷文化研究所、禹州市钧瓷研究所、许昌学院中国钧瓷研究院、北京邮电大学中国陶瓷艺术研究所、许昌职业技术学院和许昌陶瓷职业学院等学术阵地。

根据 2022 年 2 月中国互联网络信息中心发布的《第 49 次中国互联网络发展状况统计报告》显示，截至 2021 年 12 月，我国网民规模达 10.32 亿，互联网普及率达 73.0%，我国手机网民规模达 10.29 亿，网民使用手机上网的比例为 99.7%，这就意味着互联网已经渗透到大多数人的生活中，而我国也已经进入移动互联网的时代。

钧瓷，始于唐朝，宋代繁荣。位列中国宋代五大名瓷之一，又以釉面缤纷的变幻而冠绝五瓷。禹州钧瓷发展已经千年，中间几多坎坷，新中国成立之后才又重新恢复生产。自新中国成立至今，已经 70 多年，禹州钧瓷虽然平稳发展，但是远不及曾经的辉煌。在移动互联网高速发展的今天，国家对传统文化十分重视，河南省更是文化大省，2006 年中共河南省委就做出了"由经济大省、文化大省向经济强省、文化强省"发展的战略决策，如何凭借移动互联网的浪潮，构建钧瓷数字营销模式是一个值得深思的问题。

一 钧瓷产业发展的意义

禹州钧瓷的深远发展，带来的意义是多方面的，助推钧瓷发展是一个有实利的项目。钧瓷发展的重要意义主要体现在文化意义与经济意义两个方面。

（一）文化意义

钧瓷是中国五大名瓷之一，更是中国瓷器文化的集大成者。发展钧瓷，有利于在利欲喧嚣的时代守住中华传统文化。

流传至今的古代钧瓷也是研究中国传统文化的重要史料，钧瓷作为时代陶瓷技艺的结晶，可以在一定程度上反映社会主要面貌、风俗人情等。两宋高度繁荣的市民经济与相对稳定的政治环境，使得钧瓷一改之前瓷器"南青北白"两大色调的枯燥，颜色更加热烈、艳丽，这成为研究宋代经济的佐证史料。

（二）经济意义

禹州钧瓷产业早已成为禹州的名片产业，其蕴含的经济意义是巨大的。禹州市总耕地面积 136.5 万亩，而禹州人口数量达 130 万人，土地集约化程度高，因而禹州有大量剩余劳动力。禹州钧瓷的发展可以吸收大量的城乡就业人员，减轻社会的压力，充分解决当地的就业问题。此外还可以为禹州提供税源，对地方财政有极大拉动作用。禹州钧瓷的发展可以充分调动禹州市各生产要素的流通，增强禹州市市场经济活力。

巨大的市场潜力加之极高的审美价值，钧瓷应该发展得如火如荼，实则不然，在市场上提起瓷器，大众更熟知的是青花瓷。从质量维度来看，钧瓷相较于其他瓷器，质量毋庸置疑，加之无双的窑变艺术，在同类瓷器中甚至更胜一筹。因而本文抛却质量因素的影响，从钧瓷数字营销方面，探究影响钧瓷产业发展滞后的原因，进而提出优化，以促进禹州钧瓷数字营销的纵深发展。

二 数字营销的概念及特征

（一）数字营销的概念

数字营销是使用数字传播渠道来推广产品和服务、与消费者来进行沟通的实践活动，从而达到使企业生产及时、快速、定制化和节省成本的目的。数字营销相较于传统营销，包含了很多大数据、多媒体的技术与应用，我们生活中常见的数字营销方式有：手机 App 的个性化推送、户外视频广告、全息投影等。在当今信息爆炸的时代，数字营销是至关重要的一种营销方式。

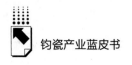

（二）数字营销的特点

1. 服务更具个性

数字营销在利用大数据的基础上，通过大数据运算，能够根据消费者的相关信息，分析消费者的个人喜恶，从而使得数字营销的服务更具个性，对消费者的针对性更强。数字营销的这一特性能够迅速抓住消费者的需求，从而为不同的消费者提供差异化的营销方式，更具个性的服务方式将在很大程度上提高营销的精准度和客户的满意度，实现企业获利和消费者满意的双赢。

2. 集成化程度很高

发达的互联网络以及不断升级与优化的各种应用与平台，使得很多功能集成在一个平台与应用上，消费者可以在平台了解产品有关信息。数字营销是目标营销、直接营销、分散营销、客户导向营销、双向互动营销、远程或全球营销、虚拟营销、无纸化交易、客户参与式营销的综合。数字营销赋予了营销组合以新的内涵，其功能主要有信息交换、网上购买、网上出版、电子货币、网上广告、企业公关等，正是有了这么多的功能，整个营销过程可以依托一个平台就快速完成，这中间节省了不少时间，大大提升了效率。

3. 成本低廉

传统营销模式有一个较大的弊病便是成本较高，例如雇用大量的营销人员产生的薪酬造成成本增加、城市来往交通成本与时间成本过高。而数字营销能够通过数字化的方式很好解决成本高的弊病。高集成度的数字营销方式可以使得消费者在平台上解决上述所有问题。

4. 体系灵活

在数字营销的模式之下，营销的地域范围就是整个互联网络，众所周知社交软件也是其中的组成部分，尤其是现在微信用户不断增长，那么营销就完全可以转移到微信上展开，这样范围就更广，可采用的营销策略就会更加的灵活多变。

所以，在数字经济时代，企业要想实现数字化，必须把数字营销作为一个重要的方面来关注，变革原来不能满足需要的营销思想与模式。数字营销不仅仅是一种技术手段的革命，而且包含了更深层的观念革命，在移动互联网快速发展、数字经济发展愈加蓬勃的时代，数字营销是每个企业都应修好的必修课。

三　禹州钧瓷企业数字营销现状及问题

（一）企业各自为战，数字营销力量分散、有限

禹州钧瓷厂家数量众多，截至 2019 年就多达 320 家企业，但是不可否认，多数钧瓷厂家还是家庭式作坊，规模较小，从而造成企业数字营销力量薄弱。例如笔者在某短视频平台发现：禹州钧瓷的视频账号多达 128 个，粉丝数量最多的达 20 多万，大部分账号粉丝数量为几百或几千，粉丝数量很少，更无法将粉丝流量变现。并且现实中实力较强的钧瓷企业粉丝数量也较少，如孔家钧瓷、大宋官窑、坪山钧窑等数量也是几千，没有一个强劲的官方账号（见图 1）。

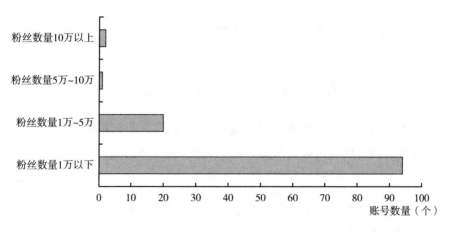

图 1　钧瓷企业"抖音"粉丝数量分布

此外，钧瓷企业微信公众号的现状也表明了目前钧瓷企业数字营销力量分散。笔者发现与钧瓷文化相关的微信公众号目前有 70 个左右，各家钧窑

基本都开设了自己的微信公众号，形成了一个围绕钧瓷的微信公众号矩阵。虽然数量多，但是许多钧瓷微信公众号慢慢地沦为摆设，没有得到有效的维护和运营。比如孔家钧窑的微信公众号点开页面分栏导引后都显示"该网站暂时无法进行访问"，卢家钧窑的微信公众号只有 2015 年发送的两条内容，此后没有更新。这些微信公众号的阅读量也普遍不高，留言互动少。下图为禹州钧瓷微博账号粉丝数量分布情况（见图 2）。

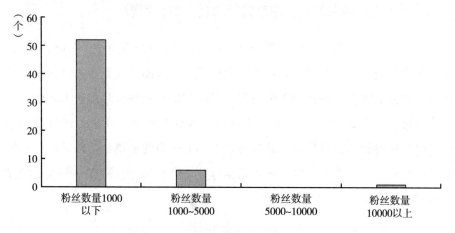

图 2　禹州钧瓷微博账号粉丝数量分布

（二）与多媒体耦合度浅、数字表达方式粗糙敷衍

在撰稿前，笔者与禹州市中亚瓷厂总经理卢宇博先生进行了短暂的交流，在询问卢宇博先生近几年的营收时，卢宇博先生表示：

> 近几年的企业营收虽然在增加，但是明显的是企业营收的增长速度却明显变缓。

在谈及数字营销时，笔者发现卢宇博先生对于数字营销的认知上是有待提高的。其对数字营销的认知仅限于视频平台和户外广告等，对数字营销背后蕴藏的经济价值知之甚少。于是笔者询问其目前企业主要的营销渠道，卢宇博先生表示：

> 钧瓷的销售渠道大部分还是通过熟人介绍，通过口口相传的口碑拓宽销售渠道，企业会给予介绍人与新顾客一定的利润，从而达到口口相传的效果。

钧瓷地方企业多采用原始的线下销售方式，销售辐射的范围很有限。通过交谈不难发现，在移动互联网高速发展的时代，部分钧瓷企业的营销模式仍较为传统，对互联网、多媒体等应用程度低，相对传统的传播方式容易受主观因素影响，个人情感的掺杂使得口口相传时带有一定的感情色彩。

此外，钧瓷企业在数字营销的表达方式上也存在着制作粗糙、内容老套陈旧的问题。数字内容的表达是数字营销的关键，如何在确保内容完整的情况下，将产品与服务用消费者喜欢的方式展现，是数字营销成功与否的关键。数字营销归根结底是营销的一种，其目的是推广产品与服务，需要与消费者沟通，想要与消费者沟通就必须先拉近与消费者的距离，而数字营销首先要做的便是吸引消费者。吸引消费者则需要能令人耳目一新的数字营销表达方式，因此数字营销的内容表达必须精致，不能粗制滥造，更不能敷衍。对此笔者在与卢宇博先生交谈时，询问其本企业数字营销方面存在哪些不足，他表示：

> 现在营销这一部分是由自己侄子负责，也建了本企业的网站，但是网站每年需要2000元网站维护费，于是当时就不想再用，但是由于前期我们投入大量的人力与物力，最后还是将其保留了下来，可是之后网站的管理就没有那么仔细了。

禹州钧瓷企业数字营销方式的内容表达也比较传统落后，尤其是在与其他瓷器进行对比之后，这个弊病就更显严重。众所周知，景德镇的青花瓷因为周杰伦的一首《青花瓷》而备受青睐，唯美的意境、极具中国风的歌词，让青花瓷走进了千家万户。反观钧瓷的数字营销表达方式就较为传统，需要改进。以短视频为例，视频运镜衔接自然、节奏感强，文案或优美走心，或幽默诙谐，动感富有共情力的背景音乐都是短视频的关键要素。而现实中，钧瓷的宣传视频内容表达上平铺直叙，没有较大反转，难以吸引人；此外视频运镜拖沓无序，更多的视频是随拍，杂乱无章，没有一定的逻辑顺序；更有甚者是个人生活的随拍，美感较弱，使得账号的公信力与可信度大打折扣。而文案更是多为生活用语，幽默度与文学性都有所欠缺，对消费者吸引力较弱。如今"互联网+"产业发展迅速，电子商务成为很多行业新的销售渠道，但很明显，钧瓷的数字营销没有跟上时代的步伐，还停留在"被动等别人了解"的阶段，缺乏主动性，没有拥抱时代。

（三）专业的数字营销人才匮乏，数字营销后继无力

如今禹州钧瓷的数字营销人才十分匮乏，并非目前禹州钧瓷企业没有营销人员，而是专业的数字营销人才匮乏。

从传播媒介来讲，钧瓷文化以及钧瓷烧制技艺依然属于文化记忆之一，在传播的过程中以口头传播、书籍为主要媒介。随着新媒体时代的到来，钧瓷文化的传播从以口头、书籍为媒介转变为以微信公众号、微博、直播为主要平台。新媒体传播在标题选择、内容制作等方面具有自身的特点，年轻受众多，由于老一代艺人对新媒体熟悉度不高，仅凭自身很难开展高质量、高流量的传播活动。

笔者登录禹州市人才网，搜索"钧瓷"发现，钧瓷企业发布的招聘信息，除了导游、理货和外运等岗位外，其他岗位都为营销类岗位，有的甚至直接注明招聘平面设计、网页设计、电脑美工等，这些岗位与多媒体联系紧密，与数字营销更是密不可分。大量有关数字营销的岗位招聘，从侧面论证了目前禹州钧瓷企业数字营销人才的匮乏。

通过对各大自媒体平台的统计，负责禹州钧瓷企业数字营销工作的多为传统的工匠艺人或者其亲属，传统的工匠艺人虽然技艺精湛，但是由于观

念、年龄的因素，他们接受新鲜事物的能力较弱，并且对于钧瓷由传统营销转变为数字营销的积极性不高，加之对智能设备缺乏认识了解，无法达到预期的效果。而钧瓷工匠艺人的亲属专门从事数字营销工作的更是寥寥，这就造成钧瓷企业在数字营销方面缺乏人力。

例如禹州的大宋官窑，作为禹州市规模较大的企业，其作品更是早在2006年就被中国国家博物馆收藏，并多次作为国礼出现在国际场合。但是笔者在短视频平台调查发现，截至2022年4月，大宋官窑在抖音发布了413个视频，但是413个视频获赞量仅2.9万个，平均每条视频点赞量为70个，在浏览几个视频后，不难发现其视频之粗糙。举例说明，视频中一个人从另外一个人手中接过一件钧瓷，然后一直赞美其好看，但是赞美的词永远就是那么几个，"好看、漂亮"，视频完全就是日常的随拍，背景音乐、转场就更没有了。

比起抖音，大宋官窑的数字营销表现在快手上面就更糟糕，2021年7月，大宋官窑入驻快手后，到2022年4月共发布3条视频，获赞量仅29个，而且在2021年7月发布完三天视频后，大宋官窑便停更了。这些视频无论是文案还是运镜都较为随意，从中看不出数字营销的专业性。

无论是抖音还是快手平台，大宋官窑的表现都较为糟糕，而这都是因为缺乏专业数字营销人才。大宋官窑作为禹州具有代表性的钧瓷企业尚且如此，其他钧瓷小作坊对数字营销的人才更是翘首以盼。图3为大宋官窑在抖音、快手上的现状。

（四）数字营销侧重点模糊、数字营销受众针对性弱

目前的禹州钧瓷产品以高档礼品为主，主要作为以升值为目的的藏品和玩物，价格相对较高而且缺少实用性，自然也就成为只有少部分人才能消费的高档钧瓷，这种产品结构不能与社会大众消费观念相结合。当前钧瓷产品大部分以高端工艺品为主，价格较高，并且体型较大、笨重，更多体现的是钧瓷本身的收藏价值，而日用瓷的产值却不高。产品结构的侧重直接决定数字营销资源的侧重。高端工艺品与日用瓷的数字营销经费比重失衡，导致数字营销的侧重

图3　大宋官窑在抖音（右）、快手（左）上的现状

点模糊，给消费者以模糊的企业认知，进而影响企业营销的效果。

据统计，截至2016年9月，禹州市有陶瓷企业536家，从业人员6.3万人，规模以上企业达到100家（见表1）。

四　禹州钧瓷产业数字营销问题的原因分析

造成禹州钧瓷产业数字营销问题的原因是多层面的，是值得深思的。下面笔者将分析上述钧瓷产业数字营销中存在问题的原因，从而为禹州钧瓷产业数字营销的长远发展提供理论依据。

（一）家庭式作坊管理造成数字营销受阻

1. 家族裂变，企业数字营销力量逐渐变弱

本地实力较强的几家企业也是家族式民营企业，家族裂变极容易造成企

表 1　禹州市陶瓷企业数量分布（截至 2016 年 9 月）

陶瓷企业生产类型	个数（个）	年产量	从业人员（人）
陶瓷企业（总）	536	—	60000
钧瓷企业	186	220 万（件）	28000
火瓷	28	26 亿（个）	9500
卫生瓷	14	900 万（件）	8500
日用瓷	35	28 亿（个）	6000
建筑陶瓷	13	16000 万 ㎡	2600
园林陈设艺术瓷	67	8 亿（件）	1600
花盆花插	54	1 亿（件）	2300
高低压电瓷	8	2.5 亿（件）	700
耐火材料产品	121	3.8 亿（件）	300
陶瓷机械包装	10	25000（件）	500

资料来源：《禹州市陶瓷产业发展规划（2016~2025）》。

业的分裂，使企业规模变小。根据 2016 年企业名录，除了同企业父子传承外，20 世纪 90 年代成立的企业之间存在血亲缘关系的有 54 个，21 世纪 00 年代增加到 82 个，增加了 52%，再到 2016 年，又增加了 10%，增加速度放缓，家族网络整体上呈现扩大趋势。在禹州，同一个家族中多个家庭均生产钧瓷的现象较为普遍，如卢家、杨家、任家和孔家等，其家族网络都较大，对禹州钧瓷发展做出了巨大的贡献。而家族裂变，造成企业分裂，企业规模变小，势必造成钧瓷企业数字营销规模缩小、资金减少，而小微企业抗风险能力较差，很容易破产。

禹州神垕卢家是钧瓷技艺血缘传承最典型的代表，在禹州瓷区是唯一传承百年、拥有"钧瓷世家"美誉的钧瓷家族。与卢家同时代的钧瓷家族如郗家、王家、裴家等都已后继乏人。卢氏家族传承谱系为：第一代卢振太（1825~1892）；第二代卢天福（1855~1900）、卢天增（1858~1918）、卢天恩（1862~1925）；第三代卢广同（1885~1950）、卢广文（1884~1962）、卢广东（1890~1977）、卢广华（1894~1953）；第四代卢正兴（1923~1987）；第五代卢俊岭（1959~）。卢氏钧瓷的第五代传人卢俊岭，同时又是

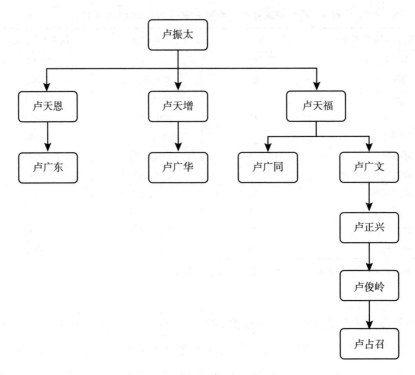

图4 卢家钧艺传承谱系

省级非遗传承人，其卢氏钧瓷发展前景广阔。卢家另一支第七代传人则创办了"钧兴卢钧瓷业有限公司"，从技艺传承上，两家企业的技艺实属同枝，并无太大差别，两家企业如果可以合力开展数字营销，必将比单个企业来得强大。

2.师徒传承制，徒弟出走，企业数字营销力量逐渐变弱

钧瓷制作是一门技术含量相当高的传统技艺，很难无师自通，如果没有专业系统地学习，没有专业的人士指点是很难学成的。师徒传承制较家庭传承更开放，它是一种通过道德约束建立的契约传承。

徒弟通过学艺，在成功掌握技艺后，利用自己的技艺和销售渠道建立自己的钧瓷企业，这种情况造成钧瓷企业的规模普遍偏小，没有形成一个强有力的龙头企业引领钧瓷产业发展。并且大量钧瓷企业由于师出同门，其产品

难免雷同相似，更加增大企业发展难度，用于数字营销的资金相对也少，因此数字营销能力更加薄弱。

例如，2006 年河南省委宣传部及省文联举办"河南省民间文化杰出传承人"评选，当时以钧瓷进入评选的有任星航、卢俊岭、张军。当时卢俊岭与张军因谁是卢钧传承人而争论不休，卢俊岭是卢氏第五代直系传承人，而张军则是卢氏家族第四代传人卢正兴的徒弟，双方都坚称自己拥有正宗卢氏技艺，但是卢家第六代传人卢军安则表示，2000 年以后市面上流通的"卢钧"不是真正的"卢钧"，他拥有的技艺才是卢氏技艺的真正配方。多家企业的争论，使得到底谁是真正的"卢钧"传人没有那么重要了，消费者关注的焦点已经变成了企业间的争斗。这对于"卢钧"的发展是不利的，尤其是给"卢钧"的营销带来麻烦，消费者开始困惑谁才是真正的"卢钧"。

3. 作坊式经营，管理落后，数字营销难以发展

正如前文所言，禹州钧瓷企业多为家庭式作坊或者家族式经营，现代公司管理制度与团队欠缺，这就容易造成在分配利润时，企业的利润多用作分红，用于数字营销方面的费用十分少。费用划拨的多少极大程度上影响着数字营销项目的开展情况。落后的管理容易导致企业只关注眼前既得利益，不重视新兴的、具有一定风险的数字营销。

此外根据调查，禹州钧瓷企业主要负责人年龄集中分布于 40~60 岁之间，他们大多出生、成长于 20 世纪，他们出生与成长的时代环境让他们相信质量为王，只要质量够硬，钧瓷产品便不愁出路，其营销理念与当下的数字营销相去甚远，使得其企业极容易出现领导不重视数字营销、员工不了解数字营销的情况。

（二）缺乏钧瓷企业与消费者交流的良好平台，造成数字营销发展缓慢

一个良好的平台是企业与消费者交流必不可缺的，没有这个平台，企业无法了解消费者的诉求，消费者无法了解企业的产品与服务。禹州钧瓷还远

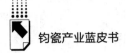

远没有做到数字营销应有的效果，至今还没有一款 App 是专业用于禹州钧瓷的，更多的是钧瓷企业在各大 App 注册账号，然后发布制作粗糙的内容，其对于钧瓷的数字营销毫无裨益。钧瓷行业缺少的是一种较为严格的管理制度，通过行业的管理，在某一应用行业发挥合力，共同打造一个消费者与企业沟通交流的平台。

在以"内容为王"的新媒体时代，受众接触并乐于传播的信息，必须具备内容的原创性、价值的普遍性等特征。网站、社会化媒体是人们与钧瓷接触最频繁所使用的工具和平台，钧瓷的数字营销在它们上面表现都不是很好。

较大的钧瓷企业都开设了自己的网站，例如孔家钧窑、晋家钧窑、金堂钧窑等，网站的设置都基本相同，都包含了钧瓷大师、钧瓷资讯、钧瓷鉴赏等栏目，可是点击网站不难发现，钧瓷网站存在着较大问题，首先是弹窗广告的遮挡，弹窗广告不仅数量多而且密集，消费者在浏览网站时受到阻碍。此外多数网站的图片模糊，文章更是过于简单，制作粗糙。钧瓷网站是人们了解钧瓷的综合性平台，而目前禹州钧瓷显然没有利用好这些平台。

社会化媒体是指能够支撑社区成员的注册与个人信息管理、成员间的社交活动、内容创造管理等社会网络化应用的系统。换而言之，社会化媒体就是提供了一个所有人可以分享自己的看法、经验的平台。我们身边最常用的便是抖音、微信、快手、微博、百度贴吧、今日头条等，社会化媒体因其较高的时效性、较强的互动性、庞大的受众群，和传统营销方式相比，它所达到的数字营销效果远比传统营销模式可观。上文已经详细叙述钧瓷在抖音、微信公众号与快手方面的数字营销情况，因而在这一部分便不再赘述，仅讨论钧瓷今日头条旗下头条号的相关情况。

头条号是今日头条的自媒体平台，自 2018 年以来，发展日渐迅猛。截至 2021 年 10 月，今日头条付费专栏的付费用户已达到近 800 万。目前在今日头条上，有 300 多个有关钧瓷的头条号，其中表现最好的便是"禹州钧瓷"，其粉丝数量达到 1.6 万，并且更新几乎没有中断。除此之外的头条号粉丝数基本都没有过千，甚至大多数头条号粉丝数没有过百，可以说是一片惨淡。效果最好的"禹州钧瓷"也不是任何钧窑的官方头条号，而是个人账号。钧瓷相关团队、公司组织运营的头条号一度断更，"孔家钧瓷"头条号粉丝仅为741个，"大宋官窑"头条号粉丝为768个且最新更新视频为2021年2月发布的。可见，钧瓷企业在今日头条上的数字营销表现十分一般。

可以说禹州企业前期在各大平台都进行了数字营销宣传，可是都没有持续良好地进行维护，没有高度重视。禹州企业之所以与多媒体耦合度浅，究其原因是因为构建平台后未能进行维护，浅尝辄止。

（三）数字营销人才引不进、培养难、留不住

1. 禹州城市经济欠发达，对数字营销人才吸引力弱

禹州别名夏邑、阳翟、钧州，位于河南省中部，东接许昌市建安区、长葛市，北靠新郑市、新密市，西北邻登封市，西及南部连汝州市、郏县、襄城县，是河南省辖县级市。禹州距离郑州仅86公里，驾车只需1.4小时，与郑州位置较近，一方面享受郑州带来的利惠，另一方面又妨碍了禹州的进一步发展。

优厚的薪酬待遇是吸引人才的必要条件，仅就薪资水平来说，禹州便已经丧失了招聘优秀数字营销人才的吸引力，郑州的平均工资高达8651元，于是笔者在与卢博宇先生进行交谈时，问其工资水平，卢博宇先生表示：

> 8000多元的月薪对于一般钧瓷的就业者都是比较困难的，除非是做到一定级别，成为领导层以后，才可能月薪8000多元。

此外，郑州市还给予了一系列人才政策待遇。郑州市青年人才首次购房补贴标准为：博士每人10万元，硕士每人5万元，本科毕业生每人2万元。本科、研究生、博士的生活补贴额度分别是500元、1000元和1500元（连续三年，落户后暂未就业或创业的，按上述标准发放6个月的生活补贴）。反观与郑州距离较近的禹州，人才政策便没有如此巨大的吸引力。

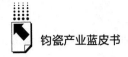

2. 专门的科研机构、高校较少，数字营销人才培养难

高校在培养数字营销方面人才所起的作用是其他培养方式所不能比肩的。而钧瓷走进高等院校，成为独立专业是近几年才达成的成果，这就使得其成熟度不够。据了解，目前钧瓷行业科研机构是少之又少，极少数高校开设与钧瓷相关的专业，各高校之间、企业之间、国内外之间交流少，造成钧瓷数字营销专业性人才匮乏。其实，陶瓷市场人才的缺乏早就不是什么新鲜事了，即使是在那些知名陶瓷企业，也经常听到"急聘英才"的呼声。而福建、山东陶瓷产区的区域性品牌所遭受的人才问题，则显得尤为严重。找不到人才，不会用人才，最后留不住人才，成了制约许多中小陶瓷企业发展的最大障碍。

而钧瓷数字营销的人才，不仅要是数字营销的人才，更要懂得钧瓷、热爱钧瓷。据笔者调查，目前河南省内开设钧瓷课的大学有河南大学、郑州大学、许昌学院、郑州轻工业大学等，但是这些高等院校开设的钧瓷课更多的是技艺课，而只懂得钧瓷技艺的人并不能胜任钧瓷数字营销工作。因此，数字营销人才的培养是一个长期工程。

3. "留不住"加剧数字营销人才匮乏

在数字营销人才本就匮乏的情况下，如何最大限度地利用人才、留住人才也是至关重要的。

培养人才更要能留住人才，常发生人才培养到中途而转变到其他行业的情况。越来越多的钧瓷行业年轻人纷纷外走，另谋出路，其背后原因值得钧瓷企业与政府注意。经调查发现，没有合理的薪酬激励制度与企业对员工缺乏应有的尊重和关怀、中小企业落后的行政管理、企业文化的缺失，都是造成陶瓷人才不断流失的原因。

笔者在随机抽取2022年应届就业的大学生进行访谈时，发现多数毕业生在明确薪资待遇后，会主动询问职业发展空间与前景。有近七成的大学生表示愿意进一个工资水平低，但是有良好发展空间与上升渠道的公司。除此之外，应届毕业生也很看重企业文化，并表示企业文化的归属感是其他物质条件所不能够给予的，企业文化的认同可以促使自己更好地工作，从而使自己主动去工作，而不是由于外界强制去做，更容易找到自我的认同感。并且在这种环境下工作，身边的同事是同伴、朋友，而不是竞争对手。在了解到应届毕业生的诉求后，笔者在与卢博宇先生交谈时，询问其企业的企业文化是什么，卢博宇先生表示：

> 本公司的企业文化是精益求精，打造民族品牌。企业文化费时费力，并且所获的效果短期是看不到的，所以对其投入较少。

（四）现代公司管理制度的缺失，造成数字营销受众模糊、难以升级

钧瓷曾是古时宫廷瓷器的一种，钧官窑为皇家烧制贡品，只求器物精美，可以不计工时，不计成本，好的送入宫廷，坏的打碎深埋，不准流入民间，这就导致生产出来的钧瓷多为观赏类艺术品，而非日用瓷。近30年来，现代钧瓷发展突飞猛进，新的环保钧窑炉、环保燃烧剂和塑形法的普及使用，特别是液化石油气作为燃料以后，大大提高了钧瓷的成品率，使得钧瓷作品如泉涌般从神垕流向全国乃至全世界。今天的钧瓷在艺术品市场上受到越来越多人的喜爱，特别是钧瓷多次以国礼的角色出现在世人面前时，陶瓷藏家对钧瓷更是爱不释手。古老的生产理念和市场对现代艺术品的需求，使得禹州钧瓷主要以观赏类艺术品为主，钧瓷餐具、酒具、首饰等日用瓷的生产量较低，这就造成日用瓷需求没有被彻底激发和满足。市面上销售的钧瓷餐具和首饰等大量来自南方，并不是真正的神垕钧瓷。生产理念与市场脱轨，究其原因是前期市场调研工作的失败，而生产结构的问题又会极大程度地影响营销的效果。生产的侧重会造成营销的侧重，而营销的侧重如果与市场吻合较浅，势必造成数字营销受众的体验较差。而这些现象最根本的原因还是因为其缺乏现代公司制度，管理有待提高。

截至2019年底，禹州共有320家钧瓷企业，但是绝大多数的钧瓷企业为中小企业，这些企业规模小，且多为家族式经营，缺乏现代公司管理制度

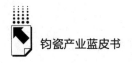

与管理团队，缺乏专业的人才来解决数字营销转型中出现的种种问题，如数据安全等。而且中小企业承担风险的能力差，在面对数字营销时，一方面缺乏数字营销转型的资金，另一方面企业试错成本高，都阻碍了钧瓷企业进行数字营销的转型升级。

五　优化路径

禹州钧瓷数字营销存在的问题是复杂的，其背后的原因是多样的，笔者通过分析，从政府、钧瓷行业、钧瓷企业三个角度出发，提出助力钧瓷数字营销升级发展的建议。

（一）政府引导，整合资源，形成数字营销的合力

由于没有统一的策略引导，没有行业的监督管理，没有把各种力量聚合起来，钧瓷数字营销往往各说各话，传播内容杂乱、同质化严重、水平参差不齐，以致传播效果不理想，甚至有些是对非遗钧瓷文化的伤害，不利于钧瓷文化品牌的建立和推广。政府作为具有强制力的主体，其所需要发挥的作用是其他主体无法替代的。禹州钧瓷的数字营销必须由政府带头，带动其他主体参与，形成强大的合力，进一步将禹州钧瓷通过数字营销走出去。

市场的发展不能是无序的，禹州市政府要制定相关政策，加强引导管理，积极发挥政府的宏观调控和政策引领功能，建立公平、公正、有序的市场秩序，让企业的数字营销在健康的市场环境下竞争，这样才能让禹州钧瓷通过数字营销走得更远。

政府要致力于高标准打造钧瓷文化节。创新思路，求实求效，通过市场化运作等方式，激发钧瓷企业的办会主体意识，逐渐实现由政府办会向行业办会的转变，由展示向展销的转变，由地方性节会向全省、全国乃至国际性陶瓷文化盛会的转变。

政府要为数字营销转型的小微钧瓷企业提供一定的财政补贴。正如上文所言，小微钧瓷企业之所以没有进行数字营销，是因为其风险承担能力差、

资金不足，禹州市政府可以在数字营销转型升级过程中为小微钧瓷企业提供一定的财政补贴，确保小微钧瓷企业可以实现由传统营销向数字营销的转型。

（二）行业协会整合数字营销资源，搭建数字营销平台

为谋求禹州钧瓷的长远发展，禹州市钧瓷行业协会作为影响力较大的钧瓷行业团体应该整合数字营销资源，搭建数字营销平台，规范会员的数字营销，对钧瓷企业在平台上发布的内容进行审核，确保其数字营销质量。同时对企业在平台上的行为进行管理，对于数字营销不积极、数字营销发布内容多次不合格等行为做出一定的处罚。建立专业性的钧瓷文化网站便是一个最直接有效的手段，通过专业性的钧瓷网站为消费者提供权威翔实的钧瓷文化信息，方便人们全方面了解钧瓷。专业权威的钧瓷文化网站，加上制作优良的数字营销视频，能够更好促进钧瓷的发展。

行业协会按照产品特性对企业进行分类，实施差别化管理。同时行业协会定期进行市场调研，找出不同类别企业中的龙头企业，根据不同种类企业的特点，确定其数字营销的重点，从而避免钧瓷企业在进行数字营销时无的放矢。

（三）钧瓷企业引进现代公司管理制度与专业数字营销团队

钧瓷企业应引进现代公司管理制度，避免"一把手"一言堂，从而造成公司决策失误，此外合理分配利润去向，确保一部分资金用于数字营销的开展与创新。引进专业数字营销团队，建立打造公平公正的薪酬奖励体系、明确的上升渠道和高度认可的公司文化。公平公正的薪酬奖励体系，确保数字营销人才劳有所得。明确的上升渠道，可以指明发展空间，从而吸引数字营销人才继续留下来。高度文化认可的公司文化一直是比较容易忽略的，打造公司文化，关注人才的情感需求，从而确保数字营销人才引进来、留下来、不想走。

钧瓷企业定期组织员工进行数字营销的培训。公司领导层通过定期的学

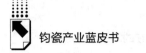

习，了解数字营销的现状与趋势，从而在进行决策时有所依据。从事数字营销的员工更要定期进行学习，网络的发展是瞬息万变的，不进则退，从事数字营销的员工定期进行学习，可以掌握数字营销的最新资讯。

此外，在互联网高度发达、自媒体大爆炸的时代，人们从网上获取信息的频率与意愿大大增强。数字营销方式具有较强的互动性，可以使钧瓷文化产品的消费者更加真切地感受到钧瓷的魅力，并且可以和钧瓷企业及时进行互动。

借鉴其他行业的成功经验，钧瓷也可以运用数字化技术，进行新颖的数字营销。例如，运用动画技术将历史上钧瓷文物、官窑遗址虚拟复原，让人们更加生动形象地感受到钧瓷文化。还可以利用虚拟现实、数字视频等技术，把钧瓷进行数字化转换，创造数字化钧瓷文化衍生品，提升观众身临其境的体验感。这种沉浸式的体验一方面比较新颖，能够给人们耳目一新的感受，增加对钧瓷的了解与认知；另一方面，还可以创造一定的经济收益。此外，还可以通过数字化技术开发与钧瓷有关的游戏，投放到互联网，借助互联网游戏增加钧瓷的营销渠道，加大禹州钧瓷的数字营销力度。同时钧瓷企业还可以通过分析游戏数据，进一步掌握消费者的偏好与不同钧瓷产品的受欢迎程度，指导钧瓷企业的生产与产品结构的调整。

（四）加强校、企、政府的交流联系，培养人才，留住人才

政府要加快建立数字营销人才引进机制与培养机制。企业的竞争不是产品的竞争，归根结底是人才的竞争，拥有人才就可以为企业创造无限的财富。政府需要出台一系列的利好政策，吸引数字营销人才，为其提供发展空间与环境，如补贴、职称、奖金等，通过名誉与实利吸引数字营销人才落户禹州。

此外在引进数字营销人才的同时，也要加强数字营销人才的培养。人才培养又可以分为高校培养与个人自学，首先高校是培养数字营销人才的始发地，禹州市政府应该加强与高校的合作与沟通，使适宜的高校系统科学地开设数字营销相关专业与课程，培养专业的数字营销的人才。其次对于个人自

学的数字营销人才，可以在其通过一定的考核后，对其进行精神与物质的奖励。同时对于禹州市钧瓷企业由传统营销转向为数字营销的给予嘉奖，从而推动钧瓷企业的数字营销转型。

参考文献

［1］郑永彪、赵梁钰：《"钧瓷学"构建初探》，《许昌学院学报》2015 年第 1 期。

［2］文震亨：《长物志》，中华书局，2012。

［3］贺晓波、刘静怡、殷婧瀛：《河南禹州钧瓷企业在经济新常态下做出的决策和转变——以孔家钧窑为例》，《中国集体经济》2019 年第 8 期。

［4］邓贞：《文创产业背景下非物质文化遗产传承困境及突破——以禹州钧瓷为例》，《非遗大视野》2021 年第 9 期。

［5］黄敏学主编《社会化媒介的价值、机制和治理策略研究》，北京大学出版社，2015。

Abstract

Jun Porcelain Industry is most concentrated in the town of Shenhou, Jun porcelain industry is The Crown Jewels. In September 2003, it was named the "Jun porcelain capital of China" by the state. In June 2008, it was listed on the second national intangible cultural heritage list for its jun porcelain firing techniques. In October 2016, it was listed as one of the first small towns with Chinese characteristics, in September 2018, Shenhou town was approved as a national 4a-level scenic spot. In recent years, because of the attraction of the Jun Porcelain Industry and the support of the policy, the ancient town of Shenhou has attracted a large number of investors, capital, management and technology, gradually formed a creative design, production and trade as one of the Contemporary Jun Porcelain Industry Center. By the end of 2020, Yuzhou Jun ceramic enterprises realized industrial added value of 6.5 billion yuan, up 8.4% year on year, accounting for 21.6% of the industry above scale, and contributing 25.3% to the industry above scale.

In recent years, the Jun porcelain industry has gradually expanded in scale, and the demographic dividend has gradually emerged. With various advantages such as excellent technology and exquisite workmanship, Jun porcelain has shown strong competitiveness in the market, jun Porcelain has formed a "Three garden two area a group of a base" industrial layout. But at the same time, there are many problems in the development of Jun porcelain industry, such as low degree of agglomeration, lack of innovative talents, single marketing means, few precious Jun porcelain products, weak brand awareness of Jun porcelain enterprises, low innovation content of Jun porcelain technology, low profit of the whole industry and incomplete Jun porcelain industry chain. In particular, the outbreak of corona virus in 2020 has brought a huge impact on Jun porcelain industry and even the entire ceramic industry, advocate Jun porcelain quality, creativity, popularity, daily life, promote the integration of big data and Jun porcelain industry development, promote Jun porcelain culture industry high-quality development, is the concern of every Jun Porcelain Practitioner and government industrial policy maker.

In view of this, the research on Jun porcelain industry development in this book is divided into six parts: General Report, Industry Development, Enterprise Operation, Brand Management, Technological Innovation and Digital Transformation. The General Report sorted out the history of Jun porcelain and Jun porcelain industry, and summarized the problems and countermeasures in the development of Jun porcelain industry from the macro level. The paper industry development is analyzed under the background of carbon neutral Jun porcelain industry is facing the challenges and opportunities, puts forward the integration of regional tourism resources inside and outside, intensify the Jun porcelain culture tourism marketing, creative development of Jun porcelain tourism products, improve tourist participation and optimize the environment of the tourism countermeasures, such as, in order to promote healthy and sustainable development; the Jun porcelain culture creative industry cluster. The business article analyzes the Jun porcelain enterprise and the modern capital market effective docking mode, put forward the Jun porcelain enterprise transformation and upgrading, investment and financing market development path, and through the analysis of Jun porcelain process under the traditional and modern the characteristics and types of the inheritance of tutorial system, in-depth tutorial system form the Jun family enterprise innovation path, To provide enlightenment and reference for the inheritance and development of Jun porcelain family enterprises. The brand management articles from three aspects: government, industries and enterprises targeted explores the Jun porcelain industry reputation promotion strategy, in order to improve the Jun porcelain industry reputation in order to realize the sustainable development provides a feasible ideas, analyzes the direction of the content of the traditional Jun porcelain culture brand, summarizes the main characteristics of the market participants, especially the customers, on this basis, the promotion strategy

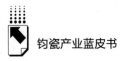

of traditional Jun porcelain culture brand is put forward. Technological innovation article analyzes the origin and development of the local Jun porcelain unique natural advantages, combined with the principle of ceramic technology, according to the clay, quartz, feldspar, calcium magnesia material, flux raw materials and auxiliary materials, preparation of raw material and clinker raw material preparation and so on six big part in detail elaborated the origins of the mineral resources, functions and characteristics of materials, new materials, new processes, intelligent monitoring, intelligent control, energy saving and emission reduction technologies are systematically described from the aspects of non-material cultural inheritance of Jun porcelain firing process, firing system, intelligent monitoring and control technology, new energy saving technology and green and clean emission technology. Digital Transformation analyzes the digital marketing innovation of Jun porcelain and the value and environmental support of virtual live broadcasting. Combined with the current marketing situation of Yuzhou Jun Porcelain, the problems of Jun porcelain marketing under the digital background are discussed, and the marketing strategies of Jun Porcelain virtual live broadcasting are discussed. The paper puts forward to promote digital empowerment of Jun porcelain industry in terms of top-level design and strategic planning, training compound talents, strengthening the foundation of industrial development, and enriching the forms of protection and communication.

Keywords: Jun porcelain; Jun porcelain industry; Cultural industry; Digital transformation

Contents

I General Report

Abstract: Jun porcelain cultural products with a unique cultural symbol and time brand, is the region to show the cultural and economic advantages of the business card. How to make good use of Jun porcelain culture industry, promote regional economic development, broaden cultural tourism industry, Jun porcelain culture industry is an important issue to be resolved. Through Literature Review and on-the-spot investigation, it was found that the jun porcelain culture industry has such problems as shortage of technical and innovative talents, Information asymmetry of supply and demand of products, lack of marketing, extensive production of products, disorderly competition in the industry, failure to form scale effect, difficulty in financing new enterprises, etc. , on this basis, the paper puts forward some countermeasures and suggestions for the development of jun-porcelain culture industry in order to realize the coordinated development of social and economic benefits.

Keywords: Jun Porcelain Industry; Cultural Products; Industry Development

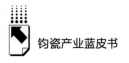
钧瓷产业蓝皮书

II Industry Development

B.2 Research on the Integrated Development of Culture and

Tourism in Yuzhou Jun Porcelain Industry

Liu Fengwei, Liu Hekai / 019

Abstract: Yuzhou has the unique advantage to promote the integration of culture and tourism relying on Jun porcelain industry. While vigorously promoting the integrated development of culture and tourism of Jun porcelain industry, Yuzhou is also faced with some problems, such as the lack of prominent brand effect of culture and tourism, insufficient tourism publicity, low integration of tourism resources, lack of senior tourism talents, insufficient relevant tourism infrastructure and service units. In order to promote Jun porcelain industry culture and tourism high-quality integration, this paper proposes to integrate tourism resources inside and outside the region, strengthen the marketing and publicity of Jun porcelain culture tourism, creatively promote Jun porcelain tourism commodities, improve tourists' participation and optimize Jun porcelain tourism environment, so as to enhance the influence of Jun porcelain culture and the development scale of tourism industry.

Keywords: Yuzhou; Jun Porcelain; Integration of Culture and Tourism

B.3 Research on Jun Porcelain Industry Development Path

under Carbon Neutral Background *Li Chengyu /* 034

Abstract: Jun porcelain originated from the Tang Dynasty and flourished in the Song Dynasty. Jun porcelain is praised by the world for its artistic characteristics of kiln transformation: "Entering the kiln with one color and leaving the kiln with ten thousand colors". Jun porcelain has profound cultural heritage and historical background, and its exquisite production technology endows Jun porcelain with rare and elegant artistic charm. The proposal of carbon neutrality targets emphasizes the importance of environmental protection for national development, but the firing of Jun porcelain requires a large amount of fossil energy to release high-energy heat and will cause damage to the atmospheric environment, which is not conducive to the realization of carbon neutrality targets. To explore carbon neutral background Jun porcelain industry development path, this paper analyzed the carbon neutral backdrop to the challenges and opportunities brought by the jun porcelain industry, combined with the characteristics of the Jun porcelain industry, this paper analyzes the factors which hinder its development, after using text analysis method for the Jun porcelain industry of cultural spirit and carries on the detailed introduction, in the end, Based on Marx's economic theory, the paper explores the development path of Jun porcelain industry in Yuzhou city from the perspective of production, distribution, exchange and consumption.

Keywords: Carbon Neutralization; Jun Porcelain ; Xuchang Morning Post

B.4 Research on Innovation Development of Jun Porcelain Culture Creative Industry Cluster *Xue Long* / 048

Abstract: With the advent of the era of knowledge economy, cultural and creative industry has risen rapidly all over the world and attracted the attention of governments and enterprises around the world with their unique charm, it has become one of the most promising emerging industries in the world. With the continuous improvement of the national attention to the cultural industry and the arrival of the Internet era, the cultural and creative industry has developed rapidly. Based on the background of the rise of cultural and creative industry, this paper analyzes and studies the problems existing in the innovation and development of Jun porcelain cultural and creative industry clusters, based on this, this paper puts forward the countermeasures and suggestions for the innovative development of Jun porcelain cultural and creative industry clusters, so as to promote the healthy and

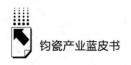

sustainable development of Jun porcelain cultural and creative industry clusters.

Keywords: Jun Porcelain Cultural and Creative Industry; Industrial Clusters; Innovative Development

III   Business Operation

B.5   Research on the Joint Path between Traditional Jun Porcelain
Enterprises and Modern Capital Market   *Tian Zhen* / 061

Abstract: In the fierce competition environment of cultural industry, traditional Jun porcelain enterprises are faced with such problems as lack of attraction of investment and financing, narrow channels of investment and financing, lack of diversification of financing mode, lack of financial intermediaries, lack of investment and financing talents, etc., based on the investment principles, technical means, institutional security and other risk control strategies, through Jun Porcelain Enterprise and art property right exchange market, art securitization, art trust market, art insurance market, art e-commerce market and the introduction of VC, IPO or M & A and other means to achieve an effective interface with the modern capital market, we will promote the transformation and upgrading of Jun porcelain enterprises and the development of investment and financing markets, and promote the innovation of cultural businesses, consumption and high-quality economic development.

Keywords: Jun Porcelain Enterprise; Capital Market; Artwork

B.6   Research on the Innovation Behavior of Jun
Porcelain Inheritors   *Xu Wei* / 076

Abstract: Jun porcelain is famous for its magical kiln changing and is regarded as a treasure of Chinese porcelain. Its firing technique is listed as the national intangible cultural heritage. It has not only extraordinary artistic value, historical and cultural value, but also high economic value. Jun porcelain industry has experienced several generations of inheritors' consolidation and innovation in key links such as glaze color, modeling and firing, so that intangible cultural heritage can be passed down from generation to generation and prosper. However, the innovation activity of Jun porcelain is limited by factors such as capital, talent and industrial policy, and the innovation vitality still needs to be further stimulated. Increasing capital investment, speeding up the training of innovative talents and accelerating the pace of industrial support are the important support and power source to keep the innovation vitality forever.

Keywords: Jun Porcelain; Inheritor; Innovative Behavior

B.7   The Inheritance and Innovation Path of Master-apprentice System under the Spirit of Jun Porcelain Craftsman   *Zhang Keyi* / 091

Abstract: The form of mentoring system is currently one of the hottest topics in the theory and practice of the family enterprises of the Jun porcelain craft, as well as a crucial issue for the intergenerational sustainability of their family enterprises. The breakthrough and innovation of the modern mentoring system provides unique resources and models for the Jun porcelain craft during the crucial period of transformation of its family-owned businesses. This paper examines the characteristics and types of traditional and modern apprenticeship inheritance within the Jun porcelain craft from the perspective of Jun porcelain craftsmanship. In addition to the theoretical foundation, it provides an in-depth analysis of the innovative path of the Jun porcelain family business in the form of a master-apprentice system, thereby serving as a source of inspiration and guidance for the inheritance and development of Jun porcelain family businesses.

Keywords: The Family Enterprises of the Jun Porcelain; Craftsmanship; Mentoring System; Innovative Path

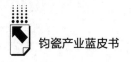

Ⅳ Brand Management

B . 8 Research on Reputation Evaluation and Promotion Strategy
of Jun Porcelain Industry　　*Huang Xiaohong, Zhang Qian* / 103

Abstract: With the increasing number of Jun porcelain enterprises, the market competition is becoming increasingly fierce. A good reputation is an important condition for the Jun porcelain industry to establish and maintain its competitiveness, and the importance of enhancing the reputation of the Jun porcelain industry has become increasingly prominent. Taking Yuzhou City as the research object, this paper analyzes the status quo of the reputation of the Jun porcelain industry, and finds that some enterprises have promoted the healthy development of the Jun porcelain industry through industrial upgrading and technological innovation, which have accumulated a good social reputation for the industry. However, there are still some outstanding problems in the whole industry, such as small industrial scale, weak brand culture awareness, lack of talents and technologies, lagging marketing concept and destruction of ecological environment, which have brought great resistance to the development of Jun porcelain industry. On this basis, the formation mechanism of Jun porcelain industry reputation is studied. According to Harris-Fombrun reputation index and the characteristics of Jun porcelain industry, a reputation level evaluation system suitable for the industry is designed to evaluate its reputation. Finally, the promotion strategies of Jun porcelain industry reputation are explored from the three levels of government, industry and enterprise, which provides feasible ideas for improving Jun porcelain industry reputation to achieve sustainable development.

Keywords: Jun porcelain; Industry Reputation; Reputation Evaluation

B.9   Jun Porcelain Culture Brand Construction and Promotion

under the Background of Digital Economy

Wang Xingming, Lu Tengfei / 124

Abstract: The era of Digital Economy is a rare opportunity for enterprises to build and expand their brands. Even small and medium-sized companies can reach potential customers in all corners of the world and become global enterprises under the "Internet +" enabling circumstances. Taking the traditional Jun porcelain culture enterprises as the object, this paper expounds the challenge and opportunity brought by the digital economy to the traditional Jun porcelain culture industry and the necessity of establishing and expanding the brand of Jun porcelain culture enterprises, this paper puts forward the content direction of the traditional Jun porcelain culture brand remolding, analyzes the main characteristics of the market participants, especially the customers, and based on this, puts forward the promotion strategy of the traditional Jun porcelain culture brand.

Keywords: Digital Economy; Jun Porcelain Culture Brand; Promotion Strategy; Live Broadcast with Goods

B.10   Research on Intellectual Property Protection of Jun Porcelain

Industry from the whole Industrial Chain Perspective

Xu Mingxia / 144

Abstract: The intellectual property protection of the Jun porcelain industry has been highly valued and has made certain achievements, and "The Yuzhou Jun porcelain" has been awarded the national geographical indication product. Nevertheless, the protection of the Jun porcelain industry cannot be limited to the intellectual property protection of the regional brand itself, but requires starting from the perspective of the whole industry chain, carry out comprehensive intellectual

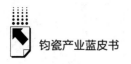

property protection for the supply of raw materials in the upstream of the industrial chain, the production and manufacturing of the middle reaches of the industrial chain, and the sales services in the downstream of the industrial chain, and establish a complete intellectual property protection system for the whole industrial chain of the Jun porcelain industry from the two dimensions of law and non-law.

Keywords: Jun porcelain; Whole Industry Chain; Intellectual Property Protection

V Technological Innovation

B.11 Research on the Logistics System of Jun Porcelain in the
New Technology Environment *Li Guozheng, Li Beilei* / 161

Abstract: With the development of e-commerce and modern logistics industry, Jun porcelain is sent to thousands of households by express delivery. At present, the "Internet+" technology and the logistics industry are integrated with each other to build an interconnected logistics network system, which has led to the continuous improvement of intelligence, automation and specialization in the modern logistics industry, and plays a vital role in the development and improvement of the logistics system for Jun porcelain. Based on the current situation of the development of the logistics system of Jun porcelain, we analyze the transport, packaging and shipping, and storage aspects of the logistics of porcelain from the perspective of efficiency and cost, and put forward relevant recommendations in terms of infrastructure construction, technology application, personnel training and policy support. It is believed that under the new technological environment, promoting the comprehensive personnel training of Jun porcelain logistics is beneficial to the application of new logistics technology and improving the quality of Jun porcelain logistics, which is of great significance to the development and improvement of the Jun porcelain logistics system.

Keywords: Internet+; Jun Porcelain Logistics; Logistics Efficiency

B. 12   The Only Way to Jun Porcelain Green Developing

—*Analysis and Optimization of Firing System*

Yuan Pei, Sun Hongchuang / 177

Abstract: The optimization of firing system plays a vital role in promoting the development of Jun ceramics industry towards energy conservation, environmental protection and intelligent manufacturing. Focusing on the intangible cultural heritage of Jun ceramics firing process, the firing system in Jun ceramics firing process, intelligent monitoring and control technology, new energy-saving technology and clean emission technology, new materials, new processes, intelligent monitoring, intelligent control, energy saving and emission reduction technologies are systematically expounded in this chapter, in order to strengthen the collaborative innovation of production, learning, research and application in Jun ceramics industry, and solves the problems of low yield, bad kiln color change, low automation level, high energy consumption and pollutant emission in the industrial application. With modern firing system, the yield of Jun ceramics and the intelligent and automatic level of firing process can be improved through technological transformation, which can provide support for the rapid and high quality development of Jun ceramics industry.

Keywords: Jun Ceramics Industry; Firing System; Analysis and Optimization; Green Transformation

B. 13   Yuzhou Jun Porcelain Raw Materials and Local Mineral

Resources Analysis   *Guo Huishi, Zhang Linsen* / 198

Abstract: Jun porcelain is one of the five most famous porcelains (Jun, Ru, Guan, Ge and Ding) in Song Dynasty, which has a long history of more than 1700 years. The formation and development of Jun porcelain are closely related to

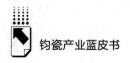

the local geographical environment, climate and mineral resources. Firstly, this paper analyzs the unique natural advantages of the formatio and development of Jun porcelain based on the geological situation of Yuzhou area. Then, according to the principles of ceramic technology, the kinds, functions and mineral resource characteristics of raw materials used for the prepatation of Jun porcelain are described in detail, and these raw materials are divided into six parts, such as clay, quartz, feldspar, MgO-CaO materials, flux-auxiliary materials, local preparation-frit materials. This paper will provide relevant theoretical basis for the research and development of new jun-porcelain materials and new technology in China, which has great significance for the development and inheritance of traditional Chinese culture.

Keywords: Yuzhou; Jun Porcelain; Raw Materials; Mineral Resources; Clay

Ⅵ Digital Transformation

B.14 Jun Porcelain Virtual Live Broadcast Marketing Strategy

Fu Jialin, Yin Zhenping / 217

Abstract: This part focuses on the virtual live broadcasting of Jun Porcelain under the background of digital economy. Firstly, the digital marketing innovation of Jun porcelain and the value and environmental support of virtual live broadcasting are analyzed. Then the connotation and advantages of virtual live broadcasting are discussed, and the logical basis of virtual live broadcasting is explained, including scene marketing, interactive marketing and AISAS theory. Based on the practice of live broadcast, the development status and five application scenarios of virtual live broadcast are analyzed to provide reference for Jun Porcelain virtual live broadcast. Then, combined with the marketing status of Yuzhou Jun porcelain, the problems of Jun porcelain marketing under the digital background are discussed. On this basis, the marketing strategy of Jun porcelain virtual live broadcasting is proposed. It is expected that through the implementation of virtual live broadcasting and other marketing strategies in the future, the market competitivenes of Yuzhou Jun porcelain will be improved, the popularity of Yuzhou Jun porcelain industry will be expanded, and the excellent cultural products and digital marketing concept will be combined to promote the sustainable and healthy development of Yuzhou Jun porcelain as a traditional cultural industry.

Keywords: Virtual Live Broadcast; Jun Porcelain; Network Marketing; The Marketing Strategy

B.15   The Development of Jun Porcelain Industry
          Digitization Enablement   *Liu Pu* / 241

Abstract: With the rapid development of digital technology, great changes in the consumption field and the acceleration of the normalization of the COVID-19, digital empowerment has become an inevitable trend for the strategic choice of Jun porcelain industry in the era of digital economy. At present, the digital empowerment of Jun porcelain industry as a whole is in its infancy, with a wide range of empowerment fields, continuous expansion of online sales channels, and is highly related to the scale of enterprises; There are still problems such as lack of top-level design, lack of compound talents, weak industrial foundation, monotonous form of digital protection and communication, lack of creativity and so on; It is necessary to further promote the digital empowerment of Jun porcelain industry from the aspects of doing a good job in top-level design and strategic planning, cultivating compound talents, strengthening the foundation of industrial development, and enriching the forms of protection and communication.

Keywords: Jun Porcelain Industry; Digital Empowerment; Yuzhou

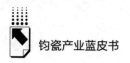
钧瓷产业蓝皮书

B.16　Problems and Optimization Analysis of Digital Marketing

of Yuzhou Jun Porcelain　　*Zhang Xing , Zhao Mengqiao* / 255

Abstract：With the steady development of Yuzhou Jun porcelain, the digital marketing problems behind it are gradually exposed. This paper analyzes the problems existing in the digital marketing of Yuzhou Jun porcelain enterprises by using various research methods such as literature research, deduction and induction, and interview, and summarizes the four problems of Jun porcelain enterprises' digital marketing power dispersion, shallow coupling with multimedia, rough digital expression, lack of professional digital marketing talents, vague focus on digital marketing, and weak pertinence to the digital marketing audience, By analyzing the reasons behind the digital marketing problems of Jun porcelain enterprises, from the perspective of the government, Jun porcelain enterprises and Jun porcelain industry, this paper puts forward that the government should guide, integrate resources and form a joint digital marketing group; Industry associations integrate digital marketing platforms and build digital marketing platforms; Jun porcelain enterprises to introduce modern company management system and professional digital marketing team and other countermeasures and suggestions.

Keywords：Yuzhou Jun Porcelain; Digital Marketing; Marketing Platform; Digital Technique

权威报告·连续出版·独家资源

皮书数据库
ANNUAL REPORT(YEARBOOK)
DATABASE

分析解读当下中国发展变迁的高端智库平台

所获荣誉

- 2020年，入选全国新闻出版深度融合发展创新案例
- 2019年，入选国家新闻出版署数字出版精品遴选推荐计划
- 2016年，入选"十三五"国家重点电子出版物出版规划骨干工程
- 2013年，荣获"中国出版政府奖·网络出版物奖"提名奖
- 连续多年荣获中国数字出版博览会"数字出版·优秀品牌"奖

皮书数据库

"社科数托邦"
微信公众号

成为会员

　　登录网址www.pishu.com.cn访问皮书数据库网站或下载皮书数据库APP，通过手机号码验证或邮箱验证即可成为皮书数据库会员。

会员福利

- 已注册用户购书后可免费获赠100元皮书数据库充值卡。刮开充值卡涂层获取充值密码，登录并进入"会员中心"—"在线充值"—"充值卡充值"，充值成功即可购买和查看数据库内容。
- 会员福利最终解释权归社会科学文献出版社所有。

数据库服务热线：400-008-6695
数据库服务QQ：2475522410
数据库服务邮箱：database@ssap.cn
图书销售热线：010-59367070/7028
图书服务QQ：1265056568
图书服务邮箱：duzhe@ssap.cn

社会科学文献出版社 皮书系列
SOCIAL SCIENCES ACADEMIC PRESS (CHINA)
卡号：624269559117
密码：

S 基本子库
UB DATABASE

中国社会发展数据库（下设12个专题子库）

紧扣人口、政治、外交、法律、教育、医疗卫生、资源环境等12个社会发展领域的前沿和热点，全面整合专业著作、智库报告、学术资讯、调研数据等类型资源，帮助用户追踪中国社会发展动态、研究社会发展战略与政策、了解社会热点问题、分析社会发展趋势。

中国经济发展数据库（下设12专题子库）

内容涵盖宏观经济、产业经济、工业经济、农业经济、财政金融、房地产经济、城市经济、商业贸易等12个重点经济领域，为把握经济运行态势、洞察经济发展规律、研判经济发展趋势、进行经济调控决策提供参考和依据。

中国行业发展数据库（下设17个专题子库）

以中国国民经济行业分类为依据，覆盖金融业、旅游业、交通运输业、能源矿产业、制造业等100多个行业，跟踪分析国民经济相关行业市场运行状况和政策导向，汇集行业发展前沿资讯，为投资、从业及各种经济决策提供理论支撑和实践指导。

中国区域发展数据库（下设4个专题子库）

对中国特定区域内的经济、社会、文化等领域现状与发展情况进行深度分析和预测，涉及省级行政区、城市群、城市、农村等不同维度，研究层级至县及县以下行政区，为学者研究地方经济社会宏观态势、经验模式、发展案例提供支撑，为地方政府决策提供参考。

中国文化传媒数据库（下设18个专题子库）

内容覆盖文化产业、新闻传播、电影娱乐、文学艺术、群众文化、图书情报等18个重点研究领域，聚焦文化传媒领域发展前沿、热点话题、行业实践，服务用户的教学科研、文化投资、企业规划等需要。

世界经济与国际关系数据库（下设6个专题子库）

整合世界经济、国际政治、世界文化与科技、全球性问题、国际组织与国际法、区域研究6大领域研究成果，对世界经济形势、国际形势进行连续性深度分析，对年度热点问题进行专题解读，为研判全球发展趋势提供事实和数据支持。

法律声明

"皮书系列"（含蓝皮书、绿皮书、黄皮书）之品牌由社会科学文献出版社最早使用并持续至今，现已被中国图书行业所熟知。"皮书系列"的相关商标已在国家商标管理部门商标局注册，包括但不限于LOGO（ ）、皮书、Pishu、经济蓝皮书、社会蓝皮书等。"皮书系列"图书的注册商标专用权及封面设计、版式设计的著作权均为社会科学文献出版社所有。未经社会科学文献出版社书面授权许可，任何使用与"皮书系列"图书注册商标、封面设计、版式设计相同或者近似的文字、图形或其组合的行为均系侵权行为。

经作者授权，本书的专有出版权及信息网络传播权等为社会科学文献出版社享有。未经社会科学文献出版社书面授权许可，任何就本书内容的复制、发行或以数字形式进行网络传播的行为均系侵权行为。

社会科学文献出版社将通过法律途径追究上述侵权行为的法律责任，维护自身合法权益。

欢迎社会各界人士对侵犯社会科学文献出版社上述权利的侵权行为进行举报。电话：010-59367121，电子邮箱：fawubu@ssap.cn。

社会科学文献出版社